诺/贝/尔/经/济/学/奖/获/得/者/丛/书

Library of Nobel Laureates in Economic Sciences

经济增长与农业

Economic Growth and Agriculture

西奥多·舒尔茨（Theodore W. Schultz） 著

郭熙保 译

中国人民大学出版社

·北京·

译者的话

西奥多·舒尔茨（Theodore William Schultz）1902 年出生于美国中部南达科他州阿灵顿的一个农场家庭。1921 年，他进入南达科他州立大学学习农学，后赴威斯康星大学攻读经济学，并于 1930 年取得经济学博士学位。毕业后，他应聘到艾奥瓦州立大学经济与社会科学学系任教，三年后晋升为教授，并担任该系主任。1943 年，由于抗议当局对学术自由的粗暴干涉，他愤然辞职。之后，他来到芝加哥大学任教，从 1946 年到 1961 年任该校经济系主任。1972 年从芝加哥大学退休，被该校聘为荣誉教授。

除了大学任教之外，舒尔茨还在美国政府部门、联合国粮农组织、很多国际和国内学术机构以及私人基金会中担任委员或顾问。1960 年他曾被推选为美国经济学会会长。1972 年他荣获美国经济学会最高荣誉——弗朗西斯·沃尔克奖，1976 年又获国际农业经济学会伦纳德·埃尔姆赫斯特奖，1979 年由于"他在经济发展方面的开创性研究"而获得诺贝尔经济学奖。

舒尔茨的著述颇丰，他一生共发表了论文 200 多篇、著作 21 部。他主要集中在两个领域的研究：农业经济学和人力资本理论。在这两个方面，他都做出了开创性的贡献。

舒尔茨知识渊博，治学严谨，思想敏锐，见解新颖。在半个世纪的学术生涯中，他的理论观点往往具有挑战性的色彩。例如，在五六十年代，发展经济学家和发展中国家政府普遍追求迅速工业化的发展战略，而忽视了农业的发展，认为这个部门对经济发展无关紧要。但是，舒尔茨的观点与之不同，他认为农业像工业一样是经济的重要部门，农业对经济发展的贡献是巨大的。重工抑农的政策不会使经济现代化，反而使经济更加落后贫困。在这一时期，发展经济学家和政策制定者还普遍认为，发展中国家劳动力充裕，资本缺乏，因此，要实现工业化和经济快速发展，必须大力增加物质资本投资（吸引外资和动员国内储蓄）。但舒尔茨觉得，经济发展的关键因素不是物质资本，而是人的生产技能。据此，他断言，对人的能力的投资收益率要远远大于对物的投资收益率。在五六十年代期间，发展经济学家还一致认为由于人多地少，发展中国家（主要是亚洲）农业劳动生产率极低，甚至为零或负数。这就意味着农业资源配置是无效率的，如若从农业中撤出一部分劳动力，农业生产效率就会提高。舒尔茨批驳了这一流行的观点，在他看来，发展中国家农业虽然落后但是是有效率的，不可能通过现有资源的再配置提高农业生产率，增加农业生产。要把传统的农业转变为现代农业，唯有引入新的生产要素。此外，在这一时期，绝大部分发展经济学家都相信农民的行为是反常的，对价格和其他刺激非但没有正确的反应，反而做出了相反的反应。舒尔茨不同意这种看法，他从理论上和经验上论证了农民像其他人一样是有理性的，对价格和其他刺激是有灵敏反应的。因此，他认为，政府推行的歧视农业的价格政策将会造成农业的停滞和萎缩，是不足取的。

舒尔茨还严厉地抨击了五六十年代美国国会和政府的所谓剩余农产品出口政策。他批评说，这样的政策是欺骗性的，它打着"粮食援助"的旗号，实际上是为了解决美国农业生产过剩的问题，对于受援国是弊多利少。这种政策必然会造成受援国粮价低廉，伤害它们的农业发展。舒尔茨强调对发展中国家的真正援助是技术和智力的援助。

以上所述的挑战性观点体现在《经济增长与农业》一书中。该书汇集了舒尔茨20世纪60年代初期和中期在各种学术讨论会上的发言或提交的论文。它较全面地反映了他在这一时期的理论观点和政策主张。虽然该书是一本论文集，但经过舒尔茨的编排和删改，结构还是比较完整的，不失为一本专著。由于译者水平所限，虽然经过多次校改，可能还会有些不当的地方，希望读者批评指正。

郭熙保

前　言

显然世界上一些地区没有足够的粮食，但是，能够且应该生产多少粮食却是不清楚的。"向饥饿开战"可以作为呼吁人们行动的口号，但它无助于阐明扩大农业的能力和产出这个基本问题。这个问题的解决取决于投入的技术特性和使用它们的获利能力。农业可能是歉收的，但也可以丰产。致力于迅速工业化的贫穷国家，也常常阻碍了农业从传统的贫困状态向现代的丰裕状态的转变。仅仅满足于减少饥饿乃是低估了农业的重要性，因为农业对经济增长能够做出的贡献不限于此。农业能够做出多大贡献，取决于实现农业现代化所需的投资的成本和收益。

说到作为增加农业产出手段的储蓄和投资（在此也包括技术的和经济的可能性），我确信经济增长理论的中心概念应当是投资的收益率。因此，无论是在政府的计划中还是在包括农场主在内的私人企业家的决策中，要解决的问题就是把投资资源配置到农业中去的问题，而在农业内部，就是要根据由所有投资机会的相对收益率所确定的优先次序配置投资资源的问题。但在解决这个问题时，效率价格起重要的作用，使扩大农业生产能力有利可图的经济刺激也是必不可少的。在任何情形下，关键的问题是：农业的投资机会是什么？它们与其他的机会如何比较？如果从农业中得到的收益率等于或高于其他经济机会的收益率，那么就意味着，就每个单位的投资而言，农业对经济增长的贡献等于或者大于其他投资机会对经济增长的贡献。

如果我们期待农业提供粮食这一任务，其前景是乐观的，在出生率下降的条件下，农业的经济供给将是充裕的。然而，农业所能做到的不仅如此。经济供给也可以为更好的饮食和从增加的农业生产中获得更多的实际收入打下基础。这些乐观的前景依然部分地被无效率的产品和要素价格所掩盖起来了。但是有效的价格尽管是必要条件，却不是充分条件，因为公共部门必须为开发、改进和在某种程度上提供新的、高收益的农业投入提供支持。

此时正值世界经济增长的过程中，一般说来，有三类不同的技术和经济条件与农业有关。（1）我们有传统的农业。就投资资源配置而论，长期以来缓慢地趋向经济均衡。这种农业在它所依赖的生产要素的供给方面已逐渐耗尽了可供利用的机会；随着农业劳动力的增加，它逐渐地通过稍微增加可再生资本的供给加以吸收和调整。但整体来看，投资的边际收益率不仅相当低，而且也接近均等。因此，经济增长所需的额外收入流的价格是高昂的。[①]（2）我们在先进的国家中也有这样的农业部门，它正在实现现代化，而且作为持续现代化过程的结果，它处在巨大的不均衡之中。尽管有大量的迁出者，尽管某些国家的农业人口和农业劳动力明显绝对下降，但是过剩的劳动供给仍然是农业部门的一个特征。尚未耗尽的投资机会主要存在于对人口迁移和教育的投资中，这种投资与离农的迁移者具有很强的互补性。（3）有高生产性和获利性的农业投入源自适用于农业生产的科学知识的进步，而我们在这种投入的配置中存在着一个很大的世界性的不均衡。这种投入至今在很大程度上还不能为大多数贫穷国家所获得。减少和消除这种极为重要的不均衡所需要的投资，要求我们把农业研究和推广工作看作是一种生产活动，而且要求我们必须应用信息经济学。

由于我们正处于一个制定政策的有利时机，所以我决定出版这部关于农业经济机会方面的论文集。我希望它将有助于我们把注意力集中在未来农业经济增长的一些途径上，有助于促进对我们所面临的一些尚未解决的问题的经济思考。许多行动路线的确定必须考虑到与整个国家的经济和国际贸易的联系。由于这个原因，我收录的论文涉及贫困、人口、教育和贸易等问题，这些问题与我们所要研究的基本问题有着重大的经济联系。

书中的论文最初是提交给在美国和国外召开的各种会议和讨论会的，我决定继续保持其表述和文体的基本风格。有的论文我只摘取其中最适合于本书目的的那一部分。考虑到全书的前后联系，文章中某些重复的思想被删掉了。由于时代发生了变化，我对某些文章偶尔也稍加

---

① 参见 T. W. Schultz, *Transforming Traditional Agriculture* (New Haven, Conn.: Yale University Press, 1964)。

修改。

　　我非常感谢允许我重印发表过的论文。我也要对包括美国和外国政府、联合国、农业和其他组织、学术机构在内的许多团体表示衷心的谢意，很多论文的撰写起因于它们的特别邀请，这样的机会常常提供了有启发性的对话，我从中受益匪浅。有时候，我的领导还慷慨地满足我的要求，安排我去特定地区实地看看农业经营、研究机构和学校，这些经历对我是有益的，其次，在芝加哥大学我们举办的专题讨论班上，来自同事和研究生的学术交流和挑战使我得到了很多帮助，对此我也必须表示感谢。最后，我欣然地感谢巴巴拉·威尔斯（Barbara Wills）夫人（在整理手稿中）和弗吉尼亚·K·瑟娜（Virginia K. Thurner）夫人所做的细致而又艰苦的工作。她们的付出对我组织这些论文，减少不必要的重复，从而把它们统一为一部逻辑一致的著作有很大的意义。

西奥多·舒尔茨

目　录

第一篇　世界粮食

第1章　世界的农业转变 ……………………………………… 3

　1.1　对经济机会的反应 ………………………………………… 3

　　1.1.1　农业绩效不佳的原因 ………………………………… 4

　　1.1.2　前景乐观的一些有利因素 …………………………… 5

　　1.1.3　必要的经济条件 ……………………………………… 8

　1.2　发达国家与欠发达国家之间的不均衡 …………………… 12

第2章　美国对外农业援助的投资不当 ……………………… 15

　2.1　政策的选择 ………………………………………………… 15

　　2.1.1　必要的区分 …………………………………………… 16

　　2.1.2　关于人口 ……………………………………………… 17

　　2.1.3　关于欠发达国家的农业 ……………………………… 17

　　2.1.4　关于美国的农业 ……………………………………… 19

　2.2　480号公法的信天翁 ……………………………………… 20

　　2.2.1　480号公法产品的成本和价值 ……………………… 22

　　2.2.2　受援国的成本 ………………………………………… 25

　　2.2.3　对受援国的价格和收入的影响 ……………………… 27

　2.3　投资不当的表现 …………………………………………… 30

第二篇　尚未解决的经济问题

第3章　论土地 ………………………………………………… 39

　3.1　土地与经济增长 …………………………………………… 39

1

  3.1.1 作为生产要素的自然资源 ·········· 40

  3.1.2 自然资源与经济增长 ············ 45

 3.2 土地经济价值的再考察 ·············· 47

 3.3 波索洛普土地的弹性供给 ············ 48

第4章 人口均衡论 ·················· 51

 4.1 遗漏的经济分析 ·················· 51

 4.2 美国的家庭生育计划：问题和目标 ······ 53

第5章 贫困问题 ···················· 56

 5.1 贫困最小化的公共方法 ·············· 56

  5.1.1 贫困的负效用 ················ 57

  5.1.2 贫困最小化的方法 ············ 59

第6章 研究投资 ···················· 68

 6.1 有组织的农业研究 ················ 68

第7章 农业发展的智力要求 ·········· 72

 7.1 低收入国家的人力资本投资 ·········· 72

  7.1.1 收入流的价格和来源 ·········· 72

  7.1.2 低收入国家人力资本的投资不足 ···· 74

  7.1.3 我们援助低收入国家改善其人力资源的努力 ··· 75

 7.2 科学家在实现世界农业现代化中的有效配置 ······· 78

  7.2.1 均等化路径 ················ 81

  7.2.2 无效率的配置 ·············· 83

  7.2.3 可能的解决办法 ············ 86

第8章 教育投资 ···················· 89

 8.1 作为经济目标的教育 ·············· 89

  8.1.1 经济目标 ·················· 92

  8.1.2 投资多少？ ················ 93

  8.1.3 消费和生产方面 ············ 94

  8.1.4 教育改革的经济报偿 ·········· 94

 8.2 农业劳动的技能和收入 ············ 95

  8.2.1 经济知识及其实用性 ·········· 98

  8.2.2 对农民的投资 ·············· 101

 8.3 对穷人的投资 ·················· 104

  8.3.1 过时的人力思想 ············ 105

  8.3.2 投资不当的一些迹象 ·········· 106

　　　8.3.3　投资不当根源的分类 ·············· 108
　　　8.3.4　经济增长与对技能的需求 ············ 110
　　8.4　衰落地区的教育和经济机会 ············· 111
　　　8.4.1　教育活动 ······················ 113
　　　8.4.2　对公共教育的支付 ··············· 114
　　　8.4.3　研究的含义 ···················· 115
　　8.5　对教育质量的投资不足 ················ 116
　　　8.5.1　农村教育的一些简单情景 ·········· 117
　　　8.5.2　为什么投资不足？ ··············· 125
　　　8.5.3　为什么农业机构在教育方面如此消极？ ········ 130
　　　8.5.4　政策含义是什么？ ··············· 130
　　8.6　农学院的教与学 ···················· 133

第三篇　对美洲的应用

第9章　拉丁美洲 ························· 141
　　9.1　经济增长理论与农业的获利性 ··········· 141
　　　9.1.1　经济增长的前景 ················ 141
　　　9.1.2　投资选择 ····················· 143
　　　9.1.3　获利性和市场 ················· 144
　　　9.1.4　一些政策问题 ················· 147
　　9.2　智利农业经济学 ···················· 148
　　　9.2.1　农业资源状况 ················· 149
　　　9.2.2　新政策观点 ··················· 150
　　　9.2.3　智利农业经济组织 ·············· 150
　　　9.2.4　土地改革的一些经济方面 ·········· 152
　　　9.2.5　作为外汇的赚取者 ·············· 152
　　　9.2.6　向农民投资 ··················· 153
　　9.3　拉美的经济试验 ···················· 154
　　　9.3.1　学习拉美经验 ················· 155
　　　9.3.2　经济增长理论的探索 ············· 161
　　　9.3.3　从理论到初步观察和推断 ·········· 168
　　9.4　大庄园制之谜 ····················· 175
第10章　美国 ·························· 180
　　10.1　托宾的经济目标和农业 ·············· 180

10.2　反增长的农业政策 ·· 183

10.2.1　成绩的记录 ·· 185

10.2.2　怀疑的记录 ·· 185

10.2.3　失望的根源 ·· 186

10.2.4　未被认识的真正农业问题 ················ 187

10.3　农业政策的新经济基础 ································ 188

10.3.1　当前的政策危机 ·································· 189

10.3.2　农场收入—农场财产的矛盾 ············ 189

10.3.3　政治与经济考虑 ·································· 190

10.3.4　政治支持的削减 ·································· 192

10.3.5　实际经济条件 ·································· 193

10.3.6　一项积极的计划 ·································· 194

10.4　城市发展及其对农业的政策含义 ················ 196

10.4.1　一组重要的问题 ·································· 197

10.4.2　研究方法的设计 ·································· 198

10.4.3　在公共政策领域里 ·································· 199

10.4.4　总结 ·· 205

10.5　对农业的负面报道 ································ 206

第四篇　理论与研究组织

第 11 章　研究组织 ·· 213

11.1　农业经济政策的研究 ································ 213

11.1.1　中心问题 ·· 214

11.1.2　来自美国经验的启示 ················ 214

11.1.3　对研究单位的要求 ·································· 219

11.2　农业经济学实用性的变化 ································ 220

11.2.1　职权的范围 ·· 222

11.2.2　制度上的困难 ·· 223

11.2.3　出版物、工具和研究计划 ················ 225

第 12 章　对理论的需要 ·································· 230

12.1　梅勒对理论的探索 ································ 230

12.2　增长理论中遗漏的环节 ················ 234

第一篇

世界粮食

第*1*章　世界的农业转变

1.1　对经济机会的反应[①]

在欠发达国家中，人们普遍把农业看作是经济活动的一种低级形式，在经济、政治和社会歧视的共同压力下，农业已成为这些国家经济计划中的瓶颈。它们的错误在于没有认识到在给农业以平等经济待遇的条件下其潜在的经济贡献。我的任务是阐明农业中的机会，也就是它对经济增长的潜在贡献。我所说的农业不过是指耕作、饲养、粮食和其他农产品的生产而已，并无新奇之处。我所说的经济增长只意味着一段时间内生产的增加，着眼于能增加实际收入的机会成本。

近年来，已变得十分清楚的是，许多欠发达国家的农业如此落后，导致其经济增长和稳定陷入了困境。由于缺乏充足的农业产出，在农业和其他经济部门之间就出现了严重不平衡的问题。这种不平衡大部分是计划经济增长的结果，在计划经济增长中，工业化被放在了优先地位，而且常常是以牺牲农业为代价的。这样，农业的优先增长成了例外。欠发达国家中只有少数几个在农业现代化过程中取得了真正的进步，而大多数欠发达国家，农业成为了几乎没有什么可供农民使用的现代化投入的部门，而且可以预料，它的生产率几乎没有什么增长。[②] 农业生产的

---

① 该文提交给 1966 年 6 月 27 日在意大利都灵召开的联合国开发计划署代表会议。

② 详情请见 T. W. Schultz, *Economic Crises in World Agriculture*（Ann Arbor, Mich.：University of Michigan Press, 1965），chaps. 2 and 3。

任何增加都是来自农业劳动力和其他传统生产要素的增加。因此，现在粮食的供给已成为广泛关注的问题。而可怕的粮食短缺的预测使前景变得更为暗淡。

我计划首先评论一下关于农业成绩不佳原因的几个不正确的假设，以便更清楚地理解基本原因；其次，概述一下这些国家吸取了过去的错误政策的教训，在对待农业上向好的方向转变的情况；其三，简要地阐明要想在欠发达国家中增加粮食供给一般应具备的经济条件。

1.1.1 农业绩效不佳的原因

通过把农业部门的不良成绩归咎于自然灾害，或农民的反常行为，或人们的生育能力，来掩盖对没有实现农业现代化负有责任的经济政策的错误，简直是太方便了。

自然界往往因为连续的季风或旱灾等恶劣气候的发作受到谴责。作为在具有易变气候的达科他州长大的人，我把自然界的反复多变看作是纯粹自然的。农业生产中，多变的天气应当是人们正常预期的一个组成部分。南亚恶劣季风将时常来临，但也将年年有好收成。曾经成为苏联重负的旱灾将会过去，而在风调雨顺的年份里将会有足够的小麦，甚至有一些还可用于出口。自然界的这些不利因素并不能解释农业绩效差的原因。

许多制定经济政策的人——某些"经济学家"、政府领导人和以城市为导向的知识分子——认为农民的行为是非常反常的。当国民经济计划要求有较多的农业产量时，农民并不对此做出反应；当经济指令要求从生产小麦转向生产玉米时，他们生产出的两种作物的产量都不能达到要求；当发出大步前进的指令时，他们却向后退步；当他们接受大量补贴被要求减少某种农作物的种植面积时，他们却要增加单位面积产量，使得这种作物的总产量比种植面积减少以前还要高。于是，农民，尤其是贫穷国家的农民，被看作是宁愿选择闲暇而不做额外工作以增加生产的游手好闲的人。当为增加农业生产进行投资而需要储蓄时，他们又被看成是挥霍者，而且在使用可供支配的资源时，他们也被认为是非常无效率的。这种关于农民对经济刺激做出反应的流行观点，在我看来是错误的。农民在其经济行为方面并非是反常的。如果存在着这种反常行为，那一定是在农业中和在国民经济计划中不给农民提供经济刺激时所出现的情况。

普林斯顿大学的 W·阿瑟·刘易斯（W. Arthur Lewis）教授说：

"在非洲不存在边际产量是零的问题。"我表示同意。他又说："提高产量的许多方法是为农民熟知的，但是，大多数方法所生产的边际产量被认为少于他们在烈日下付出的边际努力所应该得到的边际产量。"我也表示同意。但他说非洲实际上处于埃斯特尔·波索洛普（Ester Boserup）夫人所描述的那个状况①，即如果施加更大的压力（无论是较高的地租还是较大的欲望或是……较低的价格）农民就会做得更好，这是我强烈反对的。有大量的经验证据与刘易斯的说法相悖，这些证据表明，在非洲，当可可、棉花、咖啡、花生或棕榈果的出口价格变得有利可图时，农民的供给反应是有高度弹性的。因此，他是在诽谤非洲农民，并且是在错误地伸出极为方便的殖民大棒。

时下流行把人的高生育力斥责为犯罪，好像它应当为农业较差的表现负责。我并不是想说最近的人口高增长率不是一个严重的问题。的确，它对于改善卫生设施、扩大文化机会、提供教育等有着严重的不利影响，一般来说，人口的高增长率可能是经济发展的一个重大障碍。当然，它也会增加对粮食的需求。然而，人口增长并不是农业绩效不佳的原因。事实上，在许多贫穷国家，不少农业产量的增加源于农业劳动力的增加。

造成欠发达国家农业绩效差的罪魁祸首是缺少可以给农民带来报酬的经济机会。但是，即使政府实行最优的经济计划，也不能得出结论说这样的机会就唾手可得或可以实现。给定同样一笔投资，无论做出怎样的努力，农业部门对经济增长的贡献也没有其他经济部门大。如果事实是如此，那么推论是，不管政府能够做什么，这样的经济机会对农民来说是不会出现的。但这不是事实，我将要努力证明这一点。

1.1.2　前景乐观的一些有利因素

尽管过去经济政策有诸多错误，转变传统农业仍有许多问题尚待解决，但是，世界粮食供给的前景并不像指数人口增长曲线让我们相信的那样暗淡。②人口增长的这些天真预测认为人类在从事人口再生产时就是呆板的机器人。这显然是错误的。整个世界的人口再生产现在正在经历着一个根本性的变化。对小家庭的偏好为实现有效的计划生育提供了

---

①　参见本书 3.3 节"波索洛普土地的弹性供给"。

②　奥林（Olin）在《大西洋》（1966 年 7 月，19 页）上刊登的长达两页的广告简直荒谬至极，其标题甚至有半页长，即"有 10 亿人可能在 1976 年饿死"，其后有一段说，"统计学家指出，在 10 年后会有 10 亿多人——不是 100 万人，而是 10 亿人——可能会因饥饿而死亡。"

新的可能性。为了满足这些偏好，在现代节制生育方面人类能够、应该也将会做很多事情。

但是，让我们回到农业上来：幸运的是，欠发达国家曾经摇摆不定的浪费性政策——对农业的轻视——现在已经处于低潮。有迹象表明农业与工业之间的不平衡正在被纠正。一般来说，这个纠正的过程由下列部分组成。

（1）欠发达国家将认识到必须切实纠正它们对农产品的过低定价，以及对农民所购买的农业投入、消费品和服务的过高定价。

（2）自从 40 年代中期以来，在欠发达国家中流行着不计成本的进口替代（用国内生产的产品替代进口的国外生产的产品）。而现在这些国家对这个政策也有许多重新的思考。在这个方面存在着某种程度的国际贸易自由化，它将会削弱对进口替代的强大推动作用。随着这种情况的出现，在一些国家中农业投入的价格将会下降，农民所购买的消费品价格也将会下降。

（3）近几年来较富裕国家的国际援助将更少地受美国 480 号公法（旧的）有关农业剩余产品出口的限制，援助将更多地以化肥、除虫剂、农具、机械或具有现代化农业所需技能的技术人员的形式进行。美国的新法大大地改变了旧的 480 号公法条款，这肯定会有助于那些接受美国外援的国家的农业发展。

（4）科学和技术知识的价值存量是一个增加农业生产的关键的和重要的资源。它现在主要存在于西方国家，以后将越来越多地为欠发达国家的农民所利用。

（5）由资本和技术支持的、以增加农业生产为目的的国家发展计划将会有明显的增加。

（6）多数国家自然资源的禀赋，将被证明不是农业生产大量增加的一个限制性的因素。

（7）马尔萨斯-李嘉图（Malthusian-Ricardian）铁律所说的生存压力将会大大地减少，因为人口膨胀将会逐渐受到控制。因此粮食供应将会增加，足以普遍提高生活水平。

更具体地说，应当重视的是下列一些发展：

（1）苏联的经济计划有了根本的变化，现在为农业提供了更多的支持。

（2）东欧国家在实现农业现代化的努力中，越来越多地采用西欧国家的方法。

（3）印度的经济政策正在朝着有利于农业发展的方向做出重大的变化，而在风调雨顺的情况下，印度农业部门的产量将会有明显的增加。

（4）墨西哥经济增长的成功案例（无论是在工业还是在农业中都取得了更多的收入）是其他拉美国家可以效仿的。

（5）在南亚，与印度开战前的四年中，巴基斯坦的农业状况有所改善，这种改善是由于在巴基斯坦东部利用了相对便宜的氮肥、管道井水、较好的道路，尤其是比较有效的价格制度。

（6）洛克菲勒基金会与墨西哥政府合作研制出的新的高产小麦品种，正在迅速地适应其他种植小麦的欠发达国家的气候和土壤条件。玉米、高粱、小米的良种技术也取得了类似的进步。

（7）水稻改良品种的前景不像小麦那样明朗，但是，现在看来，位于菲律宾的国际水稻研究所正在进行的水稻研究有可能将在下一个十年中取得像墨西哥小麦那样的突破。

（8）如果能够实现政治稳定，在尼日利亚建立的热带粮食研究所也是值得一提的，尽管需要花费十年或更长的时间才能发现和开发适应热带地区的更好的粮食作物新品种。

（9）自第二次世界大战以来，与主要的农产品价格相比，生产化肥的成本下降了大约一半．尽管绝大多数欠发达国家至今仍没有能够利用化肥实际价格显著下降的有利条件，但在以后十年中情况会有明显好转。

（10）在这方面一个需要特别注意的制约因素，就是缺少有组织的农业研究来开发新的和较好的植物蛋白质的来源。[①] 与碳水化合物和油脂的供给相比，植物中的蛋白质食物和饲料已经供给不足，大豆的价格就是一种迹象。

如果这些纠正的过程的确如同已经指出的那样正在发生和发展，如果它们带来农业生产的潜在增加，那么世界食物的前景在未来的十年中将会发生如下变化：

（1）为出口而生产粮食作物（主要是小麦和稻谷）的国家将会发现，这类出口品的需求从近几年发生的情况来看会大大减弱。

（2）那些为出口而生产饲料作物——主要是玉米和高粱——的国家，将会经历一个连续的、颇为强劲的出口需求。

（3）与饲料作物的需求相比，世界对高蛋白质食用粮和饲料粮的需求将会更为强烈。

[①]　想要在这个领域进行研究，参见 N. W. Pirie, "Leaf Protein as Human Food," *Science*, vol. 152（June 24, 1996）, pp. 1701 – 1705。

（4）为出口生产高品质的肉类、新鲜水果和蔬菜的国家，可能会比生产其他出口品的国家拥有更好的前景。

（5）现正在实施的集中于谷物（如小麦和稻谷）的许多应急项目，不久后很有可能被证明本质上是过于笼统的。即使在饥饿的世界中，食物需求也并不是那么简单。

1.1.3　必要的经济条件[①]

多数欠发达国家生产更多食物和其他农产品的经济可能性，一般说来是良好的。我将集中论述欠发达国家如果要利用这些可能性，必须满足的三个条件：（1）有效率的价格制度；（2）高收益的农业投入的供给；（3）这些高收益的农业投入来源的开发。

有效率的价格制度。 在农民集中的地方，农产品的价格，农业投入的价格，还有非常重要的农民所购买的供消费之用的消费品和服务的价格，作为一种组织工具都是必不可少的。至今也没有其他的制度可以代替这三套价格规则，把千百万农民的活动整合、组织起来。但是，这三套价格通常被严重地扭曲了。多数欠发达国家所拥有的价格制度是无效率的。由于便宜的食物政策、反通货膨胀的价格控制、农产品出口税和480号公法农产品的进口，农产品的价格被抑制和扭曲了。

这些便宜的食物政策的根源既多且深。单纯地追求工业化（常常是以牺牲农业为代价的）是其根源之一。压低食物的价格以求制止通货膨胀的价格控制是另一个根源。许多国家采取压低消费者价格指数中的特定食物价格的策略。例如，智利政府把压低牛肉和小麦的价格作为制止通货膨胀计划的一个组成部分，这样做既扭曲了农产品价格的水平，又扭曲了农产品之间的价格关系。于是，消费价格也就处于不均衡状态中。例如，牛肉变得非常便宜，因而政府实行实物配给制以防止消费者消费过多的牛肉；同时把牛肉的销售限定为一周两天，这给那些有冰箱的家庭提供了享有特权的机会。

抑制消费者价格指数的价格控制给消费者尤其是给农业刺激提供了一个错误的经济指导。印度的地区性食物控制使有剩余产品的地区的农产品价格保持在低水平上。因此，这种价格控制对未来农业生产带来了严重的不利影响，就像恶劣季风所造成的后果那样。

---

① 1966年4月26日，在华盛顿哥伦比亚特区国家科学院召开了一次专题讨论会，这一节主要来自我在这次讨论会上的发言。会议信息参见 The symposium entitled *Prospects of the World Food Supply*，published by the Academy，Washington，D. C.，1966，pp. 18 - 23。

　　价格扭曲的另一个根源来自外汇。由于国内货币定值太高，造成了农产品价格的严重扭曲。这些价格扭曲现在在印度、智利和其他一些国家中仍然很严重。

　　把农产品出口税作为公共收入的一个方便来源是价格扭曲的又一个根源，特别在第二次世界大战前或期间建立了销售局的一些西非国家更是如此。这些销售局以世界价格卖出农产品，却只付给农民少量的报酬，把其间价格差作为财政收入。例如，尼日利亚农民在一些年份所收到的棕榈果价格一直是世界价格的一半，因此，产量一直在下降。而且，棕榈油被浪费掉了，因为它在尼日利亚太便宜了，以致作为煤油的替代品被当成燃料来使用；然而，从纯经济价值上来看，棕榈果是尼日利亚唯一一个可以被称为"金矿"的作物！在植物育种研究上的遗传性突破是棕榈果的一个比较优势。但是，这种知识进步所产生的潜在经济利益却被一个有害的价格政策给浪费了。

　　美国 480 号公法的后果之一就是，多数接受 480 号公法农产品的国家的农民的经济机会被减少了。我们自我隐瞒，明知大量进口的国家，其农产品价格遭受了不利影响，却对此视而不见。我们并没有帮助它们发展更有生产性的农业部门，却反而促使这些国家的农民的报酬减少到应有的水平以下。我并不是说，480 号公法的进口没有给多数受援国提供有巨大经济价值的追加资源：它们的确做到了这一点，但它们对农业的发展也产生了有害的影响。这些农产品的获得不仅使接受国的政府有可能对农业自鸣得意，而且也损害了这些国家农业生产的经济刺激。

　　农民要实现现代化所必须购买的投入——化肥、农药、其他化学品、工具、设备、机械、燃料和维修——虽然是可得的却非常昂贵。这些东西的价格在多数贫穷国家中也都是扭曲的。为了保护本国的投入生产者不受国外竞争，政府采取了各种贸易壁垒，这严重损害了竞争机制。国内的竞争也被垄断产业削弱了。在某些国家，一些关键的农业投入的生产被限制在公共部门内。就是在私人部门中，这些投入的供给者也并非都处于开放、自由的竞争环境中。毫不奇怪，这些必需的投入对农民而言一般是十分昂贵的。

　　化肥已经成为增加农业生产的主要投入之一，因此值得加以特别评论。虽然氮肥、磷肥和钾肥能够增加产量这一发现并不是新鲜事，但是，在整个世界的农业中使用大量商业化肥的获利能力却主要是在第二次世界大战后的一个发展。其发展的基础是，与农产品价格相比，生产商业性化肥的原材料的供给价格下降了。当然，农民必须学会如何有效地使用化肥，假若他们种植的小麦和稻谷品种对化肥施用量是有反应的，以及有充足的降雨量和补充性供水，这并不是很困难的事。

虽然相对便宜的化肥打开了农业产量大幅度增加的大门，但这个大门在多数欠发达国家和地区中却仍然是封闭的。其结果是，对于这些国家和地区的农民而言，购买和使用大量追加的化肥并非是有利可图的，因为虽然生产氮肥、磷肥和钾肥等所需的原材料的世界价格下降，这些国家和地区的农民却没有享受到这些好处。尽管有良好的愿望和不懈的努力，印度的大门仍然只是部分开放的。而另一方面，巴基斯坦和中国台湾地区对氮肥敞开了大门，但这些都只是例外。

虽然智利是以世界价格向外出口氮肥原材料，但这些原材料对智利本国的农民而言却定价太高，以至于他们使用不起。这种价格扭曲的明显原因就是价格受到了操纵。智利在生产和销售氮肥原材料方面正在实行垄断策略。政府是私人生产者剥削智利农民的一个伙伴。这个策略的逻辑如下：出口的原材料必须以很低的世界价格出卖，于是就假定它们是亏本售出的；为了弥补这个假设的损失，智利本国的价格就得定高，因而它们在智利的出售价格是远远高于世界价格的。这是对经济逻辑的一个可悲的颠倒！

在一些国家已有许多类型的复杂机器和拖拉机，但却缺乏为这些机器服务的组织，而且修理零件的定价极无效率。由于缺乏对破损和磨旧的零部件的更换，拖拉机往往使用几年后就闲置无用了。获得这些修理零部件所花费的成本和时间可以说明这种情况。

这些国家中农业投入物的价格为何远远越出了常规？如前所述，生产现代农用必需品的国内厂商一般受到了旨在建设国内工业的进口替代政策的庇护。但是，这些国内工业都是高成本的生产者。结果是，这些必需的农业投入物的价格非常高而且被严重地扭曲了。

对第三套价格，也就是农民所购买的消费品和服务的价格在此简单提一提就可以了。人们一直没有认识到这套价格的经济重要性。这套价格是决定农民所获得的净收入购买力的关键因素，所以它们的确是重要的。

一般来说，在许多欠发达国家中，农民用他们的收入所能购买的东西大大减少了。虽然理应预料到，把城市地区生产的消费品和服务销往农村时，价格将略为高一些，但关键问题在于，农民所购买工业品的价格相对于其销售农产品的价格一直在上升，而且在许多情况下农民所购买的东西的质量一直在下降。

高收益农业投入的供给。尽管有效价格体系是一个必需的经济条件，但它却不足以保证粮食供给的增加。这一价格体系为农民最优地利用现有资源提供了舞台。但是，一旦他们耗尽了现有的获利机会，产量的进一步增加就难以实现，除非有新的有利可图的投入。①

人们广泛认为贫穷国家农民还有很多机会可以利用，这显然是错误的。农民在他们的经济活动中一般是精明的、讲究实效的和善于盘算的。只要有真正的高收益，他们就会做出反应。我们应该努力使项目和规划创造出诱导农民增加生产的机会，因为这样做对他们是有利的。

由于把农业绩效差归咎于农民，而不是归咎于获利机会的缺乏，我们犯了如下错误：

（1）假定在这些国家中存在可用的和有利的农业新技术、作物、蔬菜和水果新品种以及其他的农业投入；

（2）在还没有什么技术值得向农民推广之前就开始了推广计划；

（3）把农学院与国外的农业部联系起来，集中研究如何改善管理和信息，而不是建立至少注重研究的校际安排；

（4）从事全国性的社区发展计划，而没有充分地注意这样的计划能否给农民带来收益；

（5）与政府一起从事地方性的推广计划，而没有充分地注意这样的计划能否给农民带来收益。

高收益投入来源的开发。虽然一个有效的价格体系通常会显示出某些获利的机会，但一旦这些机会被耗尽了，农业的进一步发展就决定于各种现代农业投入，"现代"一词是指这些投入品是有组织的农业研究的结果。

我们生活的这个时代，农业革命在世界各地悄然进行。从理论上的可能性而言，西方的科学和技术知识如此先进，以至于我们在另一大半世界中所见到的东西大都过时了。正是这个知识存量使人们有理由相信农业前景十分乐观。这种知识是极有价值的，虽然大部分知识还只是理论上的，也就是说，对许多国家来说，适宜当地种植的稻谷、小麦和其他农作物品种目前还未研制出来。② 当然我们迫切地需要应用研究，虽

---

① 对基本经济逻辑及其经验相关性的论述，参见 T. W. Schultz, *Transforming Traditional Agriculture* (New Haven, Conn. ：Yale University Press, 1964)。

② 1966 年 6 月 9 日，在明尼苏达大学召开了有关国际农业计划的校董事会议，A. H. 莫斯曼（A. H. Moseman）提交了《农业发展所需科学和技术的国家制度》（"National Systems of Science and Technology for Agricultural Development"）一文，做出了一个极有权威的评价。

然它比我们许多人所认识到的更为基本。

因此，显然，增加世界粮食供给的新投入必须来自农业以外。开发这些投入（主要通过有组织的研究）要求现存知识的转移，以便它可以为欠发达国家经济发展所用，还要求在农业生产中适用的知识更进一步地发展。

尽管美国政府在帮助低收入国家开发新投入方面的努力明显是不成功的，但非政府企业却有几个成功的案例。洛克菲勒基金会和墨西哥政府的农业研究计划是一个成功的范例，在菲律宾的国际水稻研究所及墨西哥的国际玉米和小麦改良中心也是成功的典型。印度近期谨慎的农业研究计划（洛克菲勒基金会也参与了这一计划）也是很有价值的。

但是我要强调的是，一个好的研究单位本身是必需的，但它可能不会导致农业生产的增加。

在智利，农业研究计划是相当先进的，它在饲料作物、粮食作物、蔬菜和水果方面一般都有优良品种。但过去20年中，智利的农业生产是不成功的。哥伦比亚的情形与智利十分相似。在印度，尽管小麦、高粱和小米的研究取得了突破，但新品种向农民推广、繁殖和分配却存在着长期的延误。在菲律宾，康奈尔大学进行了长期的研究，但至今在农业生产的研究方面仍没有取得什么进展。

经济政策的确能阻止一个国家实现来自于成功农业研究的生产率收益。

1.2　发达国家与欠发达国家之间的不均衡[①]

第二次世界大战后发达国家与欠发达国家之间的农业生产不均衡还要继续存在下去吗？索基尔·克里斯坦森（Thorkil Kristensen）教授假定它将继续存在甚至将变得更大。我不接受他的假设。

克里斯坦森教授对1980年和到2000年以前的农产品需求和供给所做的预测，只是根据发达国家和欠发达国家的最近趋势进行推论的结果。这些并不是长期的、动态的均衡趋势。更准确地说，它们是第二次世界大战后广泛的、全球性的世界农业经济不均衡的一个结果。但是，

---

① 1967年8月，在澳大利亚悉尼召开的国际农业经济学家协会会议上提交的论文，经济合作和发展署秘书长索基尔·克里斯坦森（Thorkil Kristensen）写了一篇题为《迅速变化着的世界中的经济学家和农民》的论文，本文是对这篇文章的批评。

他的分析建立在这样的假设上面：根据最近的数据向我们展示的情况，代表着一组长期的、连续的和稳定的经济力量。

他假定这些经济力量将会持续地支配供求状况，因为在他看来，过去它们是经济均衡的主要力量，随着时间的推移，它们应该仍然是均衡的力量。因而，克里斯坦森教授把实行中央计划的国家撇开不谈，证明其余的欠发达国家的粮食生产将会供给不足，从而要求这些国家在 2000 年以 350 亿美元的费用进口粮食。

应当明确地指出，预测这些国家将会依赖如此大量的粮食进口，就与某些人口学家天真的人口指数增长的预测一样，是令人难以置信的。克里斯坦森教授的推论是，从国际专业化和贸易的角度来看，供出口的粮食生产将代替工业品和服务的生产成为技术先进的西方国家的比较优势，而欠发达国家的情况则恰恰相反。这个结论是完全站不住脚的。

有充足的理由拒绝他的分析所依赖的假设。虽然与发达国家的情况相比，欠发达国家的农业生产现在是严重不均衡的，但这种巨大的不均衡并不是一成不变的。事实上，已有许多迹象表明，正在发生的纠正过程和经济反应正在促使农业生产恢复经济均衡。此外，我们也应该预期到这个调整过程的发生。

然而，为什么第二次世界大战后发达国家与欠发达国家之间的农业生产会出现不均衡呢？已发生的情况是，发达国家从科学知识进步中获益，改善了农业经济生产可能性，并且它们也大规模地补贴农业部门。相反，在利用现代农业投入方面，欠发达国家却严重地落后了，而且它们把一系列无效率的价格强加在农业上，损害了农业的发展，从而实际上掩盖了农业中一切有利可图的投资机会。[①] 假如战后的这些发展趋势持续下去，那么克里斯坦森教授的估计似乎有某些道理。但是，一些主要国家所面临的最严重的粮食危机已经过去了。人们已经开始纠正过去的错误。从经济政策来看，许多欠发达国家正在重新考虑它们的进口替代政策及有利于城市消费者的便宜粮食政策。它们国内的贸易条件正变得较有利于农民；农业投入的价格正在降低；而在某些情况下，农民所购买的消费品和服务的成本也正在降低。因而，这些国家正痛苦地意识到有效的价格是至关重要的，当它们努力重新建立有效价格时，农业将会出现许多投资机会，而农民将会对此做出反应。因此，现在已到了制定这样的价格政策的时候了，它将发现和发展现代化农业投入，并把它

---

　　① 见本书 9.1 节"经济增长理论与农业的获利性"。

们提供给欠发达国家的农民。

在发达国家中，调整的迹象不很明显，但也有些调整。在美国，最近大大地扩大了农产品市场价格的作用。480号公法规定的出口品和其他形式的出口补贴正在缩减。再者，正在采取措施提高效率，以把更多的有关农业生产的现有科学知识存量转移到欠发达国家中去，并使之适合于它们的农业条件。

第 2 章　美国对外农业援助的投资不当

2.1　政策的选择[①]

虽然我对美国世界粮食供给方面的作用提出了广泛的批评意见，但我的陈述是想阐述有关粮食与人口和农业联系这个领域的特殊政策选择。

关于人口，由新的生育控制知识所引起的公众理解的风向已经发生了有利的转变。我们应当充分地利用这些风向。约翰逊（Johnson）总统 1966 年向国会提交的国情咨文并没有指明方向。我建议应当以库利贷款为原则向家庭计划提供贷款和补贴。

许多欠发达国家的农业现在也正在发生明显的好转，农业生产的经济和技术可能性得到了改进。然而，目前状况是关键性的：由于战后我们和有关国家在政策上出现了重大失误，许多欠发达国家的农业陷于严重的困境。因此，我建议做出几项重大的政策变动，这些政策变动基本上是与总统的建议相一致的。

同时，国内农业的经济状况也有很大的改善。农业产品的价格变得更有竞争性了，而且充分就业在大量地减少农业劳动力的过剩供给，而此前农业劳动力的要素供给是严重失调的。农业生产正在发生由软剩余

---

① 本文是 1966 年 2 月 18 日在美国众议院农业委员会举行的听证会上的发言，见 the hearings report，*World War on Hunger*，89th Cong.，2d Sess.，1966，part 1，pp. 156—172。

向硬价值的巨大转变。这个转变要求我们在粮食援助政策上有新的思路，以期加强欠发达国家农业的经济刺激，同时改善美国农业的经济状况和我们的外汇收入。

2.1.1 必要的区分

要清楚地认识这些政策问题，就必须弄清下列因素：

（1）必须区分由印度恶劣的季风（它也可以刮到巴基斯坦）所引起的农业生产损失和印度的正常农业生产状况。我们为了解决有害季风造成的现有粮食短缺做出的行动，与增加这些国家农业生产所必须做出的行动，在原则上是全然不同的。

总统做出的向印度大量增运美国粮食的决定的确是很明智的。如果需要船运更多的粮食，那么考虑到技术原因，由于在印度卸货和销售粮食的时间延误会引起农作物霉烂，因此高粱大大地优于小麦。

但是，在印度要把季风的真正影响与其他危害粮食供给的因素区分开来将是困难的。而且，把一切都归咎于恶劣的季风，从而掩盖由于食物和农业价格控制以及粮食"地区"配给的失误而造成的有害影响，那真是太方便了。

（2）粮食援助既可以作为促进经济增长的一个追加资源，同时也会削弱受援国农业生产的经济刺激，我们必须把这两种影响区分开来。

（3）在帮助欠发达国家实现其农业现代化的努力中，必须严格地区分粮食援助与提供化肥、农机、设备的援助以及农业研究、推广和教育基金的援助。

（4）在人口方面，我们必须把如下两种情况区分开来：未来二三十年的人口预测展现给我们一幅暗淡的前景，它似乎使免除饥饿的任何努力都将成为泡影；相反的情况是显著降低人口出生率的有利可能性，因为这些国家愿意为降低人口出生率采取行动，由于死亡率的显著下降，以及认识到更好更便宜的生育控制技术可以获得，那些国家的父母表现出减少生育率的明显偏好。的确，未来十年中，我们在这个领域中能够做出并且将会做出很大成绩。而美国对完成这个任务应该做出比现在所计划的更多的贡献。

（5）最后，我强烈要求这个战略性国会委员会区分旧式的农业剩余（它们主要是过去农业价格政策的结果）和美国农业在生产中（例如大豆）新出现的比较优势。这个区分是加强美国农业竞争性经济地位机会的关键。

2.1.2　关于人口

人口的迅速增长显然是一个严重的问题，在死亡率迅速下降的欠发达国家中更是如此。但是，正如日本人的出生率下降所显示的那样，人并不是一个机械的再生产的自动机。简单的长期预测总是太机械了。

首先，考察一下在公众态度和社会行为上所发生的变化，在过去的十年中，在这些领域已有了戏剧性的进步，它大大地增加了在未来十年中我们可以利用的机会。现在，公众对人口问题的认识和关注已经非常广泛。幸运的是，在这方面，我们手边还存有几年前进行的研究工作的成果。虽然像十年以前那样，遭到严厉批判的风险仍然很大，但幸运的是私人基金会愿意资助人口繁殖、节育技术和人口发展的研究。这种私人的风险资本已经得到了很大的报偿。此外，我们现在可以开展自由而公开的公众讨论。关于计划生育和节育的现代的公共政策已经趋于成熟并且开始实施，公共基金的建立支持了研究并且为处于贫困之中的即将成为父母的人提供了帮助，使他们获得信息和技术，如果他们把计划生育作为尽父母责任的关键，就可以按照自己的偏好，选择孩子数目、健康状况和教育，并为孩子的成年生活做好准备。

在国外，许多欠发达国家在这方面也取得了进步。但对它们来说，取得这种进步显然要困难得多。在这些贫穷国家中，由父母所能掌控的节育技术所支持的计划生育方案是难以制定的，这些方案对它们来说也成本较大。例如，新的宫内避孕器技术需要借助医生和护士，才能得以实施。

在最近的几年中，美国政府（特别是整个行政部门）在人口领域中为帮助欠发达国家制定的一些政策和方案取得了实质性的进展。但是，为达到这个目标，我们能够付出更多的努力而且也应该付出更多的努力。我建议，今后欠发达国家应该在以粮食援助的方式所获得的基金中拨出一小部分，专门用于以现代节育技术为依托的公共和私人的计划生育方案。

2.1.3　关于欠发达国家的农业

在欠发达国家的农业政策方面，我极力主张国会不要像我所担心的那样习惯于削弱约翰逊总统的建议。通过限制这些国家增加其所谓的竞争性作物，国会一次又一次地削弱了我们为帮助这些国家实现其农业现代化的共同努力。例如，就许多欠发达国家的农业自然资源而言，增加小麦、稻谷和棉花的生产用作国内消费和出口是经济的。

但是，在国内和国外也都存在着其他的政策失误。其中一些失误正在被纠正，因此不要低估这些好的转变是很重要的。请你们允许我引用我最近的著作《世界农业中的经济危机》的前言：[①]

> 当停滞而萧条的农业出现危机时，经济发展就处于危急关头。一个接一个的国家已经达到这个危急关头。它们集中于工业生产扩张，但是，单纯地追求工业化并不足以获得一个最优的增长率。由于缺乏经济机会，农民没有储蓄和投资农业生产。由于缺乏农业进步，工业化处于困境之中。于是危机就产生了。

我这里简要地指出过去那些比较重要的政策失误：

（1）欠发达国家和地区普遍流行的战后教条——现代的经济增长完全依赖于工业化——给这些国家和地区的经济增长带来了严重的危害。农业被忽视了，而且常常遭到剥削。只有少数几个明显的例外：拉丁美洲的墨西哥，中国台湾地区和早就获得成就的日本，中东的以色列；另外南亚的巴基斯坦在过去四年中也有不错的表现。

（2）直到最近，美国在这些欠发达国家中的代表团几乎无一例外地赞同工业化，因此对农业的发展或者是漠不关心，或者是采取对抗的态度，不过人们已经开始纠正这个特殊的政策倾向。在这个重要的问题上，约翰逊总统的建议是清楚而又有说服力的。

（3）另一个政策失误是，由于假设一些国家可能会生产有竞争性的农产品，威胁到我国的农业地位，国会农业委员会要求农业部在援助其他国家的农业发展时实行一系列的限制措施。我们的立法史上有这样的记录，即拒绝了亨利·华莱士（Henry Wallace）所设想的国外粮食作物改良方面的重大合作经营（亨利·华莱士清楚地看到了与我们的邻国共同合作的有利的可能性），而且不承认我们需要依赖别国许多特殊植物（包括小麦、玉米）的遗传品种，来完成自己的培植计划。美国农业部长期被指示寻找出口更多农产品的办法、补贴和促销，而无需考虑这样的活动对经济刺激（它是诱导这些国家的农民增加农业生产所需要的）的影响。

（4）亚洲一些地区粮食的严重短缺会一直持续下去，除非这些国家农业生产大量地增加，人口增长明显下降。对此不能再有任何怀疑的余

---

① T. W. Schultz, *Economic Crises in World Agriculture* (Ann Arbor, Mich.: University of Michigan Press, 1965), p. v.

地。从来自国外的大量的"免费"的食物充其量只能满足特殊的临时性的目标。

美国以农产品形式进行援助，并不能带来这些国家农业的大幅增产。它们所需的是建立化肥厂，或从国外进口化肥、获得农用机械和设备的援助以及有技术专长的外国农业专家的服务。在这个问题上，总统的建议是现实而又中肯的。

（5）虽然我们在美国发展了一个生产率极高的农业，但我们作为国外农业的建设者却表现不佳。"推广"的偏好长期牵制着我们，结果，农业研究被推迟、拖延和完全被忽视了。而当进行研究时，我们全然忽视了可行的农业研究中心的发展。若对这些努力做一评价，美国政府表现最差，基金会做得最好，而农学院在其国外的工作表现处于两者之间。

考察一下美国政府的记录。从"四点计划"（Point Four Programs）开始，在 20 年的大量援助以后，当大约 1/3 的援助拉丁美洲的基金被分配到农业发展中去时，竟然没有一个第一流的拉丁美洲农业研究中心出面申请这笔费用。究其原因，拉丁美洲政府并没有禁止这样的研究而我们却负有以下责任：①应急计划；②农业"推广"偏好；③在经济发展中轻视农业，特别是在"四点计划"以后更是如此。

2.1.4　关于美国的农业

在未来的听证会上，国会将要重新面对下述基本问题，在今后 5 年中，我们的政府是否应该动员美国的农业提供大量额外的粮食来缓解世界的饥饿呢？

让我说明一下这个问题的含义。从人道主义的观点出发，答案看来是肯定的，某些农业团体的自利观点也会支持这种做法。的确，尽管现在的国家预算是紧的，我们也能拨出必需的公共基金来使受到饥饿困扰的国家得到更多的粮食援助。那么，还有什么困惑呢？

对于这个基本问题的回答，主要取决于我们的眼光是远还是近。为了说明这一时间维度有多么重要，我们考察一下印度粮食农业的状况。在不久的将来，印度一定会渡过粮食危机的困扰。但是，在此之前有一些尚未解决的困难，印度的港口和卸货的设备不够完善，其炎热而相当潮湿的天气会造成食用谷物的霉烂，并且很多印度人不愿意将主食从大米转向小麦和高粱。幸运的是，我们的小麦和高粱的存量足以满足印度的这种粮食紧急需要。

　　但是，如果我们的眼光不仅仅局限于受恶劣季风影响的时期，那么我们政策的基本目标应当是诱导和帮助印度实现其农业现代化。我们也不应该对其在计划生育和节育中的援助请求无动于衷。如果我们在恶劣季风以外的时期还继续大量地扩大粮食援助，那么我们将很可能会发现，在今后5年中，与我们为其农业现代化提供必需的特殊要素的情况相比，印度满足其国内粮食需求的能力会更加恶化。因此，即使从严格的人道主义观点出发，为了不久的将来印度的饥饿能够得到缓解，与继续为其提供"免费"的粮食相比，集中精力增加印度的农业生产能力是更好的方法。同时，这个时期还要我们抛弃现已过时的剩余概念，使美国的粮食销售从众多的软通货转向硬通货，以求改善美国农业的竞争力。我认为，总统在这个问题上的建议显然是正确的。

　　总之，国会应该重新制定农业政策，以求指导美国农业放弃生产不具有竞争力的产品从而转向生产具有经济优势的产品。毫无疑问，美国的农业在生产大豆上有真正的比较优势——而且增加大豆生产也适应于国内外对大豆（这种提供高质量蛋白质的食品）的需求迅速增加的趋势。世界对饲料作物的需求也正在增加，而且我们在这个领域中也有相当大的比较优势。但是，就食用谷物（小麦和大米）而言，如果不考虑粮食紧缺状态（印度的状况就是一个例证），其世界需求似乎是增长缓慢的。因此，今后5年的政策应当是指导美国农业生产更多的植物性、动物性的蛋白质食物。

2.2　480号公法的信天翁[①]

　　美国对剩余农产品的处置似乎遵从这个形式：美国剩余农产品是一个严酷的现实，它们必须被处理掉，国外自然就成了最好的出处。一些不发达国家需要这些剩余农产品，用于经济发展；因而，我们应该确保它们流转到这些国家的政府手中。但是，私人和公众处理这些剩余品的

　　[①] 发表在 the *Journal of Farm Economics*，vol. 42（December，1960）pp. 1019 - 1030，题为 "Value of U. S. Farm Surpluses to Underdeveloped Countries"。获准重印。

　　我从莫迪凯·伊齐基尔（Mordecai Ezekiel）、戴尔·E·哈撒韦（Dale E. Hathaway）、巴特利特·哈维（Bartlett Harvey）、哈里·G·约翰逊（Harry G. Johnson）等那里获得了一些批评性的评论、大量的资料和研究成果，受益匪浅。但本文的任何局限性均与他们无关。

　　"信天翁"一词比喻令人忧虑的事情，出自英国诗人柯勒律治（S. T. Coleridge）的长诗《老水手谣》。——译者

动机既模糊又不具备说服力。许多被人道主义价值观所驱动的市民极不愿意看到，世界上有成百上千万人口处于食物匮乏的困境之中，而他自己的国家却正在奢侈地浪费着粮食。什么比分享我们的富饶更简单和更公正呢？有一些为农业集团说话的人知道，这些处置计划是维持现存的农业政策所必需的；他们的动机并非全然是利他主义的。很多制定法律的立法者和执行美国 480 号公法的政府官员并不是头脑简单的人；在相互冲突的压力下，出于各种政策的、法律的和技术的考虑，他们不得以做出这样的选择。

我不准备对美国人的抱负及他们关于这个问题的基本信仰和价值观念加以讨论，而只想讨论一下与 480 号公法有关的成本和收益。

没有人会对巨大的农业剩余这个事实熟视无睹。不久前，当商品信贷公司库存量仍然很小，并与供给和需求的意外事故仍有某些联系时，它是"很正常的粮仓"。但是，已故的乔治·F·沃伦（George F. Warren）的预言现在变成了现实："粮仓容易填满，但却很难出空！"

一个急待解决的问题是：美国是否能够用更大更好的处置计划来解决其剩余农产品问题呢？威拉德·科克伦（Willard Cochrane）教授在他 1959 年出任美国农业经济学会主席的致辞中对此做了否定的回答，我在此完全同意。但关于这些处置措施是否是一个综合性供给控制（更好的说法是"农业生产定量配给"）的一个必要的组成部分这一问题，他所持的观点是"它们应当相互补充而且结合起来"。对此，有些人可能既点头同意又感到困惑。但这两者真的能够完美结合吗？如果这些配给措施能控制生产，那么就不会有什么剩余。但如果我们需要剩余农产品，那全然是另一码事了。

这些剩余不是由天气的反复无常或需求的波动造成的，也不是由贫穷国家的缓慢经济增长所引起的。它们是美国技术和价格政策的一个明显后果，其解决办法就是对现行相关政策进行修改。在此我并不排除"综合性供给控制"的必要性，但是我仍怀疑这样的控制在政治上是否行得通——倒不是因为政府不愿意试行，而是因为其不利的福利效果，过高的社会和私人成本是政府承担不起的。

要把我们的农业剩余合理地转化为国际资产是容易的。但如果我们这么做，那就是在自欺欺人。我们可以继续宣扬这种做法是出于美德的考虑，但国外有头脑的人和有见识的领导人并不会被我们所欺骗：他们清楚地看到，我们所有的对外经济政策都是为适合国内方便而制定的。

像许多美国人一样，我认为美国应当比现在做更多的事情来减少世界人民之间的收入不均等。这样的主张究竟出于人道主义的善行和功利主义的考虑，还是长期的利己行为？其背后动机是不能通过简单的反思就可以解释的。在当时的条件下，租借法和马歇尔计划有特殊的价值。但现在我们设立了 480 号公法来代替马歇尔计划。

据说，美国人希望做出更多的努力来帮助不发达国家增加国民收入，而国会并不是这样看待问题的，因此，国会在这个问题上并不代表人民的意愿。于是，辩论开始了。由于国会在为不发达国家提供美国资源的问题上办事拖沓、态度模糊，马歇尔计划无法实施，既然国会必须处理农业剩余品，那么这些剩余品在国外销售，就可能为美国人做出更多的贡献。

我并不赞成这个推理逻辑。美国想要为穷国提供更多援助的主要障碍之一就是这样一个广泛持有的信念：军事援助是一个好的经济援助以及美国剩余农产品是受援的不发达国家经济增长的重要资源。同时，我们还陷于一个令人不满的农业和对外经济政策之中，且辜负了那些真心想帮助不发达国家获得更高的国民收入的美国人的愿望。

这篇讨论令人不满的美国农业政策现状的长篇导言，阐述了我对认为美国没有更好的其他农业政策的任何说法所持的疑虑。

导言就说那么多。我打算在本文的其余部分中考察三个相关的问题：（1）相对于美国的成本而言，480 号公法产品对接受国的价值是什么？（2）这些国家为换取 480 号公法产品，向我们"支付"什么？（3）480 号公法农产品对接受国的农业有何影响？[1]

2.2.1　480 号公法产品的成本和价值

对接受国来说，商品信贷公司的成本是 480 号公法产品价值的 2 倍多。但是，按照美国农产品国外销售所放弃的边际收益来衡量[2]，如果我们把我们的农业计划和生产者看作是既定不变的，那么，相对于其接受国的价值，这一成本对我们来说要小得多；因而，对我们来说，成本几乎可以看作是零。

那么，对我们而言，480 号公法产品的成本是什么呢？（1）用来偿

---

　　[1]　480 号公法包括两个小项目和一个大项目（第四个项目是 1959 年 9 月加进去的，但现在仍没有实行）。在第二个项目下，赠品是用来满足饥荒和其他特殊救济需要的，而在第三个项目下，有物物交换，还有向在国外从事分配这些产品的非营利机构提供的赠物。

　　[2]　经济发展委员会的赫伯特·斯坦（Herbert Stein）提出了"放弃的收益"这个问题，为此我要感谢他。

付商品信贷公司的贷款；（2）基于边际收益考虑的另一组成本。为了理解这些，我们需要考虑：如果 480 号公法产品在国外销售，那么，美国农业总出口收入的边际收益是什么呢？

总共有 90 多亿美元作为 480 号公法第一个项目被授权①，这些美元是用来偿付商品信贷公司在第一个项目下的销售成本的。但是，商品信贷公司有很多支出，并没有加到印度、巴基斯坦或其他接受 480 号公法产品的国家的这些产品价值里。作为第一近似，我将估计包含在美国拨款之中的商品信贷公司的成本与"出口市场价值"之间的差额。根据这个标准，商品信贷公司每一美元的成本中大约有 30 美分属于这类费用。② 下一步需要校正一下世界市场价值。

这个出口市场价值主要是以美国准备出售的世界市场价格为基础的。如果美国可以自由地以任意世界价格出售其全部可供出口的剩余农产品，那么这个市场价值就要低得多。有多种方法估计这样的世界价格是多少，但它充其量也是一个猜测而已。我的猜测是：它大约是商品信贷公司成本的一半。

如何检验边际收益呢？480 号公法的出口大约是美国所有农产品出口的 27%。假如没有 480 号公法的出口，而且 480 号公法的所有农产品与其他美国出口的农产品一起在世界市场出售，那么，美国农业的总出口收入会大于原来所获得的收入吗？由于小麦和面粉大约占了 480 号公法所有出口品的一半，且由于世界小麦需求的"低价格弹性"，那么就难以相信美国这种额外出口（包括全部 480 号公法农产品）的边际收益会是正数。③ 这个成本观点意味着，像英国这样的进口国（例如，小麦进口）付出的价格比我们在世界市场上把 480 号公法小麦销售给最高出价者的价格还要高。同样，如果世界市场销售毫无限制，并且把美国的农业计划和农业生产看作是既定不变的，那么即使是加拿大和其他输出这些农产品的国家也会从 480 号公法中"获益"！

---

① 1954 年 7 月 10 日的第一次批准数是 7 亿美元。到 1959 年 9 月 21 日止，这些批准数的累计总额为 92.5 亿美元。

② 在 1954 年 7 月至 1959 年 12 月 31 日之间签订的所有协议中，估计商品信贷公司在第一个项目下的成本是 53.51 亿美元，而"出口市场价值"是 37.19 亿美元。就 1959 年 7 月至 12 月签订的协议而言，估计成本和"出口市场价值"分别是 6.01 亿美元和 3.87 亿美元。

③ 如同我在上面考察的那样，这个结果与成本—价格关系是一致的。设每单位 480 号公法产品的商品信贷公司的成本等于 100，"出口市场价值"作为 70，美国农产品出口由两部分组成，27% 是通过 480 号公法进行的，其他的这类出口是 73%。如果 73% 是以 70 售出，我们就会有 5 110，如果所有产品都以 50 售出，我们就有 5 000 或实际上略少一些的一个总收益。

我现在考察一下 480 号公法产品对于受援国的价值。对它们来说，第一近似值就是在世界自由价格上的价值，即大约是商品信贷公司成本的一半，但这个估计太高了，因为，这些特定的国家以世界自由价格购买的美国产品并不会与在 480 号公法下所获得的一样多，如果这些不发达国家可以在接受美元和接受以世界价格计算的相等价值的农产品之间进行选择，那么少有例外地，它们将宁愿选择接受美元，因为对它们来说，为了实现经济增长或其他重要的国家目标，美元的价值更大。如同当年实施马歇尔计划的情形一样，如果它们接受了美元，那么，一定会用其中一部分购买生产资料，虽然它们也会购买大量的美国农产品。举例来说，假设印度可以在（以世界价格计算的）价值 10 亿美元的美国农产品与不受限制的 7.5 亿美元之间选择其一，印度政府将宁愿选择后者。[①] 480 号公法农产品对于接受它们的国家来说，其价值少于以不受限制的世界市场价格计算的价值。

本节可简短地小结如下：

（1）商品信贷公司的 480 号公法农产品的成本，大约为这些产品在世界市场上自由出售的价值的两倍。

（2）假定我们把我们的农业计划和农业生产看作是一个常数，那么按照从国外销售中放弃的边际收益来衡量，美国 480 号公法农产品的成本可能是零。

（3）对于每一美元的商品信贷公司的成本来说，480 号公法产品的价值对于接受它们的国家大概约为 37 美分。

（4）因此，在上述的（2）和（3）的条件下，480 号公法交易有很大的协商空间，因为按照不改进我们的农业政策这个不可靠的假设，对商品信贷公司每美元成本，受援国的价值大约是 37 美分，而以放弃的收入计算我们的成本可能是零。

（5）一个严重的误解是，将用来弥补商品信贷公司成本的所有的 480 号公法拨款看作是衡量这些农产品对接受它们的不发达国家的真实价值的有效尺度。一半或多一点只是我们农业计划的结果。把商品信贷公司的全部成本看作是农业的一种"支出"也是使人误解的，因为这样的成本中有些为受援国提供了具有一定价值的资源，应该看作是"对外经济援助"或美国从接受 480 号公法产品的国家中获得收益的项目。

---

① 一位地位很高的印度经济学家在私下讨论中估计说，对印度而论，不受限制的 5 亿美元比 10 亿美元的 480 号公法农产品更有价值。

2.2.2　受援国的成本

一旦开始结算外币账目，那么每美元商品信贷公司成本支付 10 美分到 15 美分之间的费用。第一个项目下的协议是为获得外汇的销售。在此，美国曾试图使商品信贷公司销售的外汇收益最大化来支持大使馆的费用、军事服务人员住房的采购，以及为了第一个项目的第 104 节（a）到（r）所授权的许多其他用途（还可加上更多）。确切地说，在任何一个具体谈判中如何对待这些销售是一个法律的、谈判能力的和便利的问题，美国政府对此含糊不清，致使人们能够一目了然地看清这种处理方式。480 号公法所依赖的立法委托存在诸多迷惑之处。

困难是多方面的。一切事物都被一种货币幻觉困扰着，而这种幻觉建立在一切外汇都像美元的这个信念上。人们有一个误解：外汇贷款能够解决美国在特定国家的巨大外汇收支平衡问题，尽管在这种情形下的贷款只是把面临的不健康状况加以推迟，而在这种不良状况中，这些贷款已经开始变成一片乌云，威胁着我们与这些国家之间的关系。关于美国国内事务与美国对外政策目标之间的相互关系还没有一个明确的概念。

许多混乱也发端于美国政府不协调的本质。许多不同的机构相互牵扯着，各自拥有特殊管辖权限，部分是以它与行政部门的独特关系为基础的，部分是以与国会的一个或多个小组委员会的关系为基础的，部分是以其能力、声望以及变成更重要的部门的愿望为基础的。农业部被驱使去扩大在国外推销剩余品的机会，转让农产品以求不妨碍美国正常的市场渠道，获取外汇来发展农产品市场，举办农业交易会，在这些国家从事某些形式的研究。对国家安全的普遍关注为五角大楼提供了更多的手段将 480 号公法基金作为军事援助使用。财政部坚持银行和财政概念，推动贷款和获得硬通货，而且需要有严格财政程序的预算局也参与其中。发展贷款基金，虽然较弱，但却与软通货和现有的外汇混乱搅和在一起。美国的一些机构希望在国外获得办公楼和展览场所。基金被授权用于学生交流、访问学者、美国创办的学校、出版物、双边中心，也用于国会图书馆和国家科学基金会指定的其他活动。进出口银行掌管库利贷款（Cooley loans），使用 480 号公法的一些外汇来传播美国私有企业的传统。同时，国务院负责销售谈判，主要关注 480 号公法的对外政策意义，也就是对竞争性的出口者的影响；但它经常受到抨击。人们在国会的听证会中看到了这一事实。时任众议院农业委员会主席的哈罗德·D·库利（Harold D. Cooley）曾"教导"国务院的一位代表说："我们主要感兴趣的是处理掉这些剩余品，你们如何以及在什么授权下做到这一点我们并不关心。我们已经告诉你们，我们想要把这些商品销售出去以换取美元，然后是换取外汇，或者将它们赠送出去。"[1]

这并不是说所有这些许多不同的目的和活动都是不合意的，或者说这些机构是被不负责任的人所困扰。绝非如此。在此我的目的是要揭示这些普遍混乱的根源，这些混乱刻画了这些销售项目的基本特征，至于是从华盛顿的优越地位，还是从新德里或其他接受480号公法农产品的国家首都的角度，都不是很重要。

让我们回到这个问题上来。支付的是什么呢？预算局报道说，直到1959年9月15日，在第一个项目下的累计销售协议总值是40亿美元。[2] 这笔款项中，美国农业部有2 700万美元作为利用研究（utilization research），有3 500万美元用于市场开发和农业交易会。我认为第一笔费用是为接受国服务的（虽然它的赞助人另有看法），第二笔费用是为我们的特殊利益服务的，因而后者是对我们的"支付"。国务院有4 400万美元用于教育交流，有800万美元用于美国创办的学校，这两者主要是为接受国服务的（这4 400万美元可以被看作双方各有一半）。美国新闻署有700万美元用于出版，有500万美元用于双边中心建设。这些主要是为美国服务的还是为接受国服务的，仍是一个悬而未决的问题。国防部有1.33亿美元用于军人家庭的住房建设，这个项目是对我们的"支付"。出口到第三国有4 500万美元，这些应归入"支付"之列。现在假定新闻署的款项的一半是为我们服务的，总计大约有2亿美元。有3.28亿美元被用于共同防务，几乎都在韩国、巴基斯坦、土耳其、西班牙和越南。供财政部使用的分配基金和储备基金的600万美元是作为科学活动之用的（我假定它是为接受国服务的），有5.94亿美元是作为一般费用的，其大部分是集中在少数国家——西班牙、印度、土耳其、南斯拉夫、巴基斯坦——的账面信贷中，在那里这项基金对我们几乎没有预期价值。

那么加在一起有40亿美元的外汇，我认为至多只有7亿至8亿美元可作为"支付"，而且这个估计无疑是偏高的，因为这些外汇的绝大

---

[1] Hearings before the Committee on Agriculture, House of Representatives, *Extension of Public Law 480*, Ser. X, July 15, 1959, p. 207.

[2] 参见 U. S. Bureau of the Budget, Special Analysis E, "Foreign Currency Availabilities and Uses," pp. 925 - 935, *Budget of the United States Government for the Fiscal Year Ending June* 30, 1960, tables 7, 8, and 9。

部分集积在几个国家中，而在这些国家所面临的现实下，它们对我们没有多少价值。

如何处理被美国大使馆已经存储或正在存储在账户中的这些外汇的确存在一个严重的误解：只要我们努力通过有关的国家中的各种贷款来控制这些外汇，它们仿佛就能变成了硬通货，最终兑换成美元。现在该是美国采取政策大量削减美国拥有的过大的外汇余额的时候了。有一个值得一提的建议是，一旦美国在任何国家中所拥有的余额超过美国未来三年的预期需要时，美国就应该把这些盈余当作"剩余品"，并着手把它当作赠款转移给该国。

因此，推理到此所依赖的主要"估计"如下：

	百万美元	商品信贷公司成本的百分比（5 700＝100）
1. 如果 480 号公法产品的商品信贷公司成本是	5 700	100
2. 为获取外汇而销售的变成	4 000	70
3. 以世界市场价格计算的价值等于	2 850	50
4. 接受国的价值	2 110	37
5. 美国将获得收入的上限估计值	855	15
6. 这种收入的下限估计值	570	10

2.2.3 对受援国的价格和收入的影响

480 号公法增加了可供接受国支配的资源的数量。在此程度上该国的情况会出现好转。根据我的"估计"，一笔这样的交易的总收益就是，57 亿美元的商品信贷公司的成本给接受 480 号公法产品的国家增加了21 亿美元的实际资源，如果最终以我估计的下限付款，这项资源的净增量将略多于 15 亿美元。

可以想象，一个极端的情形可能是国内消费的增加值将与 480 号公法农产品的流量相等；在另一个极端的情形下，所有这些农产品可能会被转变为"储蓄"和形成额外的资本。通过国内计划可以做很多事情来改变这个过程，以有利于消费的增加或资本形成。但在这一点上会发生什么事却很难确定。我冒昧做一猜测是，由于可以获得 480 号公法的农产品，消费者的实际收入将多少有所上升，他们会将其储蓄增加到其实际收入上升额的 10％或更多一点；在一些国家中，例如在印度，粮食输入量的增加也作为一种"生产资料"，因为它增强人的活力和力量从而增加生产性劳动量。所有这些影响都可以积极地服务于消费和生产率。

但是，480 号公法的进口品对农业的影响是什么呢？在此，我只能对可能发生的情况做一推测而已。遗憾的是，既缺乏数据又没有相关的研究。[①] 这些影响似乎"不关我们的事"。美国国会小组委员会的所有听证会及行政部门声明和报告都没有涉及 480 号公法这方面的影响，有的只是其对经济增长益处的诸多恭维之词。

我们所知道的是，美国有关 480 号公法贷款和赠款使用的政策是不利于接受国的农业发展的。可以增加剩余农产品出口能力的 480 号公法的外汇实际上被禁止使用；可以大量增加非粮食和饲料型的剩余农产品生产的投资，也遭到禁止。

随着事情的进展，480 号公法进口品对农业的影响可能是不利的。但是，在这一点上每一个国家都有一个政策选择。如果一个国家决定，在能对其经济增长做出贡献的各个主要部门中，农业仅居第二位，甚至比这个地位更低，那么我的评论就是无意义的。但是，如果对 480 号公法产品接受国来说，在工业增长的同时，扩大其农业生产符合国家的长期最佳利益，那么我的意见就有意义了。让我假定：一国吸收 480 号公法的大量农产品；它们是赠送物，因而不需为其支付什么；并且按照 480 号公法的协议中所规定的那样，这个国家会购买和进口与从前一样多的可比农产品。我们进一步假定，在这个国家内消费和生产中没有相近的替代品。在这些假设下，以与印度达成的 480 号公法的协议为例，该协议显然提供了等于其国内粮食产量 6% 的美国农业粮食产品。[②] 假定从其他国家进口粮食的速率仍然像以前一样；从美国购买的进口品也维持如前一样。粮食需求的价格弹性不小于 1 意味着，粮食价格 6% 的下降将被接受 480 号公法赠物带来的实际收入上升的收入效应所抵消。显然，如果结果真是这样，那么非农业消费者的情况将有所好转。但是，印度耕种者将

---

① 对"使用剩余农产品资助不发达国家的经济发展"（联合国粮食与农业组织的《商品政策研究》1955 年和 1958 年第 6 期）这样的研究，我并非没有注意。这个研究分析了这种剩余品的特定假设性使用方式的影响，例如，它并没有试图去确定接受 480 号公法产品给印度带来的经济影响。就我所能说明的是，事实情况与这个研究所依赖的假设极少有类似之处。莫迪凯·伊齐基尔博士在其论文《使用剩余粮食资助经济发展的明显后果》（"Apparent Results in Using Surplus Food for Financing Economic Development," *Journal of Farm Economics*, vol. 40（November，1958），pp. 915 - 923）中也强调了印度和巴基斯坦的一些零星资料"没有给 480 号公法的装运品对经济发展的影响提供一个清晰的图画"这一事实（第 918 页）。

② 新的协议要求在 4 年期间提供 1 600 万吨小麦和大约 100 万吨大米，即每年提供 425 万吨食用粮食。印度正常的食用粮食生产似乎是 7 000 万吨，因此，480 号公法将使印度正常的国内产量增加 6%。

面临他们所生产和出售的农产品相对价格某种程度的下降。同时收入效应也会减少其消费。维持或扩大农业生产的刺激将向错误的方向转变。

现在的舆论环境非常不利于扫除对农业发展的潜在负面影响。不发达国家思想界和公共事务的多数领导人正信心满满地推动工业化进程，他们中的许多人把农业看作是获取经济增长的一个累赘。根据这个观点，必须压低城市和工业地区的日用品价格，否则较高工资的压力将会阻碍工业化进程。[①] 人们认为在这个过程中即便农产品价格相对下降了，也不会对经济造成任何影响，因为现有的普遍信念是，耕种者不会对价格做出反应。根据这个观点，较低的农产品价格将不会使耕种者减少产量；而如果说会产生什么经济影响的话，则它甚至有可能使耕种者生产得更多！

我对这一舆论环境感到担忧。不少大量地接受 480 号公法农产品的国家的农业都处于危机之中。如果这种情况发生了，那么从长期看，这对它们和我们都确实是个严重问题。这是一种可以避免的危险。但是，由于国会对处置计划的压力，以及许多现在接受 480 号公法农产品的国家中居主导地位的错误经济思想，避免上述危险的前景是不光明的。

权威人士沃尔特·W·威尔科克斯（Walter W. Wilcox）在圣地亚哥举行的讨论会报告上说："出席会议的粮食与农业组织的全体成员认为，与其他出口国的竞争性生产者相比，持续接受 480 号公法出口的国家的生产者会遭受更严重的不利影响。他们担心，如果持续并进一步扩大 480 号公法的出口，接受国中将不会出现令人满意的、从长期来看是非常必要的农业发展。"[②]

起草一个计划来避免 480 号公法出口品的这些不利影响，现在还不是时候，它也不是能用几段话就办得到的。即使如此，至少必须提一下一个可以着手进行的似乎合理的方法，严重的价格波动是印度耕种者所面临的一大困难。如果设计出一个将会大量地减少农业价格的这种不确定性的计划，那么，即使在未来 3 年或 5 年期间，平均价格比没有这种计划时的水平稍微低一点，最终它也可能会带来农业生产的扩大。[③]

---

① 粮食与农业组织的研究，也显然没有注意到 480 号公法的进口品对农业的影响，参见论文 *National Food Reserve Policies in Underdeveloped Countries*，Commodity Policy Studies，No. 11，1958。

② 摘自 1959 年 3 月 18 日的一封信，经威尔科克斯允许引用于此，那时威尔科克斯是国会图书馆研究农业的高级专家，现在是美国农业部农业经济学顾问。

③ 我希望那些参与在上面第 1 个脚注中引用的粮食与农业组织研究的人员，已经认识到了较大的粮食储备这种潜在的巨大贡献。

本文肩负着三重任务。第一，它证明商品信贷公司480号公法出口品成本的一半或更多一些是我们国内农业计划的结果。如果接受480号公法产品的国家能够从我们这里接受用美元支付的等价物而不是用实物支付的赠送品，那么它们甚至不会用商品信贷公司成本的一半的价格来接受现在的出口品数量。第二，一旦美国某一大使馆所贮存的外汇不是美元，而且美国所拥有的这些外汇的余额已被减少，譬如说，减少到不超过美国未来2年或3年中对某一外汇的需要时，那么我们将发现，支付给我们的实际数将为10美分至15美分每单位美元商品信贷公司成本。因此，最终来自美国的赠物将占据480号公法农产品的较大部分。然而重要的是，我们要使我们的政策和计划与这个经济事实保持一致。本文的第三部分阐述了这样一个推测，即除非采取任何积极措施加以抵消，否则大量接收480号公法农产品将会给接受国的农业带来长期的潜在的严重不利影响。

2.3 投资不当的表现[①]

随着农业现代化所需的科学技术的进步，艾奥瓦的农业相当发达。这里的粮食十分丰裕。这是由一个数目小但技能高超的农业人口生产出来的，它的高生产率举世闻名。当然，农业生产率高不只存在于美国。

美国努力为世界提供粮食的过程中表现出了四种不同类型的投资不当：

（1）美国仍然致力于明显地诱导对农业生产进行物质资本形式的过分投资。世界一些地区现有食用谷物的短缺可能会为我们带来联邦灌溉计划的另一个高潮，并且有可能因此而增加美国农业的能力。这样的措施也许会再一次推迟使美国农产品的价格与它们在国内和国外的经济价值相一致的时间。

（2）在整个农业组织中，我们一直对人力资本投资不足。幸亏联邦政府的某些部门正在开始纠正对农民的这种长期存在的投资不足。而与此同时，每年拨给农业的60多亿美元甚至狭隘地变成了对美国商品农业补贴的专款。

（3）美国尚未提出一套对贫穷国家的农业研究和技术进行"投资"

---

① 1966年11月8—10日，在艾奥瓦州立大学举行了关于世界未来的粮食生产和需要的平衡问题讨论会。这里的内容是我从提交给该会的一篇论文中摘录的。经允许重印。

的成功的公共计划。一般来说，从美国为此目的投入的公共费用来看，这项"投资"不仅在其完成的方式上，而且在为这种目的所支出的数量上都是很不够的。

（4）尽管我们成功地把家庭计划和节育放在美国对外援助的议事日程上，但是，要想在这个领域中发展有意义的公共计划，我们仍有很长的路要走。美国私人团体——著名的人口委员会和福特基金会——远远走在美国公共部门的前面。

在经济分析中，在阐明世界粮食和人口问题时，我们应当考虑一些悬而未决的问题，这些问题远远超出了农业、营养和人口学的范围。我将提出其中四个问题。①

第一，为什么有这样多的穷国给它们的农产品确定一个低的经济价值？我假定，它暴露了一个政策偏好，而且它是一个经济的可能性。我还假定，当尼日利亚、智利或印度这样的国家要求并且确实将其农产品的价格保持在低水平时，增加农业能力的投资刺激也就因此而被削弱了。

政策偏好是工业化，而农业为实现工业化贡献了廉价的食物、廉价的劳动力和公共收入。这个政策偏好意味着不太重视作为经济增长的一个源泉的农业。它意味着低的农产品价格和廉价的食物是这类经济政策的一个组成部分。

这类政策背后的逻辑是什么呢？它在政治上是十分清楚的：普通农民在制定政策时几乎没有任何话语权，而其他的利益集团可能处于支配地位。但是，经济可能性从何而来呢？在有剩余农产品可供出口的地方，就有可能通过减少剩余品出口的数量以增加国内粮食的供应从而压低国内价格。战后，很多国家尤其是整个拉美（墨西哥是一个值得注意的例外）一直在进行这种"转变"。在这种出口减少所引起的外汇收入损失为外援所补偿的地方，这种转变更为容易。如果有足够的农产品形式的外援，我们也可以进行这样的操作。于是，除非国家有能力并且准备实施双重价格制度，否则，要利用这样的优惠农产品（concessional farm products），就必须把农产品的价格降低到没有这种援助时的价格水平以下。

美国在 480 号公法实施期间的优惠出口对廉价的食物和低下的农产

---

① 回答这些问题的经济逻辑和分析，参见 T. W. Schultz, *Transforming Traditional Agriculture* (New Haven, Conn.: Yale University Press, 1964), and his *Economic Crises in World Agriculture*。

品价格政策可能起到了一定的作用。①然而，尼日利亚的情形却并非如此，在那里销售局的传统应该受到主要的谴责。但是，美国对智利，尤其是对印度和其他许多国家的农产品援助，的确具有这种影响，即把农产品的价格压低到没有这种形式的援助时的价格水平以下。过去当商品信贷公司存在大量剩余品时，我们可以轻易地对这个问题视而不见。但是现在这种做法不再适用，于是我们经常提出双重价格制度作为补救，也就是说，向城市的穷人提供廉价食物，向农民提供较高的价格的农产品，仿佛那些公务繁重的公共部门工作人员能够有暇顾及对双重价格制度的监管。因而在我看来，要求那些国家承担起这样一个困难任务，并假定它们能够成功地完成这一任务，乃是非常愚蠢的。

我们还需要对这个问题的另一个方面加以考察。富国的人们倾向于相信穷国的政策制定者和民众应当比现在更加重视饮食营养。但是，合理的营养膳食是需要成本的，而这些国家是无力解决这个问题的。当人们从长期的观点看问题时，与此密切相关的另一个信念是，不久的将来，穷国的人民在饮食中想要的蛋白质主要来源于动物。毫无疑问，我们在这个问题上的信念将被证明是错误的。除了那些饲料作物不能改作他用的地方之外，即便人们经济地位大幅提升，能够购买得起较好的食物，奶牛和作为食物的其他动物在不久的将来也不会成为所有人的食物蛋白质的主要来源。

第二个悬而未决的问题是：为什么多数欠发达国家放弃从国际专业化和国际贸易中可以得到的许多收益？撇开国防的考虑不谈，这种放弃的收益一般被看作是暂时的"损失"，是实现迅速工业化付出的代价。因而这里的政策目标也是工业化，是新工业的发展。这样的幼稚工业要求各种各样的保护，对此有现成的经济学说和政策来模仿某些发达国家曾经走过的道路。此外，在外汇不平衡的压力下，进口替代已成了政策制定者所喜欢的既"节省"外汇又保护国内工业免受国外竞争的一种方法。

但是少有例外地，蜂拥而起的进口替代和伴随而生的保护主义并不有利于农业部门。相反，在某些农产品拥有可靠国外市场的那些国家里，这些农产品市场因此而受到了损害。加之，不可忽视的事实是，要

① 见本书 2.2 节 "480 号公法的信天翁"，又见 Franklin M. Fisher，"Agricultural Production in Recipient Countries," *Journal of Farm Economics*，vol. 45 （November，1963），pp. 863 – 875。

实现农业现代化，农民必须能够得到现代的投入——机械、杀虫剂、化肥和其他东西，而且其价格必须合理，可以为农民带来利润。如果这样的现代农业投入品是由受到高度保护的幼稚工业生产，那么它的价格就会极为高昂，以致不能迅速实现农业的现代化。实际上，从这许多新农业投入中能够获得的收益是很大的。

当投资能增加欠发达国家的农业能力时，其意义是很明显的。世界银行拒绝了尼日利亚用于扩大棕榈果生产的大量贷款的请求，因为该国对那种产品征收出口税不利于相关产业的发展。印度在为农民供应充足的廉价化肥中遇到了无数的困难。

如果我对较发达国家那些伤害国际贸易利益的经济政策不做任何评论，那我就太不负责任了。没有人能够怀疑，与欧洲和美国种植的甜菜相比，亚热带所生产的甘蔗在制糖方面有明显的比较优势。例如，相比于美国国内生产的水果，从智利进口的新鲜水果需要达到更高的标准。我们也通过使用条例和法规从事各种进口替代来保护特殊的农产品。但是，渗透到我们联邦农业计划的显性的和隐性的出口补贴是最为严重的。

第三个问题是：为什么在许多欠发达国家的政策议事日程上效率价格地位如此之低？可能是这些国家从我们这里学会了低估价格。我们在不久以前还宣传说，农产品价格在指导资源配置上可能是无效的。蛛网模型、向后倾斜的供给曲线、农民对价格变动的反常反应都成了那时的主要理论指导。虽然对农民的逆向行为做出重新思考，但我们仍然轻视价格职能的学说无疑对某些欠发达国家制定价格政策有一定的影响。

但是，这些国家的政策制定者有他们自己的特殊理由。他们想要迅速工业化，而且如上所述，这个目标还体现在廉价食品和相当低的农产品价格这一政策偏好之中。由于我所列举的理由，这个目标对其中的某些国家来说是属于经济可能性范围以内的。

这里必须加上一个人们广泛持有的观点，即地租不起分配的作用。当然，有充足的经济逻辑说明李嘉图的地租是"不劳而获"的。此外，在多数贫穷国家中，来自地租的收入一般是一个相当大的收入流量；于是，土地所有者在政治上一般是实现经济增长计划的阻碍者，在经济上是根本没有作用的。而最主要的是，现有的文化和知识倾向于把普通的农民看作是属于劣等职业的，而且"理所当然"地要遭受各种社会、政治和经济的歧视。

经济理论也加入进来了，被分成两种不同的观点。收入和就业理论（宏观经济学）贬低价格作用而赞扬使用固定价格模式的资本和劳动的数量；价格和分配理论（微观经济学）则像旧式女英雄一样捍卫效率价格的作用。在这一点上值得注意的是，现代经济学家已相当充分地阐明了价格理论的适用性。其重大的进步就是探讨了主要与价格理论适用性有关的各种形式的经济组织。价格理论，起初被用于指导竞争的资本主义经济中的资源配置和收入分配，现在其适用范围则被扩展到了计划经济中。正如罗伯特·M·索洛（Robert M. Solow）所指出的，现代研究工作借助于"影子价格或效率价格"重新发现了统一价格理论，因此，我们现在知道"完全竞争的资本主义理论在许多方面也可以为计划的或社会主义经济所用。"[1]

我们的第四个也是最后一个问题就是：美国用于增加贫穷国家农业能力的投资为什么如此令人不满？由于缺乏这一领域的投资政策，因而没有形成有意义的投资计划。我们的政策偏好一直是模棱两可的。几年来国会农业委员会（虽然最近有某些好转）一直反对这样的计划，因为它们可能会促进国外农业能力，最终与美国农产品相竞争。国会一直支持"剩余品处置"并且通过补贴和推销扩大对外销售。

长久以来，贫穷国家经济增长主要依赖工业化而不依靠农业部门的发展这个教条，与国会农业委员会的偏见、下达给美国在国外的援助机构的指示以及国务院的一般方针相吻合。

虽然现在政策明显地朝有利于增加贫穷国家农业能力的方向变化，但它却是一个极难实行的政策。美国的政府部门怎样才能对传统的农业进行有效的投资呢？向成千上万的小农提供更多的资金和用于增加传统农业的资本存量的贷款，可能是非常难以组织和管理的，而且也几乎没有什么益处，因为这种投资的收益的确很低。

我们在贫穷国家农业现代化中所遇到的问题由三个基本错误所组成。首先，我们必须让自己摆脱这种荒谬的观点，即认为传统的农民在配置他们所掌握的农业资源时一般是非常无效率的，他们不会对较好的经济机会做出反应。其次，我们必须面对这种事实，即在有可能对国外的农业进行适当而有效的投资以前，农产品、农业投入和农民所购买的日用品的效率价格是必不可少的。我也不排除地租，因为它是土地服务

---

[1]　Robert M. Solow, *Capital Theory and the Rate of Return* (Amsterdam: North Holland Publishing Co., 1963), p. 15.

的价格，而为了争取当地居住的企业家（农民），有些国家将需要进行
土地改革。隐藏在幕后，特别是隐藏在某些经济学家心中的第三个错误
是这样一个假设：效率价格是充分的。它是实现农业现代化的一个极大
的错误，因为在农民投资之前，必须要有适宜的投资机会和足够的新的
高收益投入品的供给。

第二篇

尚未解决的经济问题

第 **3** 章　论土地

3.1　土地与经济增长[①]

本题目承受着一个学术传统的沉重负担，而这个学术传统乃是以人们广泛持有的下述信念为基础的，即经济进步受到了在土地固定条件下劳动和资本报酬递减的严重束缚。尽管有许多相反的证据，但这个信念一直存在。土地在经济增长中的作用不再像李嘉图和他的同代人所认为的那样重要。但是，要把我们自己从旧的观念中解脱出来并非易事，特别是在这种观念在强大学说支持下变得根深蒂固的地方更是如此。

我的目的仅在于清除这些观念的甲板，它阻碍着我们看清自然资源与经济增长之间的真实联系。我打算考察三个密切相关的问题：作为生产要素的自然资源的价值是什么？一国（尤其如果它是贫困的）经济增长的可能性受到其自然资源禀赋的实质性限制吗？在自然资源提供服务的情形下，我们面临着一个上升的供给价格吗？

在我着手讨论这些问题以前，有必要对有关自然资源的理论观点作一评论。这方面的文献并不缺乏，我已经间接地提到了前辈经济学家的

---

① 摘自 Joseph J. Spengler, ed., *Natural Resources and Economic Growth*（Washington：Resources for the Future, lnc., 1961）。经允许重印。1960 年 4 月 7—9 日在密歇根州的安阿伯，未来资源出版公司和社会科学研究联合会的经济增长委员会共同举办了一个讨论会，此文原来是提交给这次会议的。

著名信念，即土地是经济增长的限制因素。他们对矿业、渔业、林业、农业和城市用地中的特殊自然资源也有深刻的论述。位置和运输条件也获得了认真的考量。现在，土地作为财富的一个存量，也作为一个生产要素，受到了良好的评估。在这个方面，人们走入了一个古老又得到很好维护的葡萄园，因而人们只需简单地采集果实就可以了。

但是，实际上公认的知识并没有用正确的经济观点来看待自然资源，因为人们很少考虑替代品的增长、其他资源的数量和价值的增长，以及如果开发更多的各种自然资源替代品，现代经济增长所表现出的动态性质。在这方面人们的经济增长观念并非是不重要的。人们将想方设法把它限制在国民收入增加之中，这样可以更容易被识别和衡量。然而，经济增长主要取决于这些国民收入增加的源泉。倘若经济增长只是传统的、可再生的非人力财富存量和劳动力人数增加的结果，那么评估将是简单的。但是我们知道，这个概念使得国民收入增加的大部分未被解释。经济增长是一个特殊类型的动态过程，在这个过程中，经济不断吸收各种优等资源。它们是特定的意义下的优等资源，因为它们提供具有相当高收益率的投资机会；而高收益率意味着资源分配方式的不均等性和使收益率趋于均等的一个滞后过程；此外，这个动态的不均衡将持续到额外的优等资源被完全开发和利用为止。

3.1.1　作为生产要素的自然资源

关于自然资源作为生产要素的经济重要性，现在有两个截然不同的观点。一种观点如同古典动态学的观点一样，认为自然资源具有决定性的作用[1]；另一种观点则认为它们完全不起作用，例如，在哈罗德模式中就没有土地[2]。哈罗德说："我打算放弃将土地收益递减规律作为进步经济中一个主要决定因素……我之所以抛弃它，只是因为在我们的特殊条件下，它的影响似乎在数量上微不足道。"[3]

至于这些华丽的增长模型是工具还是玩具，我留待别人来确定。但是，清楚的是，它们两者都是以既定历史时期中某一特定经济的总量宏

①　William J. Baumol, *Economic Dynamics* (New York: The Macmillan Company, 1951), chap. 2.

②　R. F. Harrod, "An Essay in Dynamic Theory," *Economic Journal*, vol. 49 (March, 1939), pp. 14 - 33. See also his *Towards a Dynamic Economics* (London: Macmillan&Co., Ltd., 1948).

③　Harrod, *Towards a Dynamic Economics*, p. 20.

观概念为基础的。这儿所考虑的特定经济就是李嘉图时代的英格兰和现代的英国。正如我在《农业土地的经济重要性正在下降》[①] 一文中试图说明的那样，基本的环境的确非常不同。

这些相反的观点都不具备普遍适用性。不论我们以财富的存量还是生产性服务的流量来衡量自然资源，我们都只是在做估计。就美国而言，我们有戈德史密斯（R. W. Goldsmith）所作的估计，该估计表明，在 1910 年至 1955 年之间，"全部土地"占国民财富的比例从 36% 下降到 17%，农业土地从国民财富的 20% 下跌到 5%。[②]

当我们度量生产性服务的流量时，我们将预计，自然资源在总生产性服务中所占的比重甚至比它们在非人力财富总存量中所占比重更小。如果我们假定在所生产的原料的流量与该流量所依赖的自然资源的存量之间存在着一个相当稳定的联系，那么"佩利报告"（Paley Report）[③]就提供了一些线索。与国民生产总值相比，美国所消费的所有原料的价值在 1904—1913 年和 1944—1950 年之间从 23% 下降到了 13%。就农业而论，归于农用土地的收入（在美国此类土地上所增加的资本结构除外）在 1910—1914 年和 1955—1957 年间从国民生产净值的 3.2% 下降到 0.6%。[④]

传统意义上的自然资源和所有资源之间的两个一般关系都得到了强有力的经验支持（两个关系都按照这些资源的生产服务量而不是财富存量来表示）：

当我们在某一特定时期对不同的国家进行比较时，我们发现，贫穷国家自然资源占用于生产收入的全部资源的比例要大于富裕国家。（我冒昧地指出，贫穷国家的自然资源与全部资源的比例的上限大约是 20%～25%，富国的下限大约是 5%。）

当一国获得了经济增长（它在一个时期增加该国人均收入）时，自

---

①　T. W. Schultz, "The Declining Economic Importance of Agricultural Land," *Economic Journal*, vol. 61 (December, 1951), pp. 725–740. Also, his *The Economic Organization of Agriculture* (New York: McGraw-Hill Book Company, 1953), chap. 8.

②　Raymond W. Goldsmith and Associates, *A Study of Saving in the United States* (Princeton, N. J.: Princeton University Press, 1956), vol. 3, Special Studies, table W-1; and Goldsmith's estimates in the *Thirty-seventh Annual Report of the National Bureau of Economic Research*, New York (May, 1957).

③　The President's Materials Policy Commission, *Resources for Freedom* (Washington: June, 1952).

④　T. W. Schultz, "Land in Economic Growth," In Harold G. Halcrow, ed., *Modern Land Policy* (Urbana, Ill.: University of Illinois Press, 1959), pp. 17–39.

然资源占用于生产收入的全部资源中的比例就会下降（最近几十年中这个特殊比例的下降速度似乎一直是很大的）。

自然资源能对贫穷国家的经济增长做出多大的贡献呢？这个问题基本上取决于贫穷国家增长的可能性。在此我们现在又面临着两个相互矛盾的评价。

经济学家中存在一个广泛持有的信念，即初级生产——矿业，尤其是农业——基本上是贫穷国家经济增长的一个负担。贫穷国家被认为过分地从事农业。土地通常被集约地使用了，而且土地的供给被认为基本上是固定的。许多人相信农业中劳动的边际收益是零。基于以上观点，人们认为，为增加初级产品生产做出的额外努力几乎不能增加国民生产。另一方面，生产工业品所付出类似的努力和投资将会产生很大的收益。而且，根据这个观点，落后性是使用土地的部门，尤其是农业的固有伴随物。此外，在生产初级产品中一国极易受富国经济不稳定性的影响，又增加了一层经济灾难。由于这几个原因，人们认为自然资源部门尤其是农业部门，比起可以促进工业化的部门，只能获得较少的回报。于是，人们推定贫穷国家的经济增长主要依赖那些促进工业化的部门。

关于贫穷国家经济增长可能性的另一个评价认为，这种国家的自然资源禀赋（包括农用地）是相当重要的资产，贫穷国家中的这些资源存量的差异是决定这类国家增长可能性的一个主要变量。

这个论点非常混乱并缺乏有力的证据。一部分混乱起因于对自然资源重视程度上的差异。如前所述，与全部资源相比，自然资源在贫穷国家中比在富国中更重要。但是，绝大部分混乱发端于不能区分两种收益率，即从追加的现存形式的可再生资本中获得的收益率和能够从新的和更好形式的可再生资本中实现的收益率。

首先，这两种形式的可再生资本的技术特性是不同的；同时由于额外的现存形式资源的边际收益率低于新形式资源投资的收益率，所以这两者的经济属性也有不同。一旦在这两种形式的可再生资本之间做了这种区分，那么关键的问题就是，新形式的资本是否具有独特的技术特性，使之不可能用于初级产品的生产。

毫无疑问，这些新的和更好形式的可再生资本并不局限于工业。其中许多可以用于农业和其他严重依赖自然资源的部门。如果做出的选择只是增加另一个灌溉井、一个沟渠、一头牛或几件（贫穷国家普遍使用的）原始工具或设备，那么，从这种追加的资本存量中获取一个较高收益率的前景的确是暗淡的。但无论在农业中还是在工业中，都拥有更好的选择。如果在农业和工业中有新的和较好形式的可再生资本，那么我们就拥有可以带来更大报酬的选择，并且可以将其投入实践。

一个长期公认的经济思想信条是，贫穷国家中额外资本的收益率是比较大的，按照这个信条，这些收益之所以大，是因为贫穷国家与其劳动和土地一块使用的可再生资本的供给比较小。这些资本收益比较高的观点，从某些西方国家的资本大量流入许多贫穷国家这一历史事实中得到了支持。因而这种大规模资本转移据说是对某些较富的国家中普遍存在的低收益率和贫穷国家中期待着这些资本的生产可能性的高收益率之间差异的一种反应。在这个评价中还未说清楚的是，这些资本转移不仅仅增加了现有形式的可再生资本，同时，由于资本的流动，大量新形式资本也流向了这些贫穷国家。

让我再谈谈关于自然资源的另一个命题。人们普遍认为，作为经济增长的结果，与可再生要素的服务价格相比，自然资源生产服务的供给价格必然要上升。我们一直被教导说这是不可避免的。较低的运输成本和生产技术的改善能够暂时地阻止自然资源生产性服务的供给价格的上升，但那是人们所能抱有的最好希望。然而，在固定土地上劳动和资本的边际收益递减最终将会占优势。这个经济学信条与我们的估计明显不一致。现在是我们把这个概念当作民间传说的时候了。

但是，关于自然资源的固定供给和这些资源的产品供给价格上升的印象还存在着。让我引用另一篇文章：①

> 然而正是科林·克拉克（Colin Clark）这样的经济学家，在1941 年出版的《1960 年的经济学》一书中得出结论说，世界处于初级产品相对价格的急剧上升之中。克拉克并不是仅凭借轻率的、直观的猜测得出这一结论的，也不是只依赖于对过去趋势的简单推测得出这一结论，而是依靠所收集的大量资料。他把它们放入他以土地的收益递减为基础的"分析模型"之中，并且对 1960 年得出了下列结论："……初级产品的贸易条件，

---

① 同第 41 页脚注④，第 25～26 页。

与 1925—1934 年的平均数相比，将改善 90％。"① 把初级产品相对价格如此猛烈的上升称之为"改善"乃是一个纯粹的歪曲……但是，直到 1960 年事实是怎样呢？克拉克全然没有击中这个价格目标：他的子弹沿着错误的方向射入了天空。错处何在呢？是他所假定的人口增加太多了吗？相反，人口的巨大增长比他所假定的还要大许多。是工业化比他所预期的要低得多吗？答案再一次是否定的，克拉克简单地假定与土地有关的许多长期的收益递减，而这个假设被证明是无效的。

一个似乎合理的方法是把原材料看做似乎是在不变供给价格的条件下生产的。这个假设使"佩利报告"变得有用了。它与已发生的情况大致接近，而以该假设为基础对美国原材料消费量的估计至今还是很不错的。

但是，自然资源服务的价格（即地租）和原料的价格之间可能存在着许多误差。遗憾的是，对自然资源服务价格的估计研究太少了，我所注意到的一些研究只到原材料为止。这就促使我对美国农业土地服务价格的变化进行某些估计。②

虽然我的估计要受到一些限制条件的制约，但它们强烈地表明在 1910—1914 年和 1956 年之间，与农产品价格相比，农业土地服务的价格大大地下降了，而与在农业中使用的全部投入的价格相比更是如此（见表 3.1）。③ 在解释这些估计时应当牢记在心的是，在 1910—1914 年和 1956 年之间，与全部商品的批发价格和全部消费品的零售价格相比，农产品价格大约下降了 15％。

美国农业土地的服务价格的这种下降不是一件反常的事情。它并不是来自农业的萎缩，因为农业产量在此期间大约上升了 80％。它也不是土地数量大幅度增加的结果。相反，实际上收获的农作物土地略有下降，从 3.3 亿英亩（1910—1914 年的平均数）下降到了 3.26 亿英亩（1956 年）。在此我不想对农业土地服务的相对价格下降做出解释。只要指出下述命题被证明是错误的就足够了：随着经济的增长，自然资源服务的价格相对于可再生资本的服务在长期必然上涨。

---

① Colin Clark, *The Economics of* 1960 (London: Macmillan & Co., Ltd., 1943), p. 52. A reprint of the first edition; for the Introduction is dated May 15, 1941.

② T. W. Schultz, "Land in Economic Growth," in Halcrow, *op. cit.*

③ 在主要几种农业投入中，只有化肥的价格与农业土地服务价格相比没有上涨。

表 3.1　　　美国农业产量和投入价格，1910—1914 年和 1956 年[①]

项　　目	从 1910—1914 年到 1956 年的增加（1910—1914 年＝100）	相对农产品价格的增加（235＝100）
1. 农民所接受的农产品价格	235	100
2. 农业投入的价格		
（a）农业工资率	543	231
（b）建筑和栅栏材料	374	159
（c）农业机械	329	140
（d）农业供应品	279	119
（e）化肥	150	64
（f）农业土地[②]		
（1）每英亩农地价格	158	67
（2）每不变单位农地价格	181	77
（3）每不变单位农地地租	166	71

①参见 T. W. Schultz, "Land in Economic Growth," in Harold G. Halcrow, ed., *Modern Land Policy* (*Urbana, Ill.*: University of Illinois Press, 1959), table II, p. 30.

②对所有这三个估计，我都试图把已经附加在农业土地上的可再生资本结构排除在外。也见 Ross Parish, "Trends in the Use of Summer Fallow in Saskatchewan: An Economic interpretation" (unpublished Ph. D. dissertation, University of Chicago, 1959)，有估计表明，萨斯喀彻温省的农业土地的服务价格与小麦的价格和其他主要农业投入相比已大大地降低了。

3.1.2　自然资源与经济增长

现在我来讨论有关自然资源与经济增长之间联系的更一般的观点。到此为止，我的目的是要表明，作为要素成本的自然资源的价值在全部资源总值中的比例一直在下降，而且，与其他几种主要资源的供给价格相比，这些资源服务的供给价格一直没有上升。隐含在这个论述中的推论是，自然资源的边际贡献一直没有增加。此外，虽然自然资源主要是绝大多数贫穷国家经济中所谓落后部门的一个组成部分，但并不能因此就说，根据这些国家的生产可能性，自然资源是其经济增长的一个负担。

随着经济的增长，自然资源与可再生的非人力资本和劳动力之间的联系正在发生着重大的变化。我们经历的经济增长是一个动态过程，这个过程是采用新的优等资源带来的。特别是，这些资源在经济的很多方面已成为一种或多种自然资源的有效替代品，要全面地理解这个过程，就必须使用一个综合的资本概念，一个既包括非人力资本又包括人力资本的概念，以便考虑到对经济努力中有用的劳动力能力（通过对人的投资来获得）存量的增加。①

我们习惯于把新的和较好的机器看作是劳动力的一个替代品。的确，在农业中它们变成了农业土地和劳动力的一个重要替代品。约翰逊对谷物产量的研究把 1880 年以来玉米产量增加的 1/3 归功于农业机械化。经过改良的种子也成了农业土地的一个重要替代品，而且它们似乎对增加产量做出了与机械化一样多的贡献。② 其中，杂交玉米的经济影响是值得关注的。③

而且，新形式的资本已经进入了化肥的生产之中，从而大大地降低了它的实际价格，结果由于替代作用，它成了降低农业土地服务价格的一个强大力量。人的能力的改善（就农民和其他农业劳动力来说）尤其是如此。这样一些新的能力也起到了农业土地替代品的作用。

把这些新的和较好的资源看作是"技术变化"标签下的一个特殊变量，这一久已形成的习惯，只不过是掩饰无知的一种便利方法。此外，它与生产函数特性的经济逻辑是不相符合的。断言生产函数（比如说，在农业中）由于技术进步而改善了，或已向右边移动了，只能意味着至少有一个新资源（投入）被引入生产之中，因为生产函数只能从那种生产所使用的资源的特性中推导出来。如果生产函数发生了变化，它始终意味着至少有一个具有不同技术特性的追加资源被引入了生产之中。因此，分析的任务由提出概念和建立模型所组成，它使我们能够识别和衡量提供新技术特性的资源，而不是简单地把未做解释的部分统称为"技术变化"。

最后，我们在不少国家中观察到的并想要理解的那种持续和显著的经济增长并不符合传统思想的模式。它之所以不符合，是因为经济增长史并不都是以传统上被考虑的土地、劳动和资本为基础的长期静态均衡的运用。当在一个固定的自然资源（土地）条件下劳动和资本增加时，收益递减将不再是历史所遵守的唯一规则。在那段历史中我们想要理解的，新的和更好的投入已从某个地方进来了。劳动的能力得到了改善，

---

① T. W. schultz, "Investment in Man: An Economist's View," *Social Service Review*, vol. 33 (June, 1959), pp. 109 – 117.

② D. Gale Johnson and Robert L. Gustafson, *Grain Yields and the American Food Supply: An Analysis of Yield Changes and Possibilities* (Chicago: University of Chicago Press, 1962), pp. 91 – 97.

③ 有关兹维·格里奇斯（Zvi Griliches）所做的杂交玉米研究，见 "Research Costs and Social Returns: Hybrid Corn and Related Innovations," *Journal of Political Economy*, vol. 66 (October, 1958), pp. 419 – 431。

而且当对人进行投资时，资本和劳动之间的分界线变得模糊不清了。当新的、有用的知识进来时，资本和自然资源之间的界线也变得模糊不清了。

3.2　土地经济价值的再考察[①]

埋葬人和垃圾，可以；但要埋葬土地，甚至是诗人也不敢。与生产要素的古典三分法一致的经济学专业化是可以理解的。但是当要发展理论和从事经验研究来确定经济增长的源泉时，它就不再是一个有效的专业化。无论经济学家是不是以土地为出发点的，总存在着这个问题：经济增长的哪部分来自土地？还有一个问题：为什么随着经济增长的继续，土地对国民收入的贡献相对地下降？当然，土地总是必需的；面包也是如此。虽然钻石不是必需的，但其价格却是高昂的。土地有许多不同的特性——必需的，不可再生的，非标准化的，非常异质的，事实上是不可移动的，而且有"唯一立足之地"的说法。考虑到这些特性，那么土地服务和土地存量的经济价值是什么？

关于土地经济学的探讨，从来不缺思想，旧的和新的都有。下面分类是对这些思想不断涌现的一个提示：

（1）古老的李嘉图土地和地租现在仍然是有效的，这由近几十年对其特性的经济说明和认同的争论中可以看出。

（2）一种新说，波索洛普（Ester Boserup）的土地扩展史，需要人口压力来使农地服务的供给在历史上具有高度的弹性。[②]

（3）我们现在有很多完全忽略土地的现代经济增长模型。迄今为止它们大多是无效的，但这不是因为忽略了土地。

（4）但我们仍然还有土地——作为驱动经济的工具，一种重农主义思潮。

（5）不要忘记的是亨利·乔治的进步及其不劳而获的地租。

（6）有一个没有价格的中央计划经济，那里的土地配置不是由地租

---

① 来自 *Journal of Farm Economics*，vol. 49（August，1967），pp. 735 – 737。起初，该文是作为对 C. V. 普拉茨（C. V. Plath）教授土地的经济价值评论的一个答复而发表的，普拉茨在哥斯达黎加的都林尔巴的泛美农业科学研究所工作。

② 参见 Ester Boserup，*The Conditions of Agricultural Growth*：*The Economics of Agrarian Change*（London：George Allen & Unwin，Ltd.，1965）。又见我在本书 3.3 节"波索洛普土地的弹性供给"中对该书的评论。

来引导，而土地使用的无效率是社会普遍的现象。

（7）存在着市场取向的农业部门，在这些部门中，农业现代化受到了在外地主和对广大普通农民的各种社会、政治歧视所阻碍，从而导致对教育和卫生的投资不足。[①]

（8）按照各种投资机会的相对收益率确立的优先次序，从以扩大土地供给为目的的投资来思考的优点是真实而贴切的。

（9）作为一种禀赋的土地和土地扩大中获得的永久收入流的价格，是分析可从土地获得的经济增长的价格的钥匙。

我感谢 C. V. 普拉茨（C. V. Plath）教授在他的评论的第一段中特别地引用我的《改造传统农业》，但他对这些引语感到不满意。对此我有幸提一个问题：难道它不是一个有效的陈述吗？我所知道的一些证据支持了这个观点，而普拉茨教授没有引用相反的证据来推翻它。

普拉茨教授有在拉丁美洲生活的优越条件。我最近有机会讨论经济增长理论与拉丁美洲农业的获利性之间的联系。[②] 我希望从他的批评中获得收益。当我观察拉丁美洲主要国家（墨西哥除外）的农业时，尽管许多地区的自然禀赋有助于更多的生产，但其经济前景依然暗淡。

最后，根据总农业生产函数，1949 年、1954 年、1959 年美国农业生产中所使用的全部土地和建筑物的生产性服务的经济价值系数约为0.15，而系数的总和是 1.2。[③] 但是，即使这样小的系数（即使把建筑物包括在内），也没有把土地埋葬！

3.3　波索洛普土地的弹性供给[④]

对于埃斯特尔·波索洛普夫人的《农业增长的条件：人口压力下的

---

① Ernest Feder, "The Latifundia Puzzle of Professor Schultz: Comment," *Journal of Farm Economics*, vol. 49 (May, 1967), pp. 507 – 510. See also my reply, entitled "9. 4 The Latifundia Puzzle" in the present work.

② 见本书 9.1 节"经济增长理论与农业的获利性"。

③ Zvi Griliches, "Research Expenditures, Education, and the Aggregate Agricultural Production Function," *American Economic Review*, vol. 54 (December, 1964), pp. 961 – 974, especially p. 966.

④ From *Journal of Farm Economics*, vol. 48 (May, 1966), pp. 486 – 487. Reprinted by permission.

土地变化经济学》[①] 一书来说，如果将书名改为《作为农业发展一个主要原因的人口增长》似乎更为恰当。波索洛普夫人的中心论点是人口密度的增长对世界绝大部分地区的农业和经济发展有非常有利的影响。从历史上看的确如此，而且它在大多数不发达国家仍然是正确的。她列出了下列理由：（1）历史上，生产农产品的土地的生产性服务对人口压力的反应是有高度供给弹性的；（2）对较艰苦而又较固定的农业工作的逐渐适应，在人口压力下使"提高农业和非农业活动的劳动效率"成为必要；（3）"不断增加的人口密度为更为复杂的劳动分工开辟了机会"；（4）它也扩大了"沟通和教育"；（5）从（2）到（4）的发展是农业劳动生产率提高的必要前提；（6）与人口停滞不前或不断下降的原始社会相比，人口持续增长的原始社会有更好的机会进入真正的经济发展过程。

波索洛普夫人从她的论点中引申出了一系列的含义：（1）人口下降引起农业技术的退步；（2）那些从人口相当稠密的国家迁移而来的农民"丧失了许多这种技术"；（3）在封建占有权下，饥荒是"乡村人口占总人口比例相对不足的结果"，而不是像人们普遍相信的那样是由"土地上的人口过剩"造成的；（4）人口密度的有利影响通过使用奴役性劳动而得以实现，这里的奴役性劳动是指，战争中被征服的民族或捕获的俘虏（尤其在非洲，强大的部落会对邻近的弱小部落进行"奴隶突袭"）被处于人身依附状态；（5）从农村向城市的超前人口流动会阻碍合理的农业集约化，而乡村农奴制是遏制它的一种方法；（6）马尔萨斯的忠实信徒们是错误的，因为"主要的因果链是在相反的方向；人口增长是……决定农业发展的一个主要因素"。

尼古拉斯·卡尔多（Nicholas Kaldor）在其前言中把所有这些看作是"从一个全新的角度"进行的分析。我同意它是一个"新角度"，但我认为没有必要对波索洛普夫人的中心论点进行抨击从而破坏读者发现其基本经济逻辑漏洞的乐趣。不过，尽管该论点总的说来是错误的，该书却值得一读，由于它含有许多历史见解和真理。

让我提一下其中的某些精华：（1）从森林休耕地走向灌木丛休耕地，而后走向短期休耕地，再走向每年收获一次，最后走向多次收获，在这个过程中土地生产可能性的巨大的有利的转变无疑是真实的。

---

① Ester Boserup, *The Conditions of Agricultural Growth：The Economics of Agrarian Change under Population Pressure* (London：George Allen & Unwin, Ltd. , 1965), pp. 75, 118, 62, 63, 96, 73, 18, and 66.

（2）从手工劳动（锄头）走向畜力（犁），从自然放牧走向生产出来的饲料，和从干旱的农业走向灌溉的农业，在这个过程中农业生产可能性的巨大的有利的转变也是真实的。（3）无论是殖民时期还是较近时期的推广官员，在提建议时，都低估了额外劳动力的成本；他们之所以犯了这个错误，是因为"普遍相信在不发达国家的乡村地区还存在着超额劳动力供给"。（4）这些社会中的农民会对真正的经济刺激做出反应，尤其是对高获利性刺激。（5）作者对为什么科林·克拉克确定乡村过剩人口的方法是不正确的解释是简明而又正确的。（6）因此在我看来，波索洛普夫人有力地指出，经济学家们一般都大大地低估了农业中就业的可能性。以上列举的当然还没有囊括波索洛普夫人的特殊贡献。

第 *4* 章 人口均衡论

4.1 遗漏的经济分析[①]

W. D. 鲍里（W. D. Borrie）教授的人口增长史是简明而清楚的。正如他关于出生率和死亡率的最近趋势的估计数字那样，他关于出生预期寿命的估计也是有启发意义的。但是，预计这些趋势将会持续到20世纪末难道是合理的吗？在这个问题上，他处于巨大的困境之中，没有可验证的人口增长理论，没有关于参与计划生育的父母的行为理论。鲍里教授对节育现状的解释，是一幅动态发展的图景，但这与他的预测是不相符的。

在这里我想讨论一下芝加哥大学社会学家唐纳德·J·博格（Donald J. Bogue）的一个相反的观点，他提出一个论证充分的分析来支持这个论点：世界人口正趋向一个均衡状态，尽管20世纪经历了一场世界人口危机，但进入21世纪以后，人口危机将成为历史。但在我详细阐述他的论点以前，让我讨论一下近来不合理的人口和粮食之间的相互联系方式和经济学家在人口分析方面存在的问题。[②]

---

① 1967年8月在澳大利亚悉尼举行的国际农业经济学家协会的一次会议上的发言，这是对堪培拉澳大利亚国立大学的W. D. 鲍里所写的《人口增长——人口统计学和社会学的观点》的评论。

② 在下面分析中，我引用了我的论文《美国对世界粮食的投资不当》。这是在1966年11月8—10日艾奥瓦州立大学召开的"未来世界粮食生产和需要的平衡讨论会"上提交的论文。

我只能提一提我对现今粮食和人口联系的方式的疑虑。

（1）在许多贫困国家中粮食需求的增长不只是一个人口增长问题。它也日益成为人均收入增加的一个函数；这些国家粮食需求的收入弹性是相当高的。在苏联、大多数东欧国家、拉丁美洲的部分地区甚至南亚的某些地区中，事情的确如此。

（2）在贫穷国家，与人口增长伴随着收入上升要求增加其他产品和服务（如医疗服务和教育）的供给相比，增加农产品的生产能力方面的经济供给限制一般要小些。把整个世界人口的增长看作似乎主要是一个耗尽粮食的问题，乃是一种狭隘和使人误解的观点。

（3）用近几十年净人口再生产曲线的上升趋势推算未来完全是幼稚和非常错误的。面对死亡率下降时，家庭计划不做出出生率下调的任何反应，我认为这个假定是不合理的。

（4）有关人口再生产的生物学知识的显著进步，以及低成本而又适用的节育技术的迅速改善，很可能同使农业现代化的科技进步一样重要。

经济学家忽略人口分析是理论史上的一个奇怪现象。经济学家首先对人口提出了要求，建造了李嘉图－马尔萨斯摩天大厦，而后又抛弃了它。我们把那时以来建立的理论归功于人口学家，归功于社会学家创立的新专业，而经济学家则成了局外人。专业分工在当代十分流行，人口研究应属于人口学的范畴，这是对的，而说经济学家尚未形成一个理论核心，那也是对的。这个理论核心应解释不同时期作为要素需求和供给组成部分的不同人口的增长、构成和质量的差别，还应解释计划生育行为在这些方面的差异。现代的价格和分配理论与收入和就业理论把人口看作是一个特定的外生变量，因而在这方面，经济理论一片空白。

我想提出一个分析父母家庭生育计划行为的经济方法。[①] 我的建议所依赖的关键性假设如下：

（1）全世界的父母对某种规模的家庭有着偏好，因此，他们对在整个再生产期间拥有的孩子数目并非漠不关心。一个有力的假设是，不管下一代人是村民还是市民，是在传统经济部门生活还是在现代经济部门生活，是穷人还是富人，这些偏好基本上是相似的。

（2）全世界的父母都在从事家庭生育计划。

（3）父母在其计划生育中的偏好是：如果父母非常确定死亡率出现了下降，那么他们将尽其可能减少生育的数目以期对死亡率的下降做出

---

① 我在此要感谢 T·保罗·舒尔茨（T. Paul Schultz）对兰德公司最近家庭计划生育行为的经济分析。我也从博格教授最近的文章中受益匪浅。

反应。

（4）实现父母这些偏好的可能性主要取决于节育技术的可能性、实用性、可行性和相对成本。

如果这些假设被证明是站得住脚的，那么显然增加贫穷国家节育知识和技术采用率的计划就应该致力于提高满足父母家庭偏好的可能性，而不是努力改变父母对孩子的偏好。

在此有几个经济因素需要考虑。新的节育技术的价格受到了专利权的限制，这种专利权可能严重地推迟贫穷国家这类技术的生产和销售。与宫内节育器的生产和销售有关的可能性的改善是巨大的，但它给医疗和护理工作增添了相当多的负担。因此我们应该开发其他更便宜的节育技术。口服避孕药可以成为这种可能性。如果能够像个别私人企业那样，为妇女提供年花费不超过 1.7 美元的口服避孕药，那么一个新的、便宜的替代物将唾手可得。更重要的是由生物医学研究发展的全新技术，从私人和政府的支出来看，它们可能更便于使用而且费用更少。

我希望经济学家充分利用其分析工具，因为在我所说的家庭偏好和计划生育的性质为既定的条件下，对成本和收益的考虑的确是现实的、适当的，而且可能是非常重要的。

最后，在人口问题上，博格教授曾提出了关于人口均衡问题的富有挑战性的论点。[1] 确实有强烈的迹象表明：死亡率和出生率之间的巨大差距正在缩小，而且当我们进入 21 世纪时，现在加在我们身上的人口危机将成为一个历史问题。博格教授用以支持这个论点的证据如下：世界许多地区夫妇最多只要三个存活孩子的态度；觉醒的政治领导人对生育控制的支持；有关计划生育职业的增加和研究活动的扩大；在控制死亡方面进步的缓慢；在计划生育方面，以前未被认识到的社会学和心理学现象现正在被广大民众迅速地采用，以及避孕技术的快速改善，等等。

4.2　美国的家庭生育计划：问题和目标[2]

美国的家庭生育计划是身为父母的主要责任——他们选择子女的数

---

[1]　Donald J. Bogue, "The End of the Population Explosion," *The Public Interest*, No. 7 (Spring, 1967), pp. 11-20.

[2]　1965 年 11 月 4 日在美国首都华盛顿白宫卫生会议上的发言，发表在《白宫卫生会议事录》(Proceedings of the White House Conference on Health) 中，第 546~548 页。

量、健康状况、教育并为其成年生活做准备。这关系到公共福利和私人幸福的大事。为了阐明基本的问题和适当的目标，我提出如下研究议程：

（1）家庭生育计划被看作是父母就其孩子偏好所做出反应的合理行为。这个观点依赖于这个命题，即父母在这方面的偏好是十分重要的。他们的偏好是具有我们价值观的社会的基础，是不可侵犯的。然而，这个方法并不是假定说，这些偏好在长期不会因经济增长、教育以及其他现代发展而发生改变。

（2）未来父母满足其家庭偏好的可能性，主要取决于关于人口再生产的医学知识状况，以及通过医生、医院和商业渠道获得那种知识的能力。但是，此外，很大程度上还取决于父母的收入和他们为获得相关信息、服务和节育技术所必需的花费。

（3）存在一些一般的总量影响，它们具有重大的人口、经济和社会含义。

（4）我们的中心目标是改善家庭生育计划的可能性。扩大特殊阶层父母更好地满足他们对家庭偏好的机会是首要目标，而缩小人口增长某些方面的不利后果只是次要的目标。这个目标选择显然依存于下述假设，即那些可能性能够且应该得到改善。

目标分级的理由如下：在美国，就我们所能看清的未来而论，餐桌上将有足够的粮食。水源和空气的严重污染主要是由经济组织失败造成的，而不是人口增长本身的结果。人们普遍地关心未来的工作机会，但只要我们运用公众的智慧适宜地实行现代财政和货币政策，就能够确保充分就业，提供足够的工作。家庭生育计划对于解决国民就业周期性的萧条是没有意义的。但是，目前住宅、卫生服务和教育供应不足的确是事实。人口增长是增加需求的一个重要因素。可以设想人口增长能够使每个家庭的收入停止增长，但是，在可以预见的未来中，这种情况应该并不会发生。由于这几个理由，在我看来，美国人口增长的总体后果就目前而言是次要的。另一方面，各特殊阶层的家庭（真正贫困的和许多不太贫困的）缺少信息、医疗和卫生服务，以及他们的收入也不足以支付满足其家庭偏好所需的花费。因此，我们的首要目标是改善家庭生育计划的可能性。

（5）于是我们可以循序考虑一下实现这个目标的方法和手段。我们的陈述和随之而来的对话应该旨在阐明和解决这些问题：

a. 首先考虑那些想要孩子但不能生育的已婚男女。在医学知识可得的地方，应该让这些家庭知晓具有这种知识的医生的服务，而且应该以他们能够支付的价格向其提供这种服务。

b. 其次考虑大多数父母，他们有生育能力但又不能实现他们的家庭偏好，因为他们不能以其所能支付的价格获得必要的知识、医疗和卫生服务、节育技术来抑制和调节他们所生育的孩子的数量和间隔时间。这些父母（其中许多非常贫穷）现在受到对子女偏好的困扰。他们被否定了充分实行现代计划生育的可能性，从这个方面来说，与他们其他的习惯相比，他们作为父母的行为是较少负有责任的。

c. 我们也应该阐明改善家庭生育计划可能性的政府和私人的各种方法。它们包括：①医生和护士的作用；②医院和专门机构的任务；③学校和大学的职能；④特殊的公共计划，包括研究、现有知识的推广和在所需的价格超过了穷人支付能力的地方进行补贴；⑤对私人的商业活动给以特别的关注。应该尽可能多地依赖最后一种方法，但要确保商业活动是竞争性的，确保其不能对服务和产品实行垄断价格。

d. 最主要的是，必须在各个地方，在报刊、讨论会、大众媒体和我们的学校中实行自由而公开的讨论。尽管在这方面我们取得了许多进步，但仍然存在着反对自由公开讨论的障碍。

第 5 章　贫困问题

5.1　贫困最小化的公共方法[①]

在计算机与大量的统计数据和理论模型出现以前，经济学家借助于常识来支持他们的分析。如果探讨贫困问题的常识是清楚的、有说服力的和有用的，那么事情就简单得多了。但实际情况是，贫困的社会影响和经济影响都很复杂。如果你试图说服同行相信你关于贫困的定义是真实而又贴切的，那么你就会懂得我所说的意思！按照食物和住房测量的最低生活水平并不是一个有意义的定义。贫困也不能简单地根据低于某一特定收入水平来定义，因为某些收入相当少的家庭却拥有大量的财富。可靠的标准不是收入，不是财富，也不是花费。即使把这三者都结合在一起使用，所得到的标准也不会告诉我们是否需要并且需要在多大程度上对贫困的定义进行修改，以便随时提高所谓的贫困线。常识的确是一个珍贵的礼物，但它不足以完成这个任务。

贫困描述了某一特定社会中特定家庭特征的一个复杂的社会经济状态，无可怀疑，任何有意义的贫困概念都是由社会决定的，因为判断贫困的标准大部分取决于我们的阶级和家庭结构。贫困与我们的社会态度，如对于歧视的态度也不无关系。我们社会中的一般人认为贫困是令人厌恶的。这是我们社会价值观所产生的结果。但是，我们的贫困概念

---

①　参见 Leo Fishman, ed., *Poverty amid Affluence* (New Haven, Conn., and London: Yale University Press, 1966), pp. 165-181。经耶鲁大学出版社允许重印。

的一部分也属于经济学范畴，比如如何减少贫困发生的可能性。近几十年经济增长趋势降低了贫困程度，我们的各种税收和公共开支也在一定程度上减少了贫困。显然，贫困是能够以某种代价来减少的。但还不那么明显的是，当就业不充分时，贫困的某些重要方面，类似经济不稳定或经济萧条，意即可以通过改善那些要不然就处于贫困的人的经济命运而又不使其他任何人境况变坏的这种方式而得到减轻。

5.1.1　贫困的负效用

因此，我打算把贫困看作是一部分家庭生活在其中的社会经济状况。我认为这种情况是真实的，即我们社会的价值观念是人们希望有越来越少的家庭处在这种贫困状态之中。人们可以直接从这些社会价值观念中推导出贫困的负效用。这个意思是说，我们的偏好是，减贫能提高我们的满足感。随之而来的问题是：获得这种额外满足的代价是什么？那些并不贫困的人必须放弃多少东西才能减少或消除现存的贫困？因为减少或消除贫困的方法很多，各种方法的成本也不同，所以在社会选择范围内，关于各种选择的成本和效率的知识是有用的，重要的。

因此，贫困经济学依存于人们的偏好和满足这些偏好的能力。这两个基本概念的应用看起来似乎简便易行；但是这些概念是存在问题的，在具体应用上存在着许多混乱。

1. 以偏好为基础

在此我们面临着很多难题：我们如何列举这些偏好？它们怎样显示出来？它们应该改变吗？经济分析告诉我们如何改变这些偏好了吗？经济学的核心是如实地看待偏好：它们是一个民族文化价值观念的一个结果。因而，无论我们是把经济学看作是一个工具箱还是一个知识体系，其目的不在于改变人们的偏好。根据某些社会标准，一个民族的价值观和喜好可能被认为是低级的，但改善这种偏好的文化改革超出了经济学的范围。一旦我们清楚地懂得经济学是如实地看待偏好，那么，许多有关贫困经济学和经济分析贡献的局限性的困惑就烟消云散了。

但是，这种说明并没有使得识别相关偏好变得容易。人们怎样显示出他们关于贫困的偏好呢？我们求助于他们的行为，我们能够观察到私人的施舍行为，例如，送给照顾穷人的私人机构的赠物及给学院和大学的赠物（它们部分用于对学生的投资，学生因此增加了其未来的收益）。我们看到，地方的、城市的、州的和联邦政府部门通过批准计划、拨放善款以求减轻贫困来回应它们的各自的选区的要求。但是，尽管如此，要从这种行为出发详细说明和衡量显示偏好却非常困难。

2. 贫困效用学说

毫无疑问，有些国家多年来一直实行的政策支持这样一个观点，即它们的政府并不反对普通民众的贫困。在英国历史上有一个世纪，下层阶级的贫困被认为是合理的。因为当时流行的舆论是，这样的贫困带来了良好的结果。在 1660 年和 1775 年间，在英格兰占统治地位的民族主义提出了一个复杂的对内和对外政策体系，运用各种论据来证明贫困效用的合理性。埃德加·S·弗尼斯（Edgar S. Furniss）在其获奖论文《哈特·沙夫纳和马克思》中用很长的一章来论述"贫困效用学说"。[1] 那个时期的一些杰出人物的信念在我们看来是新奇的。托马斯·孟（Thomas Mun）的观点是"赤贫和欲望使人聪明而勤劳"，阿瑟·扬（Arthur Young）断言，"除了无知者，每人都知道较低的阶级必须被保持在贫困之中，否则他们将决不会勤劳工作"。约翰·劳（John Law）认为，"劳动者应当为要求高价格而受到谴责，因为当粮食便宜时，他们那令人难以忍受的游手好闲的习惯就受到了约束"。威廉·配第（William Petty）也加入了这个合唱团。

即使是大卫·休谟（David Hume）也未幸免，他支持这个信念："当贫穷劳动者处于游手好闲和闹事的时候，他们在歉收年份（只要不是过分歉收）比在丰年的确生活得更好。"[2] 休谟也没有宽恕农民。他对农民的诽谤直截了当："懒惰的习惯自然会蔓延下去。大部分土地没有被开垦。由于农民缺乏技术和吃苦耐劳精神，即便是被开垦的土地，其产量也没有达到最大。"休谟不仅把他们称为懒惰者，而且还把他们称为浪费者。从这些信念中合乎逻辑地得出结论说，劳动阶级的实际工资必须保持在低水平。于是论证说，做到这一点的方法之一是提高生活必需品的价格。如果谷物丰收，应当采取措施资助其出口。对消费应该征税。应该控制穷人参与娱乐活动（包括流浪艺人表演）。穷人消费茶叶被看作是一个罪恶。[3] 施舍被认为是滋养懒惰的行为。较多的人口将使劳动者保持在贫困状态，而其必然结果是鼓励人口流入和更加宽松的

---

① Edgar S. Furniss，*The Position of the Laborer in a System of Nationalism*（Boston：Houghton Mifflin，1920）. The quotations that follow are from chap. 6.

② T. W. Schultz，*Economic Crises in World Agriculture*（Ann Arbor，Mich. ：University of Michigan Press，1965），pp. 26 - 27.

③ 曾经有对穷人增加茶叶消费的担心，劳动阶级饮茶被看作是"浪费时间，不够勤劳，因为他们的职责就是不停地劳作"。阿瑟·扬说："妇女和儿童的工作是饮茶……一个的确可称为过度奢侈的极端行为！"

入籍政策。克洛内的主教乔治·伯克利（George Berkeley）建议，奖励多子女的父母，而对没有孩子的家庭征税以求达到这个目标。

3. 甘于贫困的人

贫困效用学说的另一个变种建立在这个信念上，即在我们的社会中存在着甘于贫困的亚文化群。肯尼思·博尔丁（Kenneth Boulding）陈述说："乡下人或仅能维持生存的农民，甚至城市贫民窟中的居民和游民，他们的一定程度的贫困，意味着拒绝变成富人的心理成本，意味着与其无力找到机会倒不如抛弃中产阶级的生活方式。"[1] 哈里·约翰逊在最近一个评论中也有相似的论调。[2]

值得提及的是，尽管教授甘于清贫的神话由来已久，但无论是博尔丁还是约翰逊都不把教授纳入这个亚文化群中。因为熟知他们同行的情况，所以他避开了这个特殊的神话！毫无疑问，一些阶层的人甘于贫困是由于各种原因而不是出于他们个人偏好。这无疑是正确的。也没有人会否认，不同的人宁愿选择不同的职业，而且某些人（例如某些农民子女）因工作和生活方式的习惯而获得一种偏好。但是，这种偏好的确与贫困的负效用是一致的。[3]

5.1.2　贫困最小化的方法

我们要发展一个免于贫困的社会应当是相当容易的。按照新的标准，我们显然享有很高的收入。新的收入来源不仅能够维持巨大的国防开支、大量外援和人口的增长，而且还可以用于提高个人的人均消费支出，第二次世界大战以来实际人均消费提高了 2/5。我们的经济已经生产了所有这些额外的收入，尽管就业不是很充分，尽管个别地区、产业、行业和职业存在着萧条。与印度相比，我们的贫困是微不足道的。显然我们具有消除贫困的经济可能性。

拥有这样一个社会是我们做出的选择。当然，无论社会原因或政治原因可能是什么，我们也可能并不愿利用这个选择。常规的做法是相信

---

① Kenneth E. Boulding，"Reflections on Poverty," *The Social Welfare Forum*（New York：Columbia University Press，1961），p. 51.

② Harry G. Johnson，"The Economics of Poverty：Discussion," *American Economic Review*，vol. 55（May，1965），pp. 543 - 545.

③ 当然，有很多人宁愿依然贫困而不接受施舍或赠与，虽然这主要取决于这种收入转移合法化的方式。但是对他们来说，一个获取额外收入的有意义的机会避免了这个心理成本。博尔丁《对贫困的思考》（前引书，第 45 页）中论据的含义，即为了减少或消除贫困必须向"中产阶级的生活方式"征税是没有根据的，试图这样做将是令人无法忍受的。

自然法则会使贫困消失。一个实用主义的观点告诉我们，在这个富裕社会里留下的是人的钱包——由于人们的偏好或者环境，该钱包还没有被进步清理过（cleaned by progress）。

但是，在提出贫困对社会负效用这个命题时，我们已有很多减轻贫困或消除它的部分原因的方法。我将把我的评论限制在公共方法这个范围内：首先是最低工资和农产品价格支持；其次是累进税；再次是经济增长和就业；最后是对穷人的公共投资。

1. 用立法提高工资和价格

这个方法在政治上依然有广泛的吸引力，它包括用最低工资法和高农产品价格支持来提高非熟练工人的低工资和农民接受的低价格。它基于这种信念，即这一系列立法是减少贫困的一个直接而有效的方法，而且它在关键的地方增加了收入流。工会和农民团体坚决支持这种方法。但经济学家们却一再指出，它不仅妨碍了配置效率，而且一般地也恶化了在工人中和在农民中的个人收入分配。J. E. 米德（J. E. Meade）在最近的一些讲演中强调说，无论对一定范围的工人阶级还是对一切行业的工人，通过限制工作量以便分担一下产生的总量失业，最低实际工资都有明显的缺陷。[①] 所有这些方法都是非常无效率的。

就美国目前实行的政策而论，农产品的价格支持主要有利于高于贫困线的农业家庭；高价格支持妨碍了资源的有效配置，而且也使农业的收入—财产的矛盾更加混乱。[②] 考察一下为什么"农业家庭"在财产上如此富有而在收入上如此贫困。事实是：（1）农场主家庭拥有的财产净值平均是非农业家庭的 2 倍（分别是 4.4 万美元和 2.17 万美元[③]）；（2）但是，收入少于 3 000 美元的贫困线以下的农业家庭的比例是非农业家庭的比例的 2.5 倍（分别是 43% 和 18%）。财产的价值主要由农业土地所组成，它得到了补贴；农业劳动的价值则受到面积配额和减少生产的其他措施的压抑。因而，这些计划是强烈地有利于农业财产（来自所有权的收入）而不利于农业劳动的收入。一般财政津贴和政府对农民的特殊转移支付像表 5.1 中的估计所显示的那样，主要流向了最富有农场主的手中。高农业价格支持和与之相关的项目对农场家庭中个人收入的规模分配的总效应显然是累退的。难道这就是"向贫困开战"吗？

---

① J. E. Meade, *Efficiency*, *Equality and the Ownership of Property* （London: George Allen & Unwin, Ltd., 1964），pp. 35 - 67.

② 见本书 10.3 节"农业政策的新经济基础"。

③ *Federal Reserve Bulletin*，March，1964，pp. 285 - 293.

表 5.1 1963 年政府对农场主的支付

农场的销售量	农场分配（%）	政府支付		
		总计（百万美元）	每个农场（美元）	总分配（%）
20 000 美元及以上	10.7	918	2 391	54.5
10 000～19 999 美元	16.6	398	670	23.6
5 000～9 999 美元	17.0	213	350	12.6
2 500～4 999 美元	13.0	80	173	4.7
少于 2 500 美元	42.7	77	51	4.6
总计	100	1 686	472	100

2. 累进税

我们不得不大大地依赖累进税来增加财政收入并减少贫富之间的经济不均。[①]累进税无疑在这个方面有某些积极作用，但是它不能消除立法错误，税法漏洞很多，例如对石油和其他矿物的特别备抵耗减，允许把特殊的私人支出作为营业费来扣除的"支出账单"。然而，更为严重的是，没有作为股息支付的营业收入逃避了个人所得税。为了补偿损失，我们采用一个很差的次优办法，即对公司征收大量的特别税。

当把累进税的逻辑扩展到减缓贫困时，米尔顿·弗里德曼（Milton Friedman）提出了负所得税。[②]根据这个建议，当个人或家庭应征税的收入下降到政府政策所规定的数量以下时，纳税人"将支付负税收，即接受津贴"。由于弗里德曼雄辩地提出的那些理由，用这个方法来减缓某些种类的贫困的确有其优点。

联邦财产和赠与税早就该进行改革了，即将卸任的财政部长道格拉斯·狄龙（Douglas Dillon）号召人们关注通过资本收益而获得的未征税财富。米德（Meade）教授在我提到过的演讲中，为遗产税和赠与税的根本改革做了充分的论证。他对瑞典在这方面的做法给出了很高的评

---

① 关于这个问题的经典论述是已故的亨利·C·西蒙所写的《个人所得税》，见 Henry C. Simon, *Personal Income Taxation* (Chicago：University of Chicago Press, 1938)。

② Milton Friedman, *Capitalism and Freedom* (Chicago：University of Chicago Press, 1962), chap. 12. On pp. 191 - 192. 弗里德曼说："首先，如果目标在于减轻贫困，那么我们就应该有一个旨在帮助穷人的计划，有一切理由来帮助碰巧是农民的穷人，并不是因为他是农民而是因为他穷。这就是说，这个计划应当旨在把人作为人来帮助，而不是作为某一职业集团、年龄集团、工资集团、劳工组织或产业的成员来帮助。这是农业计划、一般养老金、最低工资法、亲工会的立法、关税、行业和职业的许可制等许许多多规章法令的缺点。其次，当通过市场来发挥作用时，这种计划要尽可能地避免市场扭曲或妨碍其发挥作用，而这却是价格支持、最低工资法、关税等的一个缺点。基于纯机械的理由，应当实行负所得税来解决问题。"

价："在瑞典有资本收益累进税、个人总财富的年度累进税、赠与累进税、个人遗产累进税。"[①] 这个例证并不基于下列理由，即财产收入与总收入的比例正在上升，或者个人财产的分配正变得更不均等，或者现在处于贫困中的家庭的收入在 10 年或 20 年后将显著地提高，而是基于遗产税处理中的严重缺点和这些缺点对个人财富与收入分配的长期影响。这里只提及其中一个缺点就够了：没有作为红利分配的企业收入，只要简单地通过转移从遗产中获得的私人财富，就可以逃避作为当前个人收入和作为资本所得的税收。

3. 增长与就业

虽然经济增长率和失业率还没有被理论和政策结合在一起，但是，在研究贫困时对它们加以区分却是有用的。在经济学中正在进行的探索性的对话阐明了它们各自对贫困的影响。我将把我的评论限制在三个问题上：（1）与经济增长相联系的贫困的明显下降；（2）失业导致的贫困的范围；（3）所谓结构性贫困的程度。

正如我在其他地方指出的，我们经济的增长是非常广泛的，尤其是它会导致每个家庭收入的增加，而因为我们的社会偏好，家庭收入的增加反过来会导致贫困线的上升。[②] 即使以实际收入来衡量的贫困概念也会随时间发生变化，但经济增长大大地减少了处在这个不断上调的贫困线以下的家庭的比例。例如，自从 1935 年以来，每个家庭的实际收入已经增加了一倍，而贫困线提高了大约 55%（用 1959 年的价格计算，从 1 950 美元上升到了 3 000 美元），但是在这个上升着的贫困线以下的家庭比例大约从全部家庭的 1/3 下降到了 1/5。[③] 从历史的角度来看，让我把工业革命以来的这个时期分为 2 个阶段：首先是每个家庭的收入没有明显上升的经济增长；其次是最近的发展，伴随着每个家庭收入增

---

① 米德：同上引书的前言。

② 参见 T. W. Schultz, "Investing in Poor People: An Economist's View," *American Economic Review*, vol. 55 (May 1965), pp. 510 - 520。

③ 在此我引用了尤金·斯莫伦斯基（Eugene Smolensky）的《过去和现在的穷人》的论文（芝加哥大学的油印本），即 Eugene Smolensky, "The Past and Present Poor," mimeographed paper, University of Chicago。又见鲁斯·麦克（Ruth Mack）对"维持生存"的现代定义和 1960 年对"维持生存"的定义，后一定义舒尔茨在《对穷人的投资：一个经济学家的观点》第 512 页注 3 曾引用过，即 "Investing in Poor People: An Economist's View," *American Economic review*, vol, 55 (May, 1965), p. 512, n. 3。

加的经济增长。研究第一种经济增长时，古典理论仍然是适用的。^① 但是我们的经济显然不是这种类型。遗憾的是，在经济学中还没有把功能的和个人的收入流结合起来的理论结构。我在后面将提出这样的假设，即劳动者的收入由于对人的投资的增长而一直在上升，而且这个发展在最近几十年中一直是减贫的主要因素。

洛厄尔·E·加拉维（Lowell E. Gallaway）把增长和失业与贫困联系在一起而做出的估计^②与上面所提出的前 2 个问题直接有关。按照他对贫困的定义，收入少于 3 000 美元的家庭就处于现代贫困线以下，加拉维指出如果从 1956 年到 1963 年一直维持着从 1947 年到 1956 年的增长率和 4%的失业，那么贫困将比实际情况多下降两个百分点（实际发生的是 18.5%，而本应下降到 16.6%）。当使用 1947 年到 1956 年的增长率和 4%的失业进行估计时，他估计 1970 年贫困将下降到 12.6%，而使用 1957 年到 1963 年的增长率和 6%的失业进行估计时，1970 年贫困将只下降到 14.2%。表 5.2 比较了加拉维和经济顾问委员会对处于贫困阶层的家庭的百分比的估计。

表5.2	处于贫困阶层的家庭的百分比（%）			
	加拉维的估计		经济顾问委员会的估计	
	1947—1956 年 增长率和 4%的失业	1957—1963 年 增长率和 6%的失业	1947—1956 年 贫困消除率	1957—1962 年 贫困消除率
1947 年（实际的）	31.7		31.7	
1956 年（实际的）	22.2		22.2	
1963 年（实际的）		18.5		18.5
1963 年（估计的）	16.6			
1970 年（估计的）	12.6	14.2		
1980 年（估计的）	6.4	8.7	10.0	13.0

加拉维和经济顾问委员会所估计的贫困下降之间的差别，可以被看作是对结构性贫困数值的不同看法的一种测度。但是，我将不会严格说明这两个暗含的结构性贫困概念，因为在做出这些估计时没有努力说明、识别和衡量结构性贫困的各个部分。对最近几十年中与经济增长相

---

① 主要的古典经济学家马尔萨斯（Malthus）、李嘉图（Ricardo）、詹姆士·穆勒（James Mill）、麦克库洛克（McCulloch）和西尼尔（Senior）的宏观动态学建立在每个劳动者的收入不变这个基础之上。

② Lowell E. Gallaway, "The Foundations of the 'War on Poverty,'" *American Economic Review*, vol. 55（March, 1965）, pp. 122 - 131.

伴随的贫困明显下降做一个简单的推测，掩盖了一些重要的具体成分。在此我们要知道的是那些造成贫困明显下降的特殊的新的收入来源。一旦理解了这一点，我们就能够确定进一步的投资是否有助于减贫，并能在多大程度上减少贫困。未来也许会出现结构性贫困，但是，其中大部分也许可以通过其他的或额外的投资形式来加以解决。

4. 投资

我现在开始讨论使贫困达到最小的四个公共方法中的最后一个。它特别适用于解决掩盖在所谓的结构性贫困之下的问题。我将表明，很多黑人家庭、农业和南方的贫穷家庭的贫困主要是长期存在的慢性不均衡的结果，而这种不均衡根源于对特殊阶层的人的不充分投资，这些人因此而贫穷。

首先我要人们注意那些带来经济发展的收入来源的重大转变。我们可以给收入流赋以每单位时间的量度——也就是以每年一美元的收入流来计算。除了收入转移之外，要取得一个收入流的所有权，就必须获得收入流的来源。这些来源是可以定价的，价格可高可低。其基本假定是相当传统的，收入流的来源要以特定的价格来获取，而特定的价格是随时间而变化的；人们对这些价格的变化做出反应，但他们要受到资本市场、他们的偏好和储蓄能力的制约、税收和补贴以及有关就业和对人力投资的歧视的影响的制约。于是我们能够假定有一个动态过程，而且引申出有关我们经济增长过程的下列补充假设：[①]

(1) 相对于其他收入流的价格，表现为在经济努力价值中后天获得的人的能力的收入流来源的价格下降了。

(2) 在对这两种收入来源的相对价格变化做出反应的过程中，与对物质来源的投资率相比，对人力资源的投资率在此期间上升了。

(3) 对人的收入来源的投资相对于非人力来源的投资的增加，已经使人的收入相对于财产收入增加了，而且对人的更均等的投资分配已经使人与人之间的收入趋于均等。

这些是可以验证的假设，而且它们赢得了一些新的研究支持。受到多年正规学校教育的人的私人财务收益率支持第一个假设；我对第二个假设的验证尝试（尽管是粗糙的）表明，从 1929 年到 1957 年这个期间，对可再生的有形财富存量的投资以大约每年 2% 的速率增加，而同时，对劳动力教育的投资以 4% 的速率上升，对男劳动力在职培训的投

---

① 这里我遵循上面引用过的我的论文《对穷人的投资：一个经济学家的观点》的逻辑。

资以高于 6% 的速率上升。上过中学和大学的劳动力比例明显增加，这是支持第三个假设的一个发展。[①]

就长期来说，收入流来源的需求和供给都容易发生变化，某些变动是累积性的而且随着时间的推移变得很大。在改变需求的因素中，有三个是最重要的。

（1）商品和服务的总需求。在 30 年代初期大规模失业期间，需求是远远不充分的，而本世纪 50 年代中期的高就业时期，需求是相当充分的。那时之后经济又出现较严重的萧条，闲置的工厂和闲置的人减少了对收入来源的需求。显然，穷人与政府维持充分就业的政策有极大的利害关系。

（2）通常被掩盖在"技术变化"之下的知识进步。在经济努力中有用的新知识，要求有新形式的物质资本或工人的新技能，或者一般地，要求这两者的结合。因此，相对于低技能需求，这个因素增加了高技能需求。

（3）"对个人尽其所能参与生产过程的机会"的约束的变化。[②] 重要的是对下列人员的雇用歧视：黑人，老人（他们仍然愿意且有能力从事生产性工作，但被迫停止工作或只工作部分时间以求有资格领取退休金和抚恤金），女性劳动力。

收入流来源的供给的长期变动，可以从需求变动的调整或与需求变动关系不大的因素来进行探讨。需求和供给相互作用的调整过程，是形成上面第二个假设的主要经济行为的核心。影响供给的主要"独立"因素是：研究和开发活动以及来自这些活动的有用知识的传播；特殊来源（主要是工人）在离开正在衰落的产业或职业时的流动性（或不流动性）；公共教育投资的数量和分布，以及与此密切相关的、在教育上对黑人、乡村儿童和其他人的歧视。

因此，现在分析的任务是解释贫困的明显下降，或者是解释贫困仍然存在的原因。虽然后者更为直接因而更有吸引力，但是，它可能是无效率的，因为第一个任务无疑是完成第二个任务的前提条件。因此，我

---

① 在通常的经济周期期间，供给——这些收入流的来源——并不大幅度地变动。但是，需求在衰退和繁荣期间的变动幅度却很大，结果，来自公司的和某些其他形式的财产的收入在周期中比国民收入波动得更大，对非熟练工人，对那些不符合雇主特殊劳动要求的工人和对那些资历最浅的工人来说，来自工资和薪水的收入的波动最大，从而个人收入分配的不平等在繁荣的年份下降而在萧条的年份增加。

② 在这里，我遵循哈里·G·约翰逊的"失业和贫困"（在引用过的菲什曼（Fishman）的著作的第 9 章中）的逻辑。

将继续把精力集中在第一个任务上。

来自财产的收入。众所周知，来自财产的收入的功能性份额（functional share）一直在下降。可再生的有形财富的存量并没有像工人后天获得的能力那样快的速度增加。私人收益率的差别有利于人力资本的投资。的确，如果公司所得税仍旧保持在战前水平，那么，近几年来物质财富收入的相对下降会小一些。同时，个人财富持有量的分配发生了什么变化呢？难以相信的是，正是穷人获得更大的物质财富份额导致了贫困的减轻。由住房表示的财产存量可能是一个例外，因为当经济调整到对房屋所有权有优惠税率待遇时，住房对很多低收入家庭是一个有吸引力的投资。但是，在 1962 年，收入少于 3 000 美元的家庭所拥有的住房的平均价值只有 3 750 美元。自从本世纪 30 年代中期以来，低收入消费者的任何财产净值的增加只能解释贫困下降的极小部分。

来自劳动的收入。与此同时，国民收入中劳动的功能性份额一直在上升。与对低技能的需求相比，对有高技能的劳动者的需求一直以较高的速率上升着。增加技能的刺激是强大的，而且技能的供给也是有反应的，因为人们为增加技能所进行的投资比以前要多得多。但是，技能的需求为什么向上移动呢？它主要是这种动态过程的结果：在这个过程中，技能的改善和知识的增长，逐渐提高了人均收入，并且改变了人们所需的商品和服务的模式，从而对高技能的需求比低技能的需求更迅速的增加。这个过程中军事部门对生产性耐用品和服务需求的增加也是一个很重要的因素。

5. 含义

第一个也是最一般的含义是，大幅的减贫主要是由于劳动收入的增加而不是财产收入的增加造成的。因为高技能的需求与低技能的需求相比上升了，而且因为工人获得了更多有价值的技能，所以工人的实际收入上升了。

另一个含义是，仍贫困大部分是不均衡的结果。虽然工人对技能市场的变化一直在做出反应，但是，在这一点上经济在很多方面处于严重的失衡之中。其原因是相当明显的：失业、一些部门经济增长的不利影响、不充分的知识和缺乏投资于获得更多的有价值的技能的机会（因为歧视和为此提供资金的资本市场的制约）。我要着重指出其中三个不均衡。

（1）农业中所需的技能市场长期受到了压抑。1940 年以来，从事农业的劳动力下降了一半，但是这些技能的市场仍然处在严重的失衡之中。这些劳动力中年老的人没有其他真正的选择，只得依靠他们拥有的那些衰落的技能残值。在许多农业地区，中、小学教育的质量一直低于并且将继续低于一般水平，因而这些地区新的一代无法应对其他经济部门中存在的强大的高技能市场需求。在此应该重申的是，联邦政府用于农业的巨大支出没有被用来提高这些技能水平；相反，它们仅仅被用来改善部分贫困阶层的家庭收入却因此恶化了农场家庭的个人收入分配。因此，虽然农场家庭现在只是美国全部家庭的一个极少部分，但它们却占据了贫困家庭的绝大部分，此外，城市地区许多处于贫困线以下的家庭是最近从农场来的。

（2）黑人的技能市场受到了长期的压制，而且这里的贫困成分是巨大的。这个市场与农业的市场相互交织，无论在农场还是在城市都一直存在并将继续存在大量的工作歧视。更为重要的是黑人的低技能水平，而后者主要是教育上的歧视造成的。黑人不仅所受的教育年限少，而且教育质量很低。劳动力中的老年黑人尤其如此。

（3）与其他地区相比，南方更加贫困，主要有三个原因：①与美国其他地区相比，它更依赖于农业，1959 年的农业人口普查显示南方的农场数量超过了美国全部农场的 45％；②与北部和西部的劳动力相比，南方的劳动力大多数是黑人，而从可出卖的技能来看，南方黑人比其他地区的黑人更为糟糕；③与其他地区相比，南方劳动力中的低技能的白人较多。总之，由于持续存在着对穷人的社会、政治和经济的歧视，尽管对高技能的需求增加如此之快，南方在为其居民提供可获得这种技能的投资机会方面严重落后了。

维持一个可以保证充分就业的总需求水平，是减贫的最好方法。但是，显然减贫的方法并不限于此。对穷人进行投资是一个重要的补充性公共措施。在很大程度上，我们所谓的结构性贫困就是因为对人的这种投资机会受到了对穷人不利的社会、政治和经济的歧视的阻碍。

第6章 研究投资

6.1 有组织的农业研究[①]

罗瑟思提（Rothamsted）代表着发现知识以提高农业生产可能性的实验。虽然这样的知识的经济价值难以估计，但是它是用以识别现代农业的标志。如果没有知识进步，则在技术先进的国家中将不可能有充足的粮食。它将退回到贫瘠的农业中去，退回到对粮食的古老的忧虑中去，而且恭敬地祷告："请赐予我们面包吧。"

关于知识是生产的一个源泉的这种认识并不新奇。阿尔弗雷德·马歇尔（Alfred Marshall）在1890年的著作已经很透彻地看到了这一点。在他对生产的要素——土地、劳动、资本和组织——所做的研究中，他注意到"资本大部分是由知识和组织所构成的"，而且"知识是我们生产的最有力的发动机"。[②]

要想把现代农业生产力扩展到大部分仍然为传统农业所束缚的国家去，我们必须把马歇尔的这个教诲铭记在心。但是，当按照这个教诲去组织我们的事务时，我们仍然还是含糊不清和缺乏效率。把这种相关的

---

① 1967年8月，国际农业经济学家协会在澳大利亚的悉尼举行了一次会议，本文是提交给该协会的论文。弗里德里克·C·鲍登爵士在英国哈彭登的罗瑟思提农业试验站工作，他写了一篇关于"自然科学家眼光下的趋势与前景"的文章，本文是对这篇文章的评论。

② 所引的论述，见 Alfred Marshall, *Principles of Economics* (London: Macmillan & Co., Ltd., 1890)。See 8th ed., 1930, p. 138.

科学知识存量向欠发达国家转移，仍然是一个随意的、无效率的活动。这个转移过程之所以无效率，是因为我们没有把心思放在如何最好地完成这个转移任务上面。

弗里德里克·C·鲍登爵士（Sir Frederick Bawden）的文章并不想解决这个问题。他对英国农业产量的增加、当地研究工作的需要，以及对热带国家研究的缺乏的观察是无可怀疑的。但是，有两个不合逻辑的地方。根据鲍登的观点，英国从甜菜中制糖比在亚热带用甘蔗制糖有比较优势！工业化对农业的贡献之一是二氧化碳排放所带来的日益增加的空气污染，到本世纪末，它将使作物生产率增加 1/5！即便如此，这些也是无关紧要的小事。

但是，这些疏忽是不能一带而过的。没有把科学作为一个有组织的活动来对待，没有探讨组织这个活动的各种可供选择的方法，也没有研究这个活动在增加农业生产力中的作用和价值。由于这些疏忽，鲍登似乎低估了科学。当然，这并不是他的一贯做法。

科学知识的进步是由许多相互依存的部分所组成的。绝大部分与农业有关的科研工作是有组织的研究活动。公共资助的研究模式是农业试验站；还有全国性和地区性的实验室。追求利润的厂商也参与这项活动。最近，某些私人基金会（特别是洛克菲勒基金会，后来又有福特基金会）积极参与了国际农业研究活动。例如，菲律宾的国际水稻研究所及墨西哥的国际玉米和小麦改良中心。

配备有能力的科学家的有组织的农业研究活动乃是一个花费巨大的事情。所谓的智力外流表明高技能科学家的国际市场正在日益扩大。这个市场抬高了他们的薪水，当然，现代科学设备花费更高。人们谈论很多的是，基础研究超过了应用研究，欠发达国家所能得到的科学知识多于它们能够推广给农民的。例如有人问：高花费的农业研究活动是否物有所值？它是被有效地组织起来的吗？在基础研究与应用研究之间存在着严重的不平衡吗？而且更一般地说，传统农业的现代化在多大程度上依赖于科学知识的进步呢？

我们的议程应该优先考虑下述尚待解决的问题：

（1）在把有关农业生产的科学知识转移到欠发达国家的各种方法中，资源的有效配置是什么？

（a）通过科学和专业书刊来传播这种知识。

（b）由欠发达国家雇用外国科学家来获得其服务。

（c）像墨西哥已经明显成功地做到的那样，对培训本地科学家的骨干进行投资。但这种方法需要更多的时间。

（d）以获利为目的的工商企业作为现代设备、化学产品（包括杀虫剂和农药）和其他农业投入的供给者，也能够转移一部分这种知识。

（e）政府从国外购买关键的现代投入并把它们卖给农民。例如，印度1965年从墨西哥购买了200吨索罗亚64号小麦种子和50吨勒马·罗乔64号小麦种子。随后在1966年又购买了18 000吨的勒马·罗乔64号小麦种子。值得注意的是，印度农民对这种种子的需求超过了供给。在印度国内，这种作物繁殖异常迅速，根据拉尔夫·卡明斯（Ralph W. Cummings）所说，"在当年农作物收获之后，矮秆的、适于使用化肥的小麦品种的种子供给将不再是一个限制因素。"[1]

要鲍登对配置资源这个问题负责是不公正的，因为它主要是一个经济问题。但是，农业经济学家没有进行解决这个问题的研究乃是难以理解的。

（2）有组织的农业研究投资的收益率有多大？

在这个问题上，有一些根据确凿事实所做的研究。但在论述它们以前，让我说明一种情况。农业资本的形成在农业发展计划中显然是必要的。投资资源的有效配置乃是根据各种投资机会的相对收益率所确立的优先次序而进行的一种配置。有组织的农业研究就是这样一类投资机会，因为它是一种形成农业资本的方法。

在这种情形中，我们把研究看作是一个涉及成本和收益的生产活动。既然这个收益是一种耐用的生产品，那么为发现和开发它们所需的资源就是这类投资的成本。它是不是一个好的投资，取决于其收益率。

现有的证据有力地支持了这个结论，即有组织的农业研究一直是一项最有获利性的投资。在这个领域里，由兹维·格里奇斯进行的开创性工作是以他对杂交玉米的研究开始的。他发现，到1955年止，政府和私人过去花费在杂交玉米研究上的累计研究费用达1.31亿美元，而就其中的每一美元费用来说，社会收益每年就达到了7美元，或者说获得了700％的收益率。[2] 成本高吗？是的。收益呢？也的确很高。

（3）从科学人才的组合，组织的规模，地理区位，与其他试验站、实验室的互补性，或研究所和大学间的联系，在基础与应用科学研究之

---

① Ralph W. Cummings, "Wheat Production Prospects in India," The Rockefeller Foundation, New York, February 8, 1967.

② 这个估计说明，在1910年与1955年之间和以后，就杂交玉米研究的每一美元投资来说，当时估计每年有10美分的收益，但此后每年获得了7美元的收益，见表6.1脚注中所引用的研究。

间的分工，以及是为了利润还是为了公共利益等角度来思考，农业研究活动的有效组织是什么呢？

尽管这个问题是重要的，而且我们能够从各类经验中学到许多，但就我所知，对有效组织这个问题的研究至今还没有出现。难道农业研究活动是如此有利可图，以至于研究活动中资源分配和使用方式的效率是无关紧要的吗？从第二次世界大战以后的许多错误来看（尤其是政府所支持的援助计划用于应急计划和研究项目，而没有充分注意农业研究活动的体制），以及从发展中国家中依然存在的推广偏好来看，答案显然是否定的。[①]

但是，在我们努力在全世界实现农业现代化的过程中，不要忘记了马歇尔的基本观点：知识是我们生产的最有力的发动机。

表 6.1   **农业研究活动的投资收益率估计（%）**

研究的类型	年收益率
1. 美国特定农产品	
（a）公共和私人的杂交玉米研究，到 1955 年[①]	700
（b）公共和私人的杂交高粱研究，到 1967 年[①]	360
（c）公共的家禽研究，到 1960 年，下限[②]	137
2. 1949 年、1954 年和 1959 年美国农业为适应过剩能力而进行调整的公共农业研究和推广[③]	300
3. 墨西哥的农业研究	
（a）小麦研究，从 1943 年到 1963 年[④]	750
（b）玉米研究，从 1943 年到 1963 年[④]	300
（c）墨西哥全部农业研究，从 1943 年到 1963 年[④]	290
4. 日本农业，1880—1938 年，主要投资于教育，例如，在 1880 年，教育费是 2 360 万日元，农业研究和推广是 30 万日元，在 1938 年，分别是 18 500 万日元和 2 150 万日元。各自取下限[⑤]	35

①Zvi Griliches, "Research Costs and Social Returns: Hybrid Corn and Related Innovations," *Journal of Political Economy*, vol. 66 (October, 1958), pp. 419 – 431.

②Willis Peterson, "Returns to Poultry Research in the United States" (unpublished Ph. D. dissertation in economics, University of Chicago, 1966).

③Zvi Griliches, "Research Expenditures, Education and the Aggregate Agricultural Production Function," *American Economic Review*, vol. 54 (December, 1964), pp. 967 – 968.

④N. Ardito-Barletta, "Costs and Social Returns of Agricultural Resarch in Mexico" (unpublished Ph. D. dissertation in economics, University of Chicago, 1967).

⑤Anthony M. Tang, "Research and Education in Japanese Agricultural Development, 1880 – 1938," *The Economic Studies Quarterly*, vol. 13 (February and May, 1963), pp. 27 – 42 and 91 – 100.

---

① 见 A. H. 莫斯曼（A. H. Moseman）的文章《农业发展所需的国家科学技术制度》，1968 年 6 月 9 日在明尼苏达大学召开了有关国际农业计划的大学董事会议，本文是在该会上提出的；也见 T. W. 舒尔茨的文章：《拉丁美洲农村发展中的教育和研究活动》。

第7章 农业发展的智力要求

7.1 低收入国家的人力资本投资[①]

我们都喜欢做现在流行的经济增长游戏。我提出下列规则：每个做游戏的人开始时都有同样多的"启动资金"。而后的目标是找到追加收入的来源和选择那些比较便宜的来源。如果他发现和选择了数量最大的便宜来源，那么他就获胜了。但这是不容易的，因为大多数来源是昂贵的，如果他碰巧只发现了昂贵的来源，那他就没有获胜。当我们在教室里做这个游戏时，要给每个人收入来源附加上一个价格标签，明确地告诉每个玩游戏的人他必须为每一美元的收入付出多少代价，乃是非常方便的。但是一旦接触实际数据时，报价单经常是不精确的，而且某些标签全然是一片空白。我们被告知说，如果某些人宁愿选择风险和不确定性，那么缺乏完全的信息可能会增加他们做出真正决策的乐趣。但它却使课堂的游戏变得困难起来，因为它要进行分析。

7.1.1 收入流的价格和来源

我们总是习惯于只考虑产品和要素价格，因而我有必要提醒你，我现在涉及的不是它们，而是另一组，即收入流的价格。我现在要求你用

① 摘自 *Journal of Farm Economics*，vol. 43（December，1961），pp. 1068 - 1077，where it appeared as "U. S. Endeavors to Assist Low-Income Countries Improve Economic Capabilities of Their People." Reprinted by permission.

以货币单位计量的收入流的价格，而不是用蒲式耳或英亩来思考问题。因而，单位的价格比率是一个纯数，譬如说，一美元永久性收入流的价格是 25 美元。区别全部收入流的价格水平和特定收入流的价格是有益的。我通过以下方式将这一水平和经济的状态联系起来：当某一经济接近长期均衡状态时，收入流的价格水平将接近最高点，譬如说每一美元收入的价格大约是 25 美元。但当这些收入来源的供给增加而给经济带来一个高增长率时，收入流的价格水平结果将会从这个最高点下落，也许下落到每一美元收入的价格是 10 美元这样低的水平。因而经济增长意味着这样的事件，即它需要一个局部均衡，这种均衡是由价格低于长期均衡水平的收入流的供给增加所引起的。

无论收入流的价格水平是接近最高水平还是大大地低于最高水平，特定收入来源的价格可能与当时流行的水平不同。然而，处于这个经济中任何特定时间的大多数人将会发现，这些收入流的特定价格是相当一致的（我们应该对风险和不确定性的差异进行调整而不是排除它们）。

自然资源（土地）。某人偶尔碰到一口新油井，或者发现 10 英尺的煤层，或者含量丰富的矿床，因而廉价地获得了额外的收入。但是自然资源不属于较有前途的资源之列，因为它们已经变成了国民收入的一个很小的贡献者（美国大约只有 5% 的国民收入来自这个源泉），而且数量巨大而肥沃的农业用地再也找不到了。当然，还有一些能够被开垦、排灌的土地。但的确，荷兰人为不得不利用须德海（Zuider Zee）而获得的那点经济增长，以及意大利人为了从波河口的亚得里亚海（Adriatic Sea）获得那点农业土地，正在付出高昂的代价。印度或加利福尼亚较多的灌溉设备（即使由联邦政府付款）也不一定是一个额外收入的便宜来源。当然，在拉丁美洲的部分地区和其他地方有一些肥沃的土地可用于耕种，但由于缺少道路现在还未能开垦，要想利用这片土地就需要有高投资收益。

可再生的资本品。由工厂、设备和存货所构成的大多数资本品通常是有精确定价的，但实验室和试验站的定价是非常不完善的。后者偶尔生产出一个极有价值的产品，但新知识拒绝遵守市场产品的成本和收益规则。基础研究是一场冒险活动，它以高失败率和低成功率为特征。坚持按实际价值出售新知识是不可能的。但是，有些成功从它们最终对国民收入的贡献来看是得到了极大报酬的。正如格里奇斯所表明的，杂交玉米是一个典型，直到 1955 年，它为花费在生产它上面的每一美元的费用带来了 7 美元的国民收入：那一年从 1.31 亿美元的过去累计研究费用中获得了 9.02 亿美元的额外收入。① 因而，在杂交玉米研发的过程中，为每单位美元的收入流所支付的价格不是 25 美元，甚至比 10 美元还要低，我们为每单位美元收入只需支付不高于 15 美分的价格。

人力资源。无论怎么说，收入的主要来源是来自劳动，众所周知，受雇用的人无疑是最大的生产要素，他们对生产的贡献大约是所有其他要素总和的 3 倍那么大（在美国，自然资源对国民收入的贡献接近于 5%，可再生资本品的贡献是 20%，而劳动的贡献则是 75%）。但这样的事实还没有被清楚地认识到：劳动的能力是一个已生产出来的生产手段。虽然人们获得了有用的技能和知识是显而易见的，但这些在经济增长中所起的巨大作用却并不明显。同样不明显的是，这些技能和知识是一种资本形式，而这种资本已在西方国家以比常规的（非人力的）资本快得多的速度增长，而且它的增长很可能是这个经济制度的最显著特征。②

7.1.2   低收入国家人力资本的投资不足

当然，低收入国家希望尽可能便宜地获得额外的收入流。当我们既考虑到人的能力投资的成本又考虑到其收益时，这是一个昂贵的还是一个便宜的额外收入来源呢？传统的观点是改善劳动力的开支不应当加以优先考虑，而常规资本存量的增加则被放在极高的位置上。然而，用来支持这个观点的理由是很值得怀疑的。例如，传统观点认为教育只是消费活动，因而自然顺序是，首先发展比较有生产性的工业和农业工厂（它们由建筑物、设备、存货、道路、港口、改善土地的灌溉和其他装备所组成），然后随着国民收入的相应增长可以在教育上进行投入。论据是一国必须保持使生产走在消费的前面，而且还引用某些历史事实来支持这个先后顺序。

在西欧工业化初期，工厂和设备最先出现，教育后来出现。劳动力是丰富的，虽然大多是文盲和无技能的。对工业革命的这个重要阶段来说，改善工人的技能和健康的计划并非必不可少。那它们在当今低收入

① Zvi Griliches，"Research Costs and Social Returns：Hybrid Corn and Related Innovations，" *Journal of Political Economy*，vol. 66（October，1958），pp. 419 - 431，especially pp. 424 - 425.

② 在此我引用了我的《Investment in Human Capital》的导言中的一段论述（*American Economic Review*，vol. 51（March，1961），pp. 1 - 17）。

国家为什么是必需的呢？但是，这种类比是荒谬的，因为现在开始工业化的国家如果试图只是采用一个或两个世纪以前的简单而原始的生产技术，那它们的行为就会像经济上的文盲一样。即使它们十分愚蠢地企图这样做，它们也做不到，原因在于这样的技术现在主要是收藏家的收藏品，只能在我们的博物馆中找到。现代农业和工业的丰裕不是由文盲和无技能者占优势的民族所能获得的。教育和知识的确是资本的重要形式。[①]

7.1.3　我们援助低收入国家改善其人力资源的努力

改善人力资源的有效手段是什么？我打算首先简单地列举这样的手段，然后再根据经验和基本的经济要素评论其可能性。

一个低收入的国家既能引进特殊的技能和知识，又能在国内生产它们。引进又有两种方法：一种是吸引外国专家过来提供他们的技能；另一种方法是派遣国内人员出国学习，掌握这些先进技术后回国服务。

就第一种方法而言，这些国家的厂商、个人和政府可以雇用外国的工程师、经济学家和来自国外的拥有它们正在寻求的技能的其他人。国外比较合适的巡回学者主要出于声望的考虑，也可以邀请来一两周或一两个月。也可以邀请一些吃苦耐劳且肯愿意卖力的外国劳动者过来提供一两年的服务。

引进这些技能和知识的第二种方法是挑选人才出国学习，掌握这些能力。这样的个人可以作为某个特别代表团的知名成员出国（如去美国），从一个地方旅行到另外一个地方，通过准备不足而又劳累过度的翻译从知情者那里吸取一些东西。某些出国人员也可以在外定居一段时间，以便从实地工作中学习，或者从教学和研究中学习。总之，低收入国家能够通过雇用美国人或让本国人去美国接受培训和教育来引进人力资本。

低收入国家可以利用的另一个源泉是由本国生产技能和知识。美国可以在资助和组织方面提供帮助或者临时派遣相关人员提供援助，但这些努力基本上是欠发达国家内部的事。

由于无意采取超然态度，一个要进行批评的经济学家不得不说，无论是我们还是多数低收入国家，在这个领域里所做的事情都存在许多缺

[①]　T. W. Schultz, "Investment in Human Capital in Poor Countries," a Jno. E. Owens Memorial Foundation lecture given at Southern Methodist University，April 26，1961. Published in Paul D. Zook，ed.，*Foreign Trade and Human Capital*（Dallas：Southern Methodist University Press，1962）.

点。必须指出的是，对引进必要的技能和知识强调得太多了，而对在特定的低收入国家中生产必需的技能和知识则重视得不够；应急计划过多，而持久性事业做得太少；在这些国家中过分地重视大学的活动，而极少注意发展小学或中学；最后，美国提供给外国学生的培训和教育是专门适用于我国经济对技能和知识的需求，因而不足以普遍地服务于低收入国家的经济对能力的需求。

引进或在国内生产。当然，我意识到低收入国家在与这个问题有关的环境上是千差万别的。如同从贸易中得到的收益一样，它完全取决于以要素和产品的相对价格来表示的相对禀赋和能力。它一般也不是非此即彼的，因为无论是引进的技能还是国内生产的技能都有其长处，各自都能满足不同的技能需要。毫无疑问，在美国工作的墨西哥国民从他们获得的在职培训中收益甚多。同时，与出国上一个技术学院相比，现在墨西哥人在国内能够更廉价地获得许多较高级的技能。

我国政府的对外援助主要是针对技术输出，也就是说在于输送美国人到国外去提供咨询、教学，在少数情况下也到有关国家去从事研究工作。在 1959 年至 1960 年间，在美国高等教育机构中学习的国外学生将近有 50 000 名，其中只有 1 600 人研究农业。[①] 这不是一个太大的数目，因为有些国家的国外学生占学生总人数的比例比美国高得多（这一比例，美国不足 1％，而在欧洲 6 国入学人数则在 4％至 30％之间）[②]，但真正严重的问题是相对地忽视在这些低收入国家发展从事这种工作的机构。

那么，人们必然要问，我们大学到大学的安排是否成功地发展了第一流的教育和研究中心呢？到现在为止本应该建立起大量这样的中心，但因为我们未能着手去实现这个目标，这类中心的实际数量是很少的。[③] 国际合作局（现在的美国国际开发署）和我们的大学也没有试图去做这个工作。结果，几年之后，尽管有 100 多个国际合作局资助的大

---

① Kenneth Holland，"Who is He?" *The Annals of the American Academy of Political and Social Science*，May，1961，pp. 10 – 11，tables 1 and 2.

② William J. Platt，Toward Strategies of Education（Stanford，Callf.：Stanford Research Institute，1961），table 1.

③ 在这个方面，A. T. 莫舍（A. T. Mosher）对菲律宾洛斯巴斯的廉奈尔研究单位评价很高。主观臆断尽管是危险的，我还是决定给智利的芝加哥研究单位一个良好的评价。

学合同在执行①，但这些低收入国家仍在引进，而且在人们所能看到的未来的范围内将必须继续引进很多为其经济努力所需的这些技能。

应急的或持久计划。政府计划远没有由基金会所赞助的计划做得好，其主要原因之一乃在于我们的政府一直热衷于应急计划。尽管快速的、短期的计划适应于一些突发情况，但是，低收入国家的基本要求是由深思熟虑的、持久的教育和研究计划所能有效提供的技能和知识所组成的。短期地培训几个技工修理汽车和卡车，或是检修这种或那种机器，或是培训少数人开拖拉机、记账或操作榨油机，将不能满足这个要求。可以指出的是，波多黎各（Puerto Rico）在自己发展各类学校和学院（它们是许多低收入国家所需要的）中做得极为出色。美国在哪些地方援助了一个国家来发展在波多黎各出现的这些教育机构呢？我说不出一个。

各级教育的分布。无论是就我们而言还是就许多低收入国的领导者来说，都存在着一个根深蒂固的反对扩大和改善初等和中等教育计划的偏见。我们把我们的多数金钱投在公共卫生、农业、工程技术、工业生产率、公共和企业管理，以及某些贸易学校和职业培训上面。给这些国家的学生助学金和援助，使他们可以在美国学习，有利于这些专业领域。的确，我们和他们都目光短浅，忽视了重点应当是小学和中学。从长期的观点来看，正如人们必须考虑对人力资本进行投资一样，真正的巨大收益可能恰好是在这个被严重忽视了的领域之中。

我们输出的人力资本的错位特征。对这个错误讨论颇多，但我们所提出的纠正办法则远非适当。当来自低收入国家的学生进入美国大学时，他们所获得的技能和知识大多只适合于我国的经济，而不适合于他们回国时所面临的环境。我国农学院的教育像其他专业那样强烈地支持这个推论。大多数农业教学（包括大部分农业经济学）对一般原理讲得很少而对学院所在的州或地区的农业特征介绍得太多。美国出国代表团认识到了这种大学教育的许多缺点，通过要求它们资助的学生转换学院来解决这个问题，但这仍然很糟糕，因为经常的转学，如谚语所说，"滚石不生苔，转业不聚财"，无论如何是不能学到很多知识的。我们能够改善也应该改善我们的教学方法，因为这样做对我们自己的学生来说

---

① 参见 *The Role of American Higher Education in Relation to Developing Areas*（Washington：American Council on Education，1961）。其附录列举了国际合作局资助的所有的大学合同。

将变得更有价值了。然而，与这个问题有关的结论是，应当尽快地在有关的低收入国家中建立这种教学方法。

物的投资与人的投资之间的联系。这个联系的逻辑基础依存于投资资源最优配置的概念，这个概念不仅适用于资本品之间，而且更重要的是适用于这种资本品与人的能力之间。这个概念正式地提供了一个投资的标准，使得对物或对人的投资将不会过分或不足。但人们对这个重要的联系认识太少，这妨碍了我们安排和实施援助低收入国家实现经济增长的计划。

有能力的人是现代经济丰裕的关键。他们是经济增长的一个主要源泉。如果我们忽视劳动者的技能的改善和知识的进步，忽视让人们变得更有能力的信心，那么经济增长的事业就会没有意义且得不到报偿。

7.2 科学家在实现世界农业现代化中的有效配置①

当价格变成影子时，资源的配置就变成了一门艺术。当人力资源变成了体力（brawn）或智力（brain）时，语言的选择就是诗人的选择。但当我们谈到工资和薪水以及非熟练工人和熟练工人时，影子就变成了经济学。如果诗人愿意倾听的话，那么我们可以对他说，体力市场是弱小的，而智力市场则是强大的，于是他可以紧跟在市场后面，像爱丽丝跟在她的想象中的兔子后面一样。

薪水是价格，而且它们意味着一个市场。对特殊的高技能而言，市场在范围上已经变成国际性的。作为对这个市场中薪水的反应，人们在国与国之间流动，因而某些人力资源是在国家间配置的。尽管这些反应被某些观察家视为坏事——贬义词是"智力外流"——但经济学家应当警惕自己不要谴责这个智力市场。虽然它显然是一个不完全的市场，然而这样一个市场无论多么不完善，也是一个制度上的成就。我们的恰当工作是努力去寻找这个市场不完善的根源。在对经济增长做出特别贡献的技术人才进行配置时，我们可以比现在做得更好。我的论点是，我们不但不要损害和削弱这个市场，反而应该加强它并使它更有效率。

---

① 1967 年 8 月 15 日在加拿大举行了美国农业经济协会和加拿大农业经济学家学会的一次联席会议，本文是提交给该会议的。经允许重印。

我要研究的问题就是在国家之间有效地配置农业科学家和技术人员的商品和服务。我将经济学家排除在外,是出于避嫌的考虑,使自己不带任何偏见,但这并不是说经济学家的技能在实现农业现代化中没有价值,也不是因为他们的技能没有国际市场,更不是因为他们的技能已被有效地分配了。

把收益均等当作检验标准并从这个角度来思考问题是有用的。我打算首先概述一下使这组特殊的人力资源的收益均等化的各种可供选择的方法;其次,考察一下引起无效配置而又不太明显的两个主要条件;最后,对技能收益国际均等化这个问题提出各种可能的解决办法。

在着手讨论这三个部分之前,阐述一下围绕这个问题的一些必要的条件:(1)无论一国是穷还是富,遗传能力在人口(包括拥有必要才能的人)中的分布是近似同一的;(2)一国的自然禀赋(土地)是既定不变的,因而转移其任何部分的可能性是零;(3)耐久的可再生的非人力资本存量(包括土地的改良)只能每年以某种适度的速度加以改变;(4)农民每年购买的农业投入供给或由国内生产,或由国外进口,而某些现代的农业投入也能以这样的方式获得。

还有一些附加的条件,但它们看起来好像不太合理;因此它们可以被视为很方便的假设。它们是:(1)国内与国外的个人一旦获得了使他们有资格成为农业科学家和技术人员的必要技能时,他们既对获取技能的收入也对他们所获得的工作的收入做出反应,也就是说,他们在国家之间流动的目的不只是在于获得必要的培训,而且还在于获得工作;(2)存在着一个私人估计的强烈均衡趋势,特别是在一国之内;(3)在新类别的高技能与现代物质投入之间的生产存在着巨大的互补性,随着时间的推移,这些新的高技能和现代物质资本一般会替代传统的农业投入,即传统的物质资本(包括土地)和无技能的人;(4)发达国家与欠发达国家在农业生产上存在着失衡,这种失衡主要是这种高技能和互补性现代物质投入的供给差别的结果。

但这不就是智力外流的结果吗?若把流行和混乱的思想撇开,有说服力的回答是:并非如此。正如哈里·G·约翰逊所指出的,"智力外流"是一个"载有内涵的词,牵涉到暗含的经济和社会福利的定义"[①],它是一个表示经济民族主义目标的词,而不是表示流动者个人的福利的

---

① Harry G. Johnson, "The Economics of the 'Brain Drain': The Canadian Case," *Minerva*, vol. 3 (Spring, 1965), p. 299.

词。为澄清这些问题最近做了许多研究。但是，尽管对有知识的人的国际迁移做了这些澄清工作（特别是约翰逊教授，赫伯特·G·格鲁伯尔（Herbert G. Grubel），安东尼·G·斯科特（Anthony D. Scott））[①]，然而还是有人提出了如何解决所谓的智力外流问题的糊涂的政策主张。口号不再是"美国佬，滚回去"，而是"不要到美国去"。于是，经济民族主义要求实行一切限制措施，以防止有知识的人跨越国界的外流运动。因而他们的选择自由和福利受到了损害。尽管有我们的文化价值观，但大量贬低个人的建议仍产生于我们之中。这些建议是恢复契约服务的形式或使个人不能离开国土，或强迫那些出国继续深造的人回国。为何不干脆建造更多的柏林墙！政府的一个目光短浅的做法是使有技能的人薪水保持在低水平，然后试图通过各种社会和政治手段把"充分供给"和低薪水保持一致。这个做法的哲学基础类似于从 1660 年到 1775 年间在英国流行的、赞成关于劳动者的贫困效用学说的经济民族主义。[②]

澄清我们面临的问题的另一方法是区分我们知识的不同状态。我们知道农业科学家和技术人员的供给高度地集中在发达国家，而且我们也知道要雇用拥有这些技能的人需要花费大量的成本。但我们对下述情况却不甚清楚：关于实现农业现代化所必需的技能，关于从收益率来看这些技能是一项有益的投资，以及关于私人盈利企业不论是在国内还是在国外使这种形式的人力资本均等化的能力。同样，尽管我们知道与发达国相比，欠发达国家在生产和出口农产品方面已经落后了，但我们却没有看到，其中大部分的变化是与农业科学家和技术人员的工作相联系的知识进步和发达国家与欠发达国家在获得这种知识方面的速度的差异相关的。

---

① 见第 79 页注释①以及 Johnson, "International Economics: Progress and Transfer of Technical Knowledge," *American Economic Review*, vol. 56 (May, 1966), pp. 280 – 283; Herbert G. Grubel's "The Brain Drain: A U. S. Dilemma," *Science*, vol. 154 (December 16, 1966), pp. 1402 – 1424; and the following by Grubel and Anthony D. Scott: "The Cost of U. S. College Exchange Student Programs," *Journal of Human Resources*, vol. 1 (November, 1966), pp. 81 – 98; "The International Flow of Human Capital," *American Economic Review*, vol. 56 (May, 1966), pp. 268 – 274; "The Immigration of Scientists and Engineers to the United States, 1949 – 61," *Journal of Political Economy*, vol. 74 (August, 1966), pp. 368 – 378; and "The Characteristics of Foreigners in the U. S. Economics Profession," *American Economic Review*, vol. 57 (March, 1967), pp. 131 – 145。

② Edgar S. Furniss, *The Position of the Laborer in a System of Nationalism* (Boston: Houghton Mifflin, 1920), chap. 6. 见本书 5.1 节"贫困最小化的公共方法"。

7.2.1 均等化路径

我现在开始讨论作为指南的国际贸易理论。从理论上说，要素价格的均等化是可以通过贸易来实现的。但是，这条道路是一个纯粹的虚构吗？是像凯夫斯（Caves）使我们相信的那样[1]，它是建立在"枯燥的要素价格均等化定理之上的一个毫无作用的推理的极端例子吗"？枯燥也开辟好的道路！也许在这条道路上均等化的利益比凯夫斯和其他人所看到的还要多一些。[2] 而且，就农业科学家和技术人员来说，他们的国家间流动也促进了要素价格均等化过程。因而，我们可以通过这种人力资本产品的国际贸易，或人力资本在国家间的流动，或者这两者的结合带动投资收益率的均等化。一则有关更好的捕鼠器的谚语讲述了同样的故事。世界将开辟一条道路到你的大门口去购买它，或者如果你愿意来的话，你也可以做出到国外去生产你的捕鼠器的决定。要确定这些道路中的每一条的交通量，我们还得求助于经验行为。

农业科学家和技术员所增加的价值作为农业投入和农业商品的组成部分而进入了贸易之中。他们所发表的著作也进入了贸易之中。此外，这样的人也在国家间流动。让我对此做一简要的评论。

(1) 他们生产专业论文。杂志越是理论性的，专业术语越有博学气味，则引文越有权威性。对于生物学家来说，在《国际遗传学杂志》上发表文章将是成功的标志。它是植物培育者（如专攻小麦的植物培育者）用来展示其智力产品的地方。但是，在旁遮普生产小麦的耕种者则不处于那个市场之中。印度的推广工作者和经济计划者也不会读这样的杂志并从中受益，甚至是从事小麦研究的植物培育者也可能只会让他的科学杂志堆积灰尘。然而，最具价值的新的基本知识是通过杂志在国际上传播的，其成本不高于杂志的年订阅费。从任何长期的环境来看，要低估这种形式的新知识"贸易"的经济价值实在太容易了。但即使是这种"贸易"也是极不平衡的。例如，我相信人们会发现，日本和苏联的个人和研究机构正在大量地订阅这个领域中的各个层次的杂志，而巴基斯坦、印度和阿根廷的个人和研究机构却订得很少。

[1] R. E. Caves, *Trade and Economic Structure* (Cambridge, Mass.: Harvard University Press, 1960), p. 92.

[2] 我感谢明尼苏达大学的安妮·O·克鲁格（Anne O. Krueger）教授的文章，"Factor Endowments and Per Capita Income Differences among Countries," February 3, 1967, 一份原始的草稿。

（2）存在农业投入品的国际贸易，这些投入品是科学家和技术人员发现并帮助开发的。这些投入包括更为优良的作物种子、良鸡种、土壤和饲料添加剂，还包括药物、机械发明等许多东西。尽管其中的一些是高度专业性的并且只适用于特种农场，但有些应用则较为广泛。获得较大范围应用性的成本和收益是重要的。像洛克菲勒基金会的诺曼·博劳格（Norman Borlaug）和他的同事在墨西哥的研究中所证明的那样，增加小麦的地理适用范围的成功是值得关注的。

公共机构能够成为贸易者。正如前面所指出的，印度就是一个这样的例证，它在 1965 年从墨西哥购买小麦种子：索罗亚 64 号 200 吨，勒马·罗乔 64 号 50 吨；1966 年又购买了勒马·罗乔 64 号 18 000 吨。虽然人们普遍认为印度农民对改善其经济命运的方法漠不关心，事实恰好与之相反，印度农民对这种种子的需求超过了供给。这种种子在印度国内的繁殖很迅速，"在当年农作物收获之后，矮秆的、适用于使用化肥的小麦品种的种子供给将不再是一个限制因素。"[1]

获利性商业企业当然是贸易者。它们是国际上特殊农业投入品的供给者，也就是说，它们是现代设备、杀虫剂、农药、在农业生产中使用的其他化学产品（重要的是化肥）的供给者。一般来说，它们为销售而生产专门的现代农业投入，如果市场狭小，则将是无利可图的。

（3）我们不应该忽视农业商品贸易的作用。当然，其作用是非常大的。如果从农业科学家和技术人员工作中获得的知识进步只能用于发达国家的农业生产，也就是说，它不能作为农业投入适用于和应用到欠发达的国家中去，那么这种知识的收益均等化则将取决于农业商品贸易的调整。在这些条件下，假定其他情形不变，这样的知识进步将倾向于增加发达国家在这种贸易中的比较优势。有些经济学家相信这种基本转移已经发生了并且将一直持续下去，但他们无疑是错误的。他们没有区别暂时性的和永久性的转移，这里所讨论的知识进步并不只是适用于发达国家的农业生产；相反，大部分的基本科学知识的进步是可以转移且适应于欠发达国家的。因而，除了暂时性的转移，与农业生产有关的新知识在长期中并不会损害欠发达国家在农业商品贸易中的比较优势。

（4）除了这些贸易渠道，掌握专门技术的人也能够出国工作。

---

[1] Ralph W. Cummings, "Wheat Production Prospects in India," The Rockefeller Foundation, New York, February 8, 1967 (an unpublished paper).

个人的这种流动也是使要素收益在国际上均等化的一种方式。欠发达国家的私人厂商能够从发达国家中招聘和雇用农业科学家和技术人员。公共机构也能引导、鼓励他们中的一些人迁移并到国外工作。如果有必要的话；还能够通过培训本国人中的骨干分子，让他们出国接受培训来获得农业科学家和技术人员，就像墨西哥在近几十年中成功做到的那样。但是，拥有这些技能的个人的经济价值还远不清楚。

有关的影子价格在哪里呢？谁向谁购买什么？甚至美国有资格作为农业科学家和技术人员的人数以及他们所得薪水的基本资料也是难以得到的。美国人口普查局在 1960 年海外美国人的特别报告中提供了一点数字线索。我从这个报告中推知大约有 400 个美国农业科学家和技术人员在国外工作，其中略少于半数的人是联邦文职雇员[①]，这大约等于在美国工作的人数的 2‰（在 1965 财政年度，美国农业试验站和美国农业部雇用了 10 900 名科学家；在工业中也雇用了相同的人数来从事与农业有关的研究工作。[②]）

7.2.2　无效率的配置

这里所说的人力资源是由一小部分有特殊技能的人组成的。他们为企业所雇用，或者是在实验室、试验站和研究所中从事有组织的研究工作，在美国营利性私人企业与非营利机构所雇用的人数大体是相当的。这些技能市场活跃兴旺，没有人会争辩农业科学家和技术人员对薪水的差别无动于衷。当他们创造出的价值变成农业商品交易或作为农业投入使用的产品交易的一部分时，就是可交换的。此外，人力资本也在国家间流动。在这种环境下，难道我们不应该预期会看到这部分特殊人力资源在一国之内和在各国之间的配置有强烈的均衡倾向吗？如果对这个预期的检验是一个接近于维持配置均衡的动态过程，那它就不是我们所要看到的东西，因为这些资源的配置是远无效率的。

---

① 在表 7.1 中展示了 1960 年的某些海外美国人。联邦文职雇员（其主要研究领域是农业、林业和生物科学）有硕士或博士学位者总计为 379 人，在国外的有学历的"其他公民"中有 408 人。我假定这个总数（787 人）的一半是作为农业科学家和技术人员来从事工作的。

② "国家农业研究计划"（Washington：Associations of State Universities and Land Grant Colleges and the U. S. Department of Agriculture，October，1966），请特别参见表 F—1。

表 7.1 1960 年的海外美国人（几种类别）

	联邦文职雇员	其他公民
25 岁和 25 岁以上的	33 100	115 800
平均完成的教育年限	16.1	13.6
雇用的职业		
专业性、技术性的	15 900	31 400
农业中雇用的		
农场主和农场经理	2	476
农业劳动者和工头	1	205
林业和渔业	7	1 089
主要研究领域是农业和林业的人所取		
得的最高学位		
学士	303	319
硕士	117	73
博士	73	38
生物科学的		
学士	192	306
硕士	66	97
博士	123	200

资料来源：*U. S. Census of Population* 1960. *Americans Overseas* PC（3）IC Selected Area Reports，Tables 2，3，8，and 18。

造成这种大范围无效率的原因是相当明显的。自第二次世界大战以来，多数欠发达国家为了加速它们自身工业化并且偏向城市消费者，一直奉行着廉价食品和进口替代政策。因而在其中的许多国家内，农产品的价格与其他价格相比被压低了，而农业投入的价格相对来说则是较高的。由于缺乏效率价格，配置不当现象如同野草一样地蔓长着。此外，发达国家在援助、贸易和国际货币组织方面的活动，也有害于欠发达国家的农业获利能力和源于农业部门的经济增长。[①]

但是，这个领域的效率还受到了两个不太明显的发展的阻碍，其一是与农业生产有关的知识进步的速度，另一个是营利企业能够负担这种知识生产的投资的有限程度。

让我们假设，均衡的倾向是强烈的，但与农业生产相关的知识的进步却不是一劳永逸的事情，而是一个连续的长期过程。然而，即使均

---

① Harry G. Johnson，*Economic Policies Towards Less Developed Countries*（Washington：The Brookings Institution，January，1967；London：George Allen & Unwin，Ltd.，May，1967）.

衡的趋势是强烈的，也并不能达到均衡。而且，如果这个知识的进步速度上升，那么不均衡可能会随着时间的推移而变得更大。几十年以前，我们进入了这样一个时代，在这个时代中，在经济上有着重要意义的知识进步是迅速的，而且以一个递增的速度前进着。结果，在这个时代中出现的发达国家与欠发达国家之间的不均衡非常大，而欠发达国家在有效地利用这种知识方面比它们在几十年前更为落后。

再者，被巧妙地掩盖在我们大多数生产经济学中的是这个事实：营利企业（农业和非农业的）的数量，不足以实现对研究工作的资源的最优配置。这个情况是产品的固有性质造成的。假设农业科学家和技术人员经过一段时间发现和开发两种不同的产品流（streams of products），一种是为厂商生产力所特有的，这就是说，只有厂商能够占有专利权，或者占有其产品为其谋利。若农业科学家和技术人员研究出的产品是特殊的，营利企业可能会在边际成本与边际收益相等的条件下决定雇佣数量。如前所述，在美国大约有一半拥有这种技能的工作人员为营利企业所雇用。另一个流的产品的生产力是一般的，这就是说不是为任何一个企业的生产力所特有的，这种产品出现在公共领域。如果一个企业要生产这类产品，它就不能全部或甚至不能大部分地占有或捕获来自于这个产品的生产率。所以，在这种情况下，企业将不会使边际成本等于边际社会收益。既然这种产品大部分是一般性的，那就可以做出结论说，如果农业科学家和技术人员的就业全部都依赖于营利的私人企业，那么分配给他们就业用的资源就太少了。换一个说法就是：如果只存在着私人的营利活动，那么私人企业的支出将差于最优条件，因为许多收益并非只能为这样的企业所获得，而是广泛地扩散开来，部分收益会流向其他企业，部分收益会流向消费者。即使私人企业可以获得强大的专利保护，也不能保证通过雇用农业科学家和技术人员而实现资源的社会有效配置。[①]

那么，当我们转到现实世界时，情形又是如何呢？最好用下列命题来概述它：

（1）如前所述，在产品是特定的地方，营利企业是按照我们的理论行事的，其前提条件是，对来自这种雇用类型的利润的反应在时间上大大滞后于对来自投入传统资本和雇用传统技能工人的利润的反应，因为即使就那些特有产品来说，获利能力也常常被不确定性所掩盖，而且需

---

① T. W. Schultz, *Transforming Traditional Agriculture* (New Haven, Conn.： Yale University Press, 1964), chap. 10.

要花费相当的时间和精力才能获得有关盈利方面的信息。

（2）如果产品是一般性的，生产活动必然是由公共机构、基金会和大学所组织的。在此我们进入了社会核算的领域，而相关的影子价格，尤其是产品的价值和社会收益率则是难以找到的。这种组织与不充足的信息混杂在一起，并不会促进经济效率。

（3）比较而言，无论是在特有的还是在一般的产品流的生产和分配中，欠发达国家都比发达国家更无效率。就特有的产品来说，欠发达国家的私人企业比发达国家的私人企业更缺乏信息，更缺乏经验，因而其反应的时滞也更长。但是，在生产和分配与农业科学家和技术人员的工作相联系的一般产品的过程中，差别则更大。

（4）就这里所说的一般产品而言，尽管发达国家比欠发达国家做得更好，但有证据表明它们在这个活动中的投资仍然是很不足的。

7.2.3　可能的解决办法

正如在开始所说的，问题就是要在各国之间有效地配置农业科学家和技术人员的产品和服务。有待解决的问题是：如何在欠发达国家和发达国家之间最好地完成这种分配？国际贸易是手段之一，而有技能的个人在国家之间的流动则是另一个手段。

为了使经济核算更有效，这个问题的解决需要两个重大的改革：第一，把较多的这类研究和开发工作转移给营利企业，而且缩短它们对这种来源的利润做出反应的时滞；第二，制定一种核算制度来指导非营利机构对这些活动的资源配置，以使它们能够比现在更接近于使边际成本与社会边际收益相等。

（1）第一个改革的关键是区分这个活动的特有的和一般的产品。我确信，在这个领域中存在着许多现在还被掩盖着的特有产品，而且有可能制定探索新知识的农业研究计划，以便增加发现特有产品的可能性。因此，应该做出切实的努力来规定和识别与这种分类相符合的预期产品。结果我们将会发现，存在着许多可利用的机会来扩大国内和国外为利润而经营的企业的作用，而且通过国际贸易，这些企业可以起到使农业研究活动的收益在各国之间均等化的作用。

（2）有线索表明试验站的工作人员一般不倾向区分特有的和一般的产品。相反，即使已经到了发展特有产品的阶段，其中的许多人仍倾向于抹杀这种区别以便能把科研项目继续进行下去。由于这一实际情况，向营利企业的合理转移被不同程度地延迟了。

（3）因为某一产品一旦被认为是特有产品，其市场规模就成为决定该产品的潜在获利能力并从而影响企业进入这个市场的一个重要因素。所以，作为特有产品基础的一般产品的探索应当被设计来适应这个尽可能大的市场。这不是一个空洞的建议。一方面，着重于一般产品的研究能够探讨从提高地区专业化中得到的收益，例如，杂交玉米最初只适宜于某一地区，之后人们进一步改良，使它适宜于某种类型的耕种地区，最后适宜于由一国或两国的某些地区所组成的更多的同质的各个地区。但它也倾向于发现对地区和其他耕种条件不太专门化的产品，例如，与传统的作物品种相比，光敏度低且能在更大的范围内使用化肥的新的作物品种。

（4）在这个领域中，缩短企业对利润机会反应的时滞的方法和手段是极其重要又复杂的，以致这里不能充分地展开论述。我只需说明以下事实就足够了。欠发达国家有建立贸易（包括投入品）壁垒的偏向，而且也有制定规章制度来减少在其境内建立工厂的外国企业的获利能力（不论该产品是否有利于其农业的经济增长）的偏向。但是，作为这些反应时滞的基础的因素比这些壁垒和手段更带有普遍性；同样的因素在发达国家虽然要少得多，但也在发生作用。在新型的风险和不确定性遮住了经济视野的地方，它们涉及获得经济信息以估计未来获利可能性的成本。寻求减少这种成本的方法在经济学家的研究议程上应该占据很高的地位，并且要依靠农业科学家和技术人员的大力援助。

（5）关于第二个改革的必要条件是：①非营利组织专门从事一般产品的研究；②设计出确定这部分活动的成本和社会收益的核算体系；③这些非营利组织把这种研究看作是一种投资活动，而且根据由未来的相对社会收益率所确定的优先顺序来做出决策；④这个活动所必需的高技能的国际市场，不是通过设置障碍和损害人们从欠发达国家向发达国家迁移的自由来建立的，而是通过在欠发达国家中支付给这些人与其工作的边际社会收益相称的薪水和相应的报酬建立的。

（6）但是，这些收益足以支付必要的薪水和有关的成本吗？有些确凿的事实支持了一个肯定的回答。在讨论它们以前，对国际水稻研究所这一洛克菲勒和福特基金会的联合企业做一评论也许是有益的。这是一个开销很大的企业，因为科学家的薪水很高，而且他们子女所在学校的校舍和其他设备非常昂贵。但科学家的才能、组织的适当性，也许还有好运气，已生产了丰富的产品，因而无可怀疑的，国际水稻研究所的确是一个高盈利的研究单位。

　　格里奇斯[①]和彼得森（Peterson）[②] 对由美国公共基金所组织和资助的农业研究活动的高盈利做了研究，我所提到的事实就是来自这些研究。现在对欠发达国家也做了一个这样的研究，这就是阿迪图-巴利特（Ardito-Barletta）对墨西哥农业研究活动的研究[③]。从这种农业研究活动中（时间是从 1943 年到 1963 年），墨西哥实现了 290％的年收益率。到 1963 年，墨西哥的薪水和工作安排足以组建一支核心的农业科学家和技术人员队伍，由 156 名有硕士学位的、81 名有博士学位的墨西哥人和 700 名有关的工作人员所组成。此外，还有 10 名科学家（估计不是墨西哥人）是由洛克菲勒基金会所资助的。假定墨西哥的这个活动的收益率不变，而且事实上全部成本并非都是由薪水构成的，那么，即使必须向这些人支付过去 3 倍那么多的薪水，这个研究活动也仍会给墨西哥带来至少 100％的年收益率。

　　我相信，许多欠发达国家可以仿效墨西哥高盈利的经验。对有组织的农业研究活动进行这种投资的机会仍还有待于开发。用足够高的薪水来扭转所谓的智力外流可能是划得来的，而对这些国家来说这些企业将仍旧是非常有利可图的。虽然美国公共机构和基金会的资金援助对促进这些机会的到来可能是重要的，但是，我们的当务之急是把涉及这种活动的有关的影子价格转化为现实的经济选择，并向政府表明，获得来自农业的经济增长是它们可能做出的最优投资之一。这样，影子变成薪水，而薪水变成智力的国际市场。于是有效的配置就变成可能的了，而我们的想象就变成了现实。

① Zvi Griliches, "Research Costs and Social Returns: Hybrid Corn and Related Innovations," *Journal of Political Economy*, vol. 66 (October, 1958), pp. 419 – 431, and "Research Expenditures, Education and the Aggregate Agricultural Production Function," *American Economic Review*, vol. 54 (December, 1964), pp. 967 – 968.

② Willis Peterson, "Returns to Poultry Research in the United States" (unpublished Ph. D. dissertation in economics, University of Chicago, 1966).

③ N. Ardito-Barletta, "Costs and Social Returns of Agricultural Research in Mexico" (unpublished Ph. D. dissertation in process in economics, University of Chicago, 1967).

第 *8* 章 教育投资

8.1 作为经济目标的教育[①]

每个人都知道教育是什么，我们的经济目标是什么。前者基本上是文化方面的，像家庭一样。后者在政治家所做的许诺中，特别是在竞选之前，始终是清楚的。把教育和经济目标联系起来正在成为一种流行的新策略，虽然实施这种策略的规则还不清楚。因此，阐明它们可能是有用的。

但是，要做到这一点我必须对我们通常意义的教育概念作一些限定。当然，它和教学与学习有关，但是，有很多需要教学与学习的活动如下面所述的情况，被排除在教育之外。有些教学与学习是在军队、教堂和家庭里进行的。在职培训发挥了很大的作用。所有这一切我都撇在一边，虽然就人们学习知识而言它们是重要的。这样，我把教育概念限定为教育机构所做的事情。它是一个实际的而不是一个理论的概念。它只是在学校进行的那些有组织的活动。

学校除了吸收更多的税收、赠款和赠物之外还做些什么事呢？传统的职能是提供正规教育——小学教育、中学教育和大学教育，还有职业教育，包括农业推广服务。除了教育之外，教育机构还有两个极为重要

[①] 提交给由北卡罗来纳州立学院农业政策研究所和南部地区教育委员会 1962 年 6 月 13—15 日在北卡罗来纳州阿什维尔市举办的讨论会的论文，获准重印自大会报告《南方经济发展的教育需求》，1962 年 10 月。

的任务，即发现和培养潜在的才能和探索新的知识。

任何儿童的潜在才能在出生时是未知的，虽然父母不久就会知道。也不能说无论环境多么压抑，培养多么不充分，每个人的才能都会自我表现出来。人的才能必须加以发现和培养。这是一个复杂的和困难的任务，它主要由教育机构来承担。

国家科学基金会报告指出，虽然产业和政府部门的研究大大地扩展了，但美国一半的基础研究是在大学和学院中进行的。知识的进步，尤其科学的进步，以及把新知识运用到我们的经济努力之中是经济增长的主要源泉．对知识的探索的确是教育机构的主要职能，完全与教育同等重要。

教育机构做的一切事情——教育、才能的发现和知识的发现——都是我们想要做的和重视的事情。但是，它们对我们的价值是什么呢？我们应该对这样的教育支出多少？传统的回答是："它像购买一本好书和做假期旅游一样，你要等到你能够付得起钱的时候。"但是，这种回答并不完全正确，因为教育也是增加人们未来收益的一种手段，从这种意义上说，它是对生产性才能、技巧和其他有用的能力以及知识进步的投资。

于是，问题必须重新阐述，它变成：人们应该对教育投资多少？从原则上讲，回答简单明了，即他们必须不断增加对教育的投资，直到对他们的技术和知识的追加投资的收益率不高于其他投资收益率时为止。但是，实际上，任何一个投资机会的精确的收益率都是难以预测的，对教育的投资也不例外。

估计与教育有关的收益和估计教育机构对经济增长的其他贡献虽然确实困难，但与教育不完全是消费而主要是对经济增长做出巨大贡献的投资这个（再）发现相比，其重要程度只排在第二位。

像很多发现一样，只要略加思索，教育的经济价值似乎就很明显。每个人都知道，我们的国民收入现在与50年前的差别主要不是取决于现在和那时的自然资源的差别，也不取决于50年前存在的同样形式的物质资本存量的增加，同样不取决大多数劳动者蛮力（brute force）的增加，甚至不取决于这所有因素结合在一起的力量。它主要决定于知识的进步和把这些知识运用于生产比以前质量更好的物质资本形式，决定于人们在他们经济努力中有用能力的巨大增进。

没有一个人会对新的知识和更大的技能对美国农业生产的巨大作用视而不见。

　　显然，人均农业生产的巨大差距并不是土地是否适合于耕作的问题（比如日本和印度两地）。在这一点上，印度情况要好得多。印度也不吝啬对灌溉设施的投资。在考虑到所有因素之后，事实是，相比于印度的耕作者，日本耕作者更擅长把有用的知识运用于生产过程。

　　但是，有许多切入要害的与教育有关的问题。或者是它们不太明显，或者是人们不愿意正视它们。让我来把它们列出来。

　　衰落的地区。在美国大多数长期停滞的地区，人们几乎没有现代经济所需的知识和技能。由于总体教育水平低下或者获得良好教育的人员迁徙、外流，这一地区人力资源的后天能力低于平均水平。结果，这个地区人们收入低的原因之一就是对这些人力资源投资太少。

　　我国的剩余农产品。农业生产率的提高已经超过了农民的生产适应能力。但是，帮助农民做这种必要调整的公共政策和计划没有抓住减少农业资源——这种资源不是土地和物质资本，而是愿以农业为生的人——这个根本性的问题。为更好的工作而进行教育和培训是问题的本质。如果我们的政府只把 30 年代以来为农产品价格支持和农业剩余消除计划而拨付的基金的 1/5 用于改善农村青年的教育，培训他们从事非农业工作和帮助他们中一些人离开农业，那么，从经济角度来看，到目前为止农业发展就不应该是一个大的问题。但是，人们并没有从中吸取教训。现在，成十上百亿美元的拨款主要用来支持甚至比以前更高的农田价格，而不是投资于作为人力资源的农民，帮助他们更胜任较好的非农业工作。

　　黑人的低收入。莫顿·泽曼（Morton Zeman）研究表明，在北方，白人工人和非白人工人之间收入的巨大差别很大一部分是与他们各自的教育水平存在的差别有关。[1]　就这一点而论，黑人对生产做出相当小的贡献和黑人相应的低收入是社会现在为骇人听闻地忽视他们的教育（和健康）所付出的代价。

　　"向文盲开战"。这是《纽约时报》1962 年 6 月 8 日一篇社论的标题。人口普查局数字披露，830 万 25 岁以上的美国人——占成年人口的 1/12——没有完成 5 年的教育。这些"文盲"成年人面临着"有限的工作机会、低工资和对公共福利服务的严重依赖"。很多白人农民、黑人、墨西哥血统美国人和移民工人发现较低的文化水平（不到 5 年的教育）使他们在谋生中处于极为不利的地位。

---

　　① 　Morton Zeman，"A Quantitative Analysis of White-Nonwhite Income Differentials in the U-nited States"（unpublished Ph. D. dissertation in economics，University of Chicago，1955）.

对低收入国家的经济援助。对国际开发署正在进行的计划的仔细考查得到了一个令人啼笑皆非的扭曲的结果，即我们在援助外国获得经济增长的公共努力方面开始做的事情比我们在美国最需要教育投资的那些地区所进行的人力资源开发工作还要合理些。

投资刺激。改变营业税以增加投资刺激，对于增加生产、就业和经济增长是合乎需要的。但是，生产者使用的物质生产品不是能够增加利益的唯一资本形式。对人的技能和知识的投资也有助于未来的生产和国民收入的增加。例如，成为一名医生或一名工程师需要大量的投资。我们的税法把由学生和他们的父母所作的这种投资看作是消费，从而歧视人力资本形成。与教育有关的投资刺激和税制需要加以改革。

8.1.1 经济目标

"经济目标"意指什么？它们绝不是最终目的。它们总是存在于刻画人的价值和活动特征的手段—目的长链中的中间环节。让我挑选出三个与教育有关的经济目标进行评论。

经济稳定。它是指一个持续稳定向前发展的经济，而不是突发跃进然后停滞甚至倒退的经济。它是一个避免大萧条和过度繁荣的经济。这个目标就是没有通货膨胀的充分就业。

教育机构比经济的其他部门要稳定得多。它并不促进与经济周期相联系的商业活动的上升和下降。如果说有的话，学校对这种周期倒还有抑制作用。

个人收入分配。这个经济目标是纠正个人收入分配对于一个良好社会而言变得太不平等的"自然"趋势。我们主要依赖于累进所得税和遗产税。长期地纠正这种不平等的另一种方法是广泛地对人进行投资，从而减少所得的不平等。

对人进行投资已成为决定人们赚取收入能力的有效手段。以人力投资为基础的理论说明了工资和薪水结构中的大部分可以观察到的变化。正规学校教育和在职培训是这些投资的主要来源。我们对中、小学的支出，就达到这个经济目标而言，可能比过重的累进所得税更为有效。

经济增长。不需要空想其他的定义：这个词只是意味着实际国民收入的增加。但是，应当注意，经济所生产的许多东西都不进入可测量的实际收入之中。劳动者享受的闲暇现在比几十年前多得多。很多产品的质量得到了改善。人的寿命更长了，疾病减少了。所有这一切和其他一些指标也是重要的成就。它们的取得也付出了代价，但并不包括在可测量的经济增长中。

近几十年来，劳动力教育的增加已成为经济增长的主要源泉。1929至 1957 年之间，经济每年以 3％的速度增长。研究增长的一种方法是识别各种来源。爱德华·F·丹尼森（Edward F. Denison）的重要研究考察了一系列的来源。[1] 他发现与物质资本存量的增加相比，教育是经济增长更大的源泉。1929—1957 年间，美国经济增长约 1/5 是与劳动力教育的增长相联系的。我在丹尼森之前所作的关于"教育与经济增长"的研究，是以首先估算教育资本的增加然后估算这种资本的收益率为基础的。[2] 它也表明至少有 1/5 的经济增长来自于这种教育。

就经济目标而言，正规教育的最有意义的方面是它能对经济增长做出的贡献。

8.1.2　投资多少？

在提出投资多少这个问题之前，我将首先把学校教育和大学研究中的知识进步区分开来。对学生教育的投资和对知识进步的投资（有些已经被证明是有利生产的）都是教育机构的职能。这篇短评不打算把第二个职能作为重点讨论，虽然它对从事高等教育的许多大学变得极为重要。科学技术的进步在我们经济增长中所起的作用在此只能稍微提一提，然后把它放在另外的场合讨论。

那么，对教育应该投资多少呢？它完全取决于预期收益率。最近的研究显示了下述结果：

（1）只要适当考虑到小学教育现在是我们生活水准的一个组成部分这个事实，就可以认为这级教育的收益率是极高的。这种收益如此之大，以至即使大幅度增加成本来改善教育质量也应是非常合理的。

（2）中学教育收益率虽然没有小学教育高，但也比物质资本投资收益率高。而且，尽管进入劳动市场的中学毕业生人数大大增加了，中学的收益率自第二次世界大战以来似乎呈现上升的趋势。这就得到如下推论：从经济角度来说，我们社会除了改善中学教育质量外，也应该普及 4 年中学教育。

---

① Edward F. Denison, *The Sources of Growth in the United States and Alternatives before Us* (Committee for Economic Development, 1962), chap. 7.

② T. W. Schultz, "Education and Economic Growth," in Nelson B. Henry, ed. , *Social Forces Influencing American Education*, 1961, Sixtieth Yearbook of the National Society for the Study of Education (Chicago: University of Chicago Press, 1961), part Ⅱ, pp. 66 - 69.

（3）高等教育的收益率比 4 年中学教育收益率稍低一些，但是，按照通常的市场标准，它是有利可图的，即使这级教育只有一小部分被列入"消费"。

8.1.3　消费和生产方面

有些教育就像吃饭一样可能被认为是当前消费。但是，很难找到令人信服的例子。绝大多数教育不是对未来消费就是对未来收入的投资。

很多教育是对未来消费的投资。一般说来，教育的消费成分具有持久性质，即长期生命力，正如投资住房一样，人们投资教育是为了满足未来的需求。

像法学、医学、工程学、研究生教育和科技研究等这样的高级的专业教育，事实上大多数大学生和研究生的学习主要是对未来收益的投资而不是主要为了消费。但是，美国中学教育具有两重性，即它既被年轻人和他们的父母作为其生活水准的一部分，也被当作是提高未来收益的机会。这就很容易理解为什么我们的小学教育"普及"了。对它的需求无论从消费还是从未来收入来说都很强烈。

一旦教育的这些基本经济属性被理解了，各级学校教育的投资收益率的巨大差别就不难解释了。如前所述，完成 8 年小学教育的未来收入的投资收益率是特别的。第一，这是因为在我们社会中儿童在这个年龄上学时没有被放弃的收入，从而成本很低。第二，这是因为这种教育的很大一部分也满足父母对生活水准的渴望——一种使它成为消费一部分的属性。由于同样的理由，先前对收益率差别的论述在此就变得更有意义了。

8.1.4　教育改革的经济报偿

南部的教育改革带来很高的经济回报的希望。在美国其他地方，还没有这样好的教育投资机会，这就是说，南部的教育收益率的前景比这个国家其他地区要高。我所说的改革是要找到更多投资于学校教育、发现人才和知识进步的方式和途径。

我将以粗略的方式说明，当不考虑消费属性，把所有的成本，包括私人和公共的以及学生上学所放弃的收入在内，都被看作是对技能和有用的知识的投资时，教育的收益率是多少。

如果在南方的各级学校中，投资量增加 1%，则可望获得下面的收益率：

（1）对于较好的小学和完成至少 8 年小学教育的较多学生来说，年收益率将可能大大超过 30%。

（2）对于较多较好的中学来说，包括这些学生放弃的相当大的收入在内，年收益率在 20% 左右。

（3）对于高等教育，可比数字将会低些，大概每年 12% 多一点。

相当部分的学校教育成本，特别是在小学、中学，是为生活水准服务的，因而应归于消费。如果我们对这一部分成本进行调整，根据余下的投资成本计算，预期的收益率将会大大增加。

谈到教育的实际价值，R. H. 托尼（R. W. Tawney）曾指出：[①]

> 历史表明，一些教育进步的先驱并不是把最大的剩余用于教育的国家，而是这样一些国家——因为它们的自然条件恶劣，因此具有最强的教育投资动机来作为对不利环境因素的一种补偿。苏格兰、普鲁士、瑞士的某些地区，还有后来的丹麦，它们教育的超前发展是由它们的实际经济状况引起的。部分是由于自然资源的贫乏，这就使得那些在别的地方仅作为供上流社会享用的奢侈品成为了这些国家的一种必需品，因此，教育像人口迁移与加入雇佣军一样成为对贫困的一种逃避……

从现在起再过二三十年，历史也可能会证明南方通过大大增加对教育方面的人力资源投资对这些现实状况做出的显著反应。

8.2　农业劳动的技能和收入[②]

我国农业劳动者，无论是受雇的还是自己经营的，人均收入与非农业劳动者相比都非常低。为什么是这种情况？中心问题是为农业劳动力服务的劳动市场没有效率吗？如果是这样，那么可以推定，通过发展一个更有效率的劳动市场，农业劳动的低收入能够大幅度提高。但是，如果我们考虑到美国经济对劳动力总需求的周期性呆滞，考虑到获得有关工作机会信息的成本，以及考虑到在个人教育和培训方面对农业劳动力

---

① R. H. Tawney, *Some Thoughts on the Economics of Public Education*，Hobhouse Memorial Trust Lectures，no. 8（London：Oxford University Press，1938），p. 40.

② 提交给农业劳动讨论会的论文，Washington, D. C.，October, 1965. This Paper appears as chapter 4 in C. E. Bishop, ed.，*Farm Labor in the United States*（New York：Columbia University Press，1966），在此获准重印。

的长期歧视所造成的对技能的损害的话，我怀疑这并不是一个关键问题。

问题的主要根源是农业生产率的提高吗？这里假定农业劳动的低收入在由农业生产率提高所引起的"结构性失调"中显示出来，并且进而假定它超出了正常劳动市场纠正这种"结构性失调"的能力。经济增长的动态方面是一些困难的原因，但它不是关键问题。

中心问题是由劳动力总需求呆滞造成的吗？一个肯定的回答将依赖于这个命题：由劳动力总需求呆滞所引起的农业劳动力收入的下降要大于非农业劳动力收入的下降。在探求失业的周期性运动对农业劳动收入的影响时，我将把这一点作为中心问题的前半部分。在这一点上，为了实际的目的，我把农业劳动力的年龄和技能（即教育、经验和培训）在短期看作是既定的。

最后，农业劳动力的能力是这个中心问题的后半部分吗？在这一点上，我不想详细说明农业劳动的经济逻辑和有关性质，只是简单地指出，农业劳动者收入低的主要原因是由于他们缺乏技能，这种缺乏使他们仅能获得较低的收入，即使经济达到了充分就业。

还有一些其他问题。有些与上述 4 个问题重合，有些是它们的组成部分。是流动性太少致使这部分劳动市场运行无效率吗？哈撒韦和珀金斯（Hathaway and Perkins）的研究表明农业和非农业部门之间劳动流动性比一般认识到的要大得多。[①] 但是，净流出受到失业和缺乏市场所需的技能的阻挠。职业的选择范围很窄，尤其是对在小城市求职的农业劳动者。他们主要从事于那些报酬低、提升前途暗淡的卑下的工作。这就有一个紧密相关的问题，即农业劳动对非农业部门工作机会的反应是否缓慢又迟钝，从而导致了长时间滞后？哈撒韦和珀金斯的研究表明事实并非如此。[②] 困难似乎不是阻碍农业劳动力反应的偏好，或不想满足这些偏好，而主要是由于寻找非农业工作的农业劳动者的技能一般很

[①] 参见 Dale E. ，Hathaway，"Urban-Industrial Development and Income Differentials between Occupations，" *Journal of Farm Economics*，vol. 46（February，1964），pp. 56 – 66，和他的 "Occupational Mobility from the Farm Labor Force"（unpublished paper，Michigan State University，Department of Agricultural Economics，October，1965）；还可参见 Brian Perkins and Dale E. Hathaway，*The Movement of Labor between Farm and Nonfarm Jobs*，Research Bulletin No. 13，Michigan State University，East Lansing，1965，and Brian Perkins，"Labor Mobility between the Farm and Nonfarm Sector"（unpublished Ph. D. dissertation in economics，Michigan State University，1964）。

[②] 同上。

低，从而缺乏工作机会。

能够说农业工资是造成农业劳动收入低的罪魁祸首吗？如果它们低于农业劳动的经济生产率价值，就应该上涨。相对于一般实际工资的涨幅，农业工资的上涨可能存在长期落后。那些经营大农场和雇用大量农业工人的农场主支付的工资可能低于现行一般工资，低于他们雇用的农业工人的经济生产率。首先考虑一下制造业工资的上升。按当前美元计算，我们看到从 1958 年到现在农业和工业工资都上升 1/4。从一个更长的时期来看，譬如从 1939 年以来，农业小时工资增加了 5 倍多，而制造业工资只增加 4 倍多一点。^① 其次考虑一下谁支付的工资最高。我们发现一般农场越大，农业工资越高。再考虑农业工资是不是黏性的，是否由农场雇主垄断决定。据我所知，没有任何证据支持这种说法。相反，农业劳动市场可能是整个劳动市场较有纯粹竞争的部分。这个看法也与有些地区雇用相当便宜的外国劳动力从事农场劳动而对农业工资施加显著下降的影响并不矛盾。对农业工资的这个看法表明，在整个农业中实行最低工资的立法并非是一个增加各种等级的农场工人收入的适当的公共方法，它使一部分人受益，而使另一部分人境况更糟；在执行过程中，它将是扩大而不是减少这部分农民家庭的贫困。但是也应该明白，对于自我雇佣的农业劳动力（即农业经营者）来说，当他们想要离开农场去从事非农工作时，存在一些严重的障碍。

我认为没有人会这样轻率地把政府的"指导方针"运用到农业劳动力方面。但是，考虑到人时平均农业产出的巨大增长（从 1958 年到 1964 年增加 37%），而农业工资按现在美元计算只上升 1/4，农业劳动者难道不应该获取一个特殊的津贴？但是，一个更长期的看法提醒人们注意：在 1939 年到 1964 年期间，农业平均人时产出是原来的 4 倍，而农业小时工资是原来的 5 倍多。^②

这个序言的意义是相当清楚的，即中心问题不是农业和非农业部门之间的流动性太小，或者农业工资是黏性的，以及雇用农业劳动力的农场主行使的垄断权引起的严重不完全性的限制，从而损害了劳动市场的有效运行，它也主要不是由超出劳动市场能力之外的农业生产率的迅速增长造成的结构失调的问题。最重要的问题是由两个基本部分组成的，

---

① 1939 年农业平均每小时毛收入是 0.166 美元，1965 年 7 月是 0.926 美元；制造业平均每小时工资分别是 0.627 美元和 2.62 美元。

② 农业人时平均产出指数，1939 年为 35，1964 年为 141。小时毛收入按当时美元而不是按实际工资计算分别是 0.166 美元和 0.904 美元。

即劳动力总需求的周期性呆滞和农业劳动力技能的低水平。第一个部分的问题现在已差不多被解决，至少在失业率再次开始上升之前不成问题。第二个部分作为最重要的未解决的问题尖锐地摆在我们面前。

8.2.1　经济知识及其实用性

增长与生产率。我们知道，我们的经济增长所引起的非农业产品和服务需求的增加远远大于农业产品和服务需求的增加。我们也知道，农业生产率的提高减少了对农业劳动力的需求。虽然作为历史它离我们还非常近，但我们已清楚地认识到，先进的经济能够增加农业产出，同时减少农业劳动力的绝对规模。自 1940 年以来美国的农业产出增加了60％，而同时农业劳动力减少了 1/2。但是，这种发展并非为美国所特有，因为第二次世界大战以来西欧大部分国家也经历了类似的发展。这个发展已经停止了吗？回答是否定的。相反，有许多充分理由相信它会继续很长时间。关于相关性，我怀疑我们试图预测农业技术在遥远未来的变化是没有什么意义的，因为我们不能确定笼统地归于"技术变化"的额外产出以及产品与要素价格未来变化的精确根源。

农业劳动力的过剩供给。据我们所知，农业劳动力供给太大了。G·爱德华·舒（G. Edward Schuh）对 50 年代中期以后的累积的过剩供给为我们做了有益的估算。[①] 即使我们自 1957 年以来达到充分就业，即使我们的联邦农业计划不偏向有利于农场财产收入的方向，即使我们已采取步骤减少农民获得有关非农业工作机会的信息的成本，农业的劳动力供给也会出现剩余，而在适应劳动需求持续的和迅速的转变过程中也存在着时间滞后。精确的过剩供给量是无关紧要的，因为无疑它是巨大的。重要的是怎样解决它，即怎样制定制度和计划以尽可能低的成本使过剩供给达到最小。

国家就业情况。如果失业率的变动很小，例如在 4％ 左右；如果我们的农业劳动者——受雇的和自营的——都是白人，受过良好的中学教育，已婚，拥有 5 000 美元净资产，他们中没有一个人住在南方和西北中心地区，那么，我们可以毫无疑问地忘掉国民失业。但是，做这些有条件的假设是极不负责任的。

从哈撒韦研究[②]中得到的主要结论是，农业劳动力净增量的较大变

---

① G. Edward Schuh, "An Econometric Investigation of the Market for Hired Labor in Agriculture," *Journal of Farm Economics*, vol. 44 (May, 1962), pp. 307 - 321.

② 见第 96 页脚注①。

化是与 50 年代后半期出现的国家失业率的变化相联系的。1956—1957
年，即年失业率是 4.3％或稍低于这个数字的第 3 年，"新生农业劳动
力"净下降 4.9％。1958 年失业率跃到 6.8％，1959 年仍保持在 5.5％
的水平上。结果，"新生农业劳动力"不仅没有下降，反而上升了
2.1％，变动了 7 个百分点。失业率上升 1.2 个百分点导致了农业劳动
力 7 个百分点的净相反变化。

遗憾的是，除此而外，我们只能依赖一般的印象，依赖从经济逻辑
和为别的研究目的而收集的资料中得到的几条线索。我感到难以理解，
为什么我们关于国家失业率变化对农业劳动力影响的知识是这样的不充
分？为什么由于忽视了这个问题的重要性而遭受如此恶果？为什么除少
数例外，农业部和劳工部以及我们农学院农业经济学家所作的经济分析
与这个问题没有直接关系？我的回答是，这个普遍的忽视是我们为农业
部过分强调农业商品和高价格支持以及为农学院农业经济学家对设计狭
窄的农业生产经济学的过分专业化而付出的代价。但是，劳工部的经济
学家在这一点上的失败使我困惑不解。农业的最低工资是农业劳动者低
收入的万应灵药这一信念，的确是错误的。除非劳动总需求维持在我们
现在达到的水平上，要不然培训计划也可能是无效的，虽然在其他方面
它们可能是有价值的。

我确信，劳动总需求的呆滞不仅减少了离开农业的流动刺激，而且
扩大了歧视行为。我同意哈利·G·约翰逊的观点：因为失业的风险太
大，劳动市场的呆滞明显地减少"改变职业、自学或地理上迁移的刺
激"。[①] 此外，"当职位稀缺，求职者甚多，工作必须被配给的时候，配
给必然会按照社会价值标准进行，或者更直截了当地说，用歧视的办法
来进行。肤色、性别、年龄、缺乏经验和受教育程度低这些明显的特征
能作为自动把一部分人排斥在稀缺工作竞争之外的手段。而且，在职位
稀缺时，那些因歧视而得到好处的人将会受他们共同利益所驱使，坚持
要实行歧视，以减少他们自己面临的失业危险。因此这不是偶然的，黑
人的失业情况比白人男性的失业情况更严重，年轻人的失业情况比已婚
男性失业情况更严重。"

对于工作配给，即由劳动总需求的呆滞所引起的这种附加的工作歧
视，只有黑人比农业劳动者更易受到打击。这一点大概是对的。农业劳
动者在下述情况下易遭失业：受教育年限少，且质量常常很低；从职业

---

① Harry G. Johnson, "Unemployment and Poverty," in Leo Fishman, ed., *Poverty a-
mid Affluence* (New Haven, Conn., and London: Yale University Press, 1966).

很差且范围狭小（恰巧又是停滞的甚至衰落的职业）的非农业劳动力市场中获得的技能很低。由于在农业劳动力中也有黑人，所以，他们受劳动力总需求的呆滞的打击最严重。

农业中黑人就业经济学。对农业劳动力中黑人劳动力市场的研究几乎一片空白。决定他们经济命运的供求因素大部分隐蔽在统计资料中。詹姆斯·马多克斯（James Maddox）的研究《前进中的南方：人力前景与问题》[①] 是一个例外，它开辟了一个新领域。少数黑人是农场主，他们正在悄悄地放弃他们无收益的农场。但是，大多数仍然以农业为生的黑人是工资劳动者，其中 2/5 以上是妇女。鲍尔斯（Bowles）认为这些妇女在 1964 年参加农场劳动达到 2 500 万工作日。[②] 她们的收入很低，每个农场工作日的报酬为 4 美元；但是，她们在农场工作时每天获得的报酬仍大于她们干非农场工作每天获得的报酬。[③] 对农业中黑人妇女工作还缺乏经济学研究。即便如此，如果现行最低工资标准适用于她们，那也不需要什么敏锐经济眼光就能预言这些农场工作将发生什么情况。至于男性，非白人男性占全部男性农场工资劳动者人数的 1/4，然而即便针对非白人男性，当涉及基本需求和供给要素时，我们也所知甚少。到 1960 年，仍然留在农业的黑人农场主被隐藏在 245 000 个非白人农场主中间，如同 1964 年黑人农场工人被隐藏在 603 000 个男性和 445 000 个女性非白人农场工资劳动者中间一样。1940 年，南方的黑人占这个地区所有农场主人数的 23%，而 1959 年只有 16.5%。他们经营的农场平均价值只有白人农场主的农场平均价值的 1/4，即分别为 6 200 美元和 25 400 美元。

但是，农业劳动力中的黑人面临的基本经济因素是什么呢？我认为，他们从 40 年代早期到 1957 年的强大劳动市场中获得的利益要比任何其他阶层工人都大，而自那时以来，他们遭受到了较大的挫折。然而，1957 年以后黑人农场主的减少比白人农场主要迅速得多，因为黑人农场主发现他们比白人更难有效地获得农场所需的日益增加的资本量，以及我们的联邦农业计划使黑人农场主所受的特殊的不利经济影响比白人农场主要大。

---

① James Maddox, *The Advancing South: Manpower Prospects and Problems* (New York: Twentieth Century Fund, 1967).

② Gladys K. Bowles, *The Hired Farm Working Force of* 1964. U. S. Department of Agriculture, Agricultural Economic Report No. 82, table 5.

③ 同上，表 7。

不过，农业劳动力中黑人的低下技能和低微的收入都主要是多少年来社会和政治歧视遗留下来的结果。而如果他们愿意离开农业，黑人劳动有一个优势，即他们大多数是年轻人。到1964年3月，农业人口中黑人的平均年龄是17.6岁，而白人的平均年龄是31.9岁。[①]

8.2.2 对农民的投资

在序言评论中，我指出缺乏有价值的技能是农业劳动问题的关键。投资是提高农业劳动者挣钱能力的一个适当的和有效的方法。在这里，我们知道的东西及其相关性也需要加以注意。但是，鉴于这种方法既重要又富有前途，我将单独来讨论它。

让我把充分就业作为基础。如果我们要在下一个5年和更长时间里维持没有农场萧条的劳动力总需求，那么，被归于农业劳动力（包括受雇的和自营的）的绝大部分人的收入将相对上升，但仍然比较低，因为他们用于出卖的技能一般低于平均水平。我再次强调，除非有这样的总需求，即供不应求的紧就业（tight employment），否则，获取经验、培训和教育（它们是更有价值的技能的来源）的必要刺激就会受到影响，甚至完全化为乌有。

技能的定义。本文中所说的技能概念包括了与生产有关的活动中有用的一切人的能力。这样一来，归入消费的能力被省略了，虽然作为增加一个人生产技能的投资活动的结果，这些消费能力一般也都提高了。有助于生产的技能，部分是先天就有的（遗传的），部分是后天获得的；但在这里我们关心的只是那些后天获得的技能。它们的经济价值是由技能的需求与供给决定的。还应该指出，某种技能可能会成为市场上的滞销品，即便获得它们要花费好多年时间。农业技能的需求在萎缩，因而这些技能供给过剩了。此外，我们的经济增长使很多技能变得过时，这个过程已导致大多数人在他们工作期间面临改变二次以上职业的前景。技能的价值也部分地取决于它的地点，因为具有某种专门技能的人必须找到需要这种技能的地方并且准备在这个地区工作。这样，取得工作信息的成本和迁移到能找到工作的地方的迁移成本是对技能进行投资的基本组成部分。[②] 因为后天获得的技能能够按照它们的经济价值划分等

---

① U. S. Bureau of the Census, *Current Population Reports*, *Population Characteristics*, *Negro Population*, *March* 1964, ser. P-20, no. 142, October 11, 1965, table 1.

② 参见 papers by Larry A. Sjaastad and George J. Stigler in "Investment in Human Beings," a special supplement of the *Journal of Political Economy*, vol. 70 (October, 1962), pp. 80-105。

级，所以，我们可以很方便地把那些带来相对高的收入的技能看作是高技能，相反，把那些与相对低的收入相联系的技能看作是低技能。根据这个标准，如上所述，大多数黑人的可供出卖的技能位于很低的等级，农业劳动力中的大多数人无论肤色如何其技能都很低。

功能性的收入分配。还没有完善的经济理论可以把收入的功能分配和个人分配结合起来。但是即使这样，我们也知道一些作为长期收入分配特殊变化基础的显著性质。当较多的青年工人开始就业时，当妇女在劳动中的比例上升时，当周期性失业在上升时，收入分配变得更加不平等。当经济运行到和维持比以前更低的失业率时，当流动成本包括工作信息成本下降时，更重要的是，当劳动力教育增加时，它就变得较为平等。在职培训的增加也可能会降低个人收入分配的不平等。

可验证的假设。在分析人力资本投资时，无论是对农民的投资还是对一般人的投资，设定、识别和在可能的地方估计改变生产性技能的供求因素的量是必要的。获得技能的成本和从中得到的收益是这种分析的基本部分。收益率可能是正数，但它是如此之低，致使无论从私人角度还是公共角度来看，投资都是不合理的，因为其他投资机会可能比这些更好。

来自收入的储蓄和投资对收益率做出的反应可以被看作是获得收入流的一个过程，它对这些收入流来源的价格做出反应。后一种表述有明显的优点，即一个人能够直接地运用需求和供给概念来决定收入流各种来源的价格。

前已指出[1]，美国最近经济增长具有如下一些特征：①代表人力资本的收入流价格相对于来自物质资本的收入流价格下降了；②人力资本投资率相对于物质资本投资率上升了；③劳动收入相对于财产收入上升了，并且在劳动者之间收入趋于相等。这一点得到了大量证据的支持。

收入流来源的供给的长期变化可以按照需求变化的调整或按照具有相当独立作用的因素来进行探讨。需求和供给相互作用的调整过程是经济行为的核心，它形成这里提出的第二个假设表述的基础。影响供给的主要"独立"因素如下：研究和开发活动以及由此产生的一部分有用知识的获得；离开衰落的行业和职业的劳动流动性（或不流动性）；对教育的公共投资的数量和分配；以及与此密切相关的对黑人、农村儿童和其他人在教育上的歧视。

---

① 参见本书 5.1 节"贫困最小化的公共方法"。

有关研究及其他含义。最后，我将谈谈与这儿讨论的问题有关的一些关于教育经济学的研究。

米凯·吉萨（Micha Gisser）提出了一种方法，用以估计"增加的教育对农业人力的有效供给的两种影响，即减少供给的迁出影响；增加供给的能力影响"。[1] 他对美国的估计表明两种影响都很大，但迁出影响明显地大于能力影响。他发现，在乡村农业地区，教育水平提高10%将诱使6%～7%的额外农民迁出农业，按照净效应，它将把农业工资率提高5%。[2]

格里奇斯对决定农业生产率提高的来源的研究表明，农业劳动力的教育是决定劳动投入的重要变量。[3] 他发现按照教育测量的这种劳动力质量像按农业劳动力规模测量的数量一样重要。而且，当农业劳动力和非农业劳动力的测量标准调整成可比单位时，他发现"农业人均收入对城市人均收入的比率约为 0.7，这与可比劳动的同等收益是一致的"。他还注意到这个事实："有些证据表明农业劳动质量的边际收益可能实际上超过了非农业部门的机会成本。"格里奇斯对 1959 年农业教育的边际产品的估计为每美元成本 1.30 美元。

吉萨在他早期研究中发现，如果把放弃的收入和学校支出作为成本，以农业工资作为收入的衡量标准，即在 1958 年男劳动力完成的平均教育年限上增加一年教育，农业的教育收益率如下表所示：[4]

地区	收益率（%）
西部和西南部	20
北部大西洋沿岸	21
东部与中西部和大平原	23
东南部	28

菲尼斯·韦尔奇（Finis Welch）发现，农业劳动力中男子教育质量的经济价值在决定农业劳动力成员技能水平和经济生产率的差别方面是

① Micha Gisser, "Schooling and the Farm Problem," *Econometrica*, vol. 33 (July, 1965), pp. 582 - 592.

② 同上，尤其第 590～591 页。

③ Zvi Griliches, "Research Expenditures, Education, and the Aggregate Agricultural Production Function," *American Economic Review*, vol. 54 (December, 1964), pp. 961 - 974, especially pp. 969 - 970. Also, see his earlier studies listed under "References" in the paper cited.

④ Micha Gisser, "Schooling and the Agricultural Labor Force" (unpublished Ph. D. dissertation in economics, University of Chicago, 1962).

重要的。[①] 韦尔奇的研究表明美国劣质教育和劳动力市场歧视的影响如下：[②]

	完成的教育年限		
	5～7	8	12
收入（美元）			
1. 白人	2 090	2 340	3 790
2. 非白人	1 300	1 480	1 840
收入差别（1—2）	790＝（100）	860＝（100）	1 950＝（100）
3. 对非白人体力劳动的市场歧视	250　（32）	250　（29）	250　（13）
4. 对非白人的劣质教育	200　（25）	230　（27）	630　（32）
5. 对非白人教育的市场歧视	340　（43）	380　（44）	1 070　（55）

8.3　对穷人的投资[③]

劳动者是生产主体。通过对劳动者的投资，可以提高他们的经济生产率。这样的投资就是人力资本的形成。研究这种资本形式的形成有各种方法。资源的有效配置可能是一种方法。最优经济增长率可能是另一种方法。但是，我将提出的投资方法，与上面这两种方法并不矛盾。事实上，这三种方法是相互依赖的。每种方法都涉及动态经济学，在当前知识状况为既定的条件下，每一种都是"非决定性的"。它们之所以是"非决定性的"，是因为当假定有很多资本品或才能时，"因果关系不确定"的问题就产生了。虽然增长模型发展很快，资本与增长之间的联系仍是尚未解决的问题。其原因是相当明显的："资本"在分析上是一个难以捉摸的东西。简单地假定资本是同质的，虽然对初步探讨是一个有用的工具，但对资本理论却是一个灾难，正如希克斯（Hicks）在他的《资本与增长》一书中告诉我们的那样。他说："资本是一只自由漂泊的船……如果只有一种同质的'资本'，那就与我们的储蓄无关，而是把

---

① Finis Welch， "The Determinants of the Return to Schooling in Rural Farm Areas，1959"（unpublished Ph. D. dissertation in economics，University of Chicago，1966）.

② Finis Welch，"Labor-Market Discrimination：An Interpretation of Income Differences in the Rural South，" *Journal of Political Economy*，vol. 75（June，1967），p. 239，table 5. 上表是一个改写了的形式。

③ 提交给"人力政策与计划"讨论会的论文，该讨论会于 1966 年 4 月 13 日由美国劳工部人力局在华盛顿主办，发表于 1967 年 2 月。

它们投入这个'资本'。这样，投资不当的问题就不可能发生了。"①

我们知道投资不当是存在的，但是，即便放弃了资本同质性，还有其他的问题仍有待于发现。常规资本与人力资本的区分不足以解决所有资本的异质性，更为古老的划分也不能解决它，即使它过去曾被运用区分这两类资本。一批研究人力资本的学者已经找出足够的人力资本形式，足以用来填补西尔斯·罗巴克公司（Sears Roebuck）的目录。

投资方法对政策和计划不仅是有用的而且是有力的、系统的概念。它包括成本和收益。它可以考虑短期或长期，或者同时考虑短期和长期。它能够考虑各种收入来源。利用它，我们就能识别公共政策造成的重大投资不当。让我举三个例子。

第一，在农业方面，按照社会收益率衡量，相对于对农民的投资，对土地的投资太多了。

第二，在工业方面，税收投资优惠有利于设备和建筑，但它们不利于可以带来经济发展的产业技能。

第三，在教育和对人的其他投资中，对穷人的投资严重不足。

8.3.1　过时的人力思想

现在（指 1966 年）对更多生产能力的强大总需求相对于过去关于新技术的涌现、工作的缺乏和结构性失业的某些观点是有些粗暴的。

我们现在所需的生产能力和劳动力大于其供给。对我来说，这似乎的确意味着我们需要更多的自动化，更多的技术进步，需要更多劳动力的更新替换，需要千变万化的要素带来具有更高生产性的活动。新技术的涌现并不像有人所认为的那样是件坏事情。劳动力的增长没有使工人充斥职业市场。结构性失业似乎也不是二三年或三四年以前的那种情况。

显而易见，人力计划没有产生对生产能力的强大总需求，因为它多半是我们财政和货币措施的结果。即便冒着通货膨胀的危险，也很难避免经济再次陷入萧条。

既然我们有了强大的劳动市场，我们缺乏的是识别和纠正各种劳动使用不当的思想，这些使用不当是昨天的萧条和我们对今天总需求无所准备的代价的一部分。我们把它们叫做趋向最优资源配置的弱点，或反应的滞后，或对于劳动需求的错误预期，或阻止工人对新的和更好的工

---

①　John Hicks，*Capital and Growth*（New York and Oxford：Oxford University Press，1965），p. 35.

作进行投资的不确定性。我们应该重新确定我们的方向，这有各种方法。

我们所拥有的私人和公共机会是很多的。我要大家注意如下几点：

（1）为农业过剩的劳动力供给提供非农业工作。如果对劳动的强大需求再保持 3 年就足以把失业率控制在 4％以下，我认为，它将比每年将成十上百亿美元拨款补贴美国农业更能有效地纠正农业的经济失调。同时，我们继续把几十亿美元的拨款用来支付商品和土地，而不是用来向农民投资。

（2）还要诱导劳动者离开衰落的地区。在这方面，有些公共计划一直引向错误方向。

（3）消除工作歧视。要达到这个目标，很大程度上要依赖于社会和政治改革。但是，我们也不要低估供给偏紧的劳动市场（tight labor market）的强大的经济杠杆作用。

（4）强烈支持黑人去寻找更好的工作机会。这个目标是与（3）的目标密切相关的。

（5）充分地调动工人可能的功能性收入以减轻贫困。虽然我们还要等待必要的分析工作，但我确信它将表明，就减少贫困而言，最近两三年的失业率的下降比所有的"向贫困开战"的特别计划加在一起还要有效得多。但是，我对正在发生的情况所作的说明并不是作为反对这种计划的一个论点，而只是为了指出供给紧的就业的相对重要性。

（6）减少个人收入分配的不平等。

以上列出的 6 个目标是我们过去 10 年来所没有拥有过的实际机会。

8.3.2 投资不当的一些迹象

大学教育的收益率估计为 12％到 15％。但是，对中学尤其对小学教育，这一收益率的估计要高得多。我自己对 5 至 8 年教育的收益率估计是 35％。自那时以来，其他人也相继运用更好的资料证明其收益率比我的估计还更高。对于中学，贝克在他的《人力资本》① 中指出，尽管中学毕业生进入劳动市场的人数有很大的增加，中学毕业生的私人收益率还是从 1939 年的 16％上升到 1958 年的 23％。

从这些收益率差别中能够得出什么结论呢？我将以后再回答这个问题。还有一些其他迹象。让我们看看国外。

---

① Gary S. Becker，*Human Capital*（New York：National Bureau of Economic Research，1964），pp. 128 - 129.

欠发达国家失业的小学毕业生常常被作为这些国家小学教育投资过多的证据。如果这种证据只出现在经济停滞的传统国家，那就不应感到惊讶。但是，在经济增长迅速的贫穷国家中，目前所得到的证据却表明小学教育具有高收益率。这一点由马丁·卡诺伊（Martin Carnoy）对墨西哥的研究①和塞缪尔·鲍尔斯（Samuel S. Bowles）对尼日利亚北部的研究②所证实。两者都证明小学教育的高收益率。

如果失业引起了不利于某类工人尤其是受教育少的人的工作分配，那么收益率研究可能是偏颇的。这样，就有可能夸大受过 12 年教育的人和只受过 8 年教育的人的收入差别。对于这一点必须注意。在这一点上，值得提及的是贝克（Becker）对中学毕业生的估计表明：1939 年的收益率是 16%，可当时的失业率为 17%；1956 年的收益率是 25%，而那时的失业率只有 4%。③

其次，常有人说，雇主在雇用工人时"购买的是学位"而不是经济生产率，这样，教育就应该作为雇主的消费品来看待。虽然我提到了这个说法，但就我所知，还没有任何证据支持它。我并不把它作为投资不当的一个表现。

当我们谈到特殊技能时，无疑有些类型的技能是投资过多了。耕作技能当然是一个恰当的例子，由于这个事实，我们中学里的农业职业教育部门做出了多大贡献呢？联邦培训计划有时也对人们进行一些市场价值很小的技能训练。在那个时代，民间资源保护队（Civilian Conservation Corps）可能为年轻人提供了宝贵的经验。但是，在工业城市社会里，这种技能对于增加收入究竟有多大价值呢？

就贫困而言，按照长期的世俗观点来考察（因而撇开失业率的周期变化），美国所存在的贫困多半是挣钱能力低的结果，而这又主要是缺乏教育的结果。这样的解释说明我们以前犯了错误，即对今天 25 岁及其以上的人在上学的那个时候投资不足。现在按照同样方法考察一下黑人阶层。他们成年劳动力的较低的挣钱能力被认为主要是过去投资不当的结果。

关于个人收入分配，我将只讨论收入以及教育在减少个人收入分配

---

① Martin Carnoy, "The Cost and Return to Schooling in Mexico: A Case Study" (unpublished Ph. D. dissertation in economics, University of Chicago, 1964).

② Samuel S. Bowles, "The Efficient Allocation of Resources in Education: A Planning Model with Applications to Northern Nigeria" (unpublished Ph. D. dissertation in economics, Harvard University, 1965).

③ Becker, *Human Capital*, p. 128.

不平等中的重要性。贝克和奇斯威克（Chiswick）按照教育的差别，考察了各州和各地区之间个人收入差别的程度。[1] 有 1/3 可以由教育直接解释，另外 1/3 也与教育密切相关。例如，对得克萨斯和康涅狄格两州进行比较，得克萨斯的学校收益率要高于康涅狄格的学校收益率。韦尔奇最近集中对教育质量差别进行了研究[2]，它揭示了另外一个投资不当的根源。

还有吉萨对受雇的农场工人的教育收益率的研究。[3] 在这个研究中，成本包括放弃的收入和所有直接的学校成本。在 1958 年，对于男劳动力，他的研究表明三个地区的收益率为 20％或略高一点，而东南部地区，收益率是 28％。这些收益率都是很高的。但是，最高的收益率实际上是在教育最发达的地区。

在吉萨后来对减少农业劳动力供给的迁出效应的研究中，他发现，乡村农业地区教育水平上升 10％诱使 6％～7％额外农民迁出农业，净效应表现为农业工资 5％的增加。[4]

在韦尔奇的研究中，对教育质量的测算表明，在 1959 年，在乡村农业地区，从第一次效应中得出的教育质量投资的内在收益率为 26％，若考虑到总效应，收益率稍微下降到 23％。[5] 这是关于教育质量方面的。

我们已经论述了关于投资不当的这几种情况，显然，这些都是根据过去经济发展的情况分析的。它并不能因此说，人们本来能够避免这一切，因为很显然，人们不能预测到对技能需求的所有增加。

8.3.3　投资不当根源的分类

如果我们有一个简单的二分法，将其分成经济刺激之外的投资不当以及经济决策和反应方面的投资不当，那就太好了。但是，这种简化目前还不可能。投资不当的根源部分地是时间和变化的函数。适当时间范

---

①　Gary S. Becker and Barry R. Chiswick, "Education and the Distribution of Earnings," *American Economic Review*, vol. 56 (May, 1966), pp. 358 - 369, especially p. 368.

②　Finis Welch, "The Determinants of the Return to Schooling in Rural Farm Areas, 1959" (unpublished Ph. D. dissertation in economics, University of Chicago, 1966).

③　Micha Gisser, "Schooling and the Agricultural Labor Force" (unpublished Ph. D. dissertation in economics, University of Chicago, 1962).

④　Micha Gisser, "Schooling and the Farm Problem," *Econometrica*, vol. 33 (July, 1965), p. 591.

⑤　Welch，同注②。

围是什么？我们应该考察 10 年、20 年，还是更长？我将强调制度因素，如果你考虑二三十年时间，制度也会对经济刺激做出反应，开始发生变化。例如，我们现在可以运用强大的经济杠杆手段来打破工作歧视的支柱。

回顾一下战后时期，我将列举教育投资不当的一些明显原因。当然，这种分类依赖于事后认识。我将集中论述制度因素、人口因素和经济增长。

首先，让我们讨论制度因素。我们的学校制度化了。它们中间存在着明显的差别，在职培训机会也有很大的差别。我还要对作为一种制度的资本市场做一简要的论述。

我们的学校体制对人们的某些特殊阶层的歧视具有一种强大的、固有的制度成分。这种教育歧视的传统与工作歧视结合在一起，造成了对黑人、西班牙姓氏的人、波多黎各人、美洲印第安人和菲律宾人的教育投资的严重不足。这种传统是特殊白人的偏好问题，它受到长期形成的社会和政治制度的支持。

州和地方学校体制在它们为获得教育而提供的机会上长期发展不平衡。较差的机会也并不限于黑人和上面提到的其他族裔。费希罗①指出，在这一点上，在南北战争以前，白人儿童间的巨大差别就已经很明显。南部地区贫穷的白人甚至比东北和北方中部各州的白人所受的教育少得多。虽然从 1840 到 1860 年，恰好在南北战争前不久，这种教育增加了，但是，它没有缩小这个差距。

在职培训也是极不平衡的。不平衡的原因也是制度上的，因为它们是经济结构的一部分。农业不能为必须寻找非农业工作的农业青年提供任何有意义的在职培训。可以提供职业培训的快速发展的工业在小城镇几乎不见踪影，它们主要位于大城市及其周边。具有高技能价值的信息在功能上也是与经济结构相联系的。

资本市场的运行，虽然已是一个既定的制度，但在为父母和学生提供用于人力资本投资的资金方面还组织得比较差。原因是明显的。但是，资本市场这种特殊局限性的结果却不太明显。主要结果是，私人的人力资本投资必然大部分来自家庭和个人的内部筹款，即通过家庭拥有的私人收入和财产来筹措资金。如果你问自己为什么我们很难成功地从

---

① Albert Fishlow, "The American Common School Revival: Fact or Fancy?" in H. Rosovsky, ed., *Industrialization in Two Systems: Essays in Honor of Alexander Gerschenkron* (New York: John Wiley & Sons, Inc., 1966).

第三、第四收入等级家庭获得相应比例的才能，那主要是因为这种资本的配给。如果你处在低收入家庭这个类别中，你就不能进入资本市场获得资金。虽然我们一直呼吁免费的教育，但这仍然是美国的基本生活现实。

现在，我们论述人口因素。成人移民所受教育不足，但是他们必须充分地利用它，因为一般对他们来说，获得最优教育水平已经太晚了。1941—1964 年间，370 万 16 岁以上的移民进入美国；但只有 10％的人被列入较高技能的职业类别中。1960 年，有 447 000 位外国农业劳动者，绝大多数来自墨西哥。当然，自 1965 年以来，这已经发生了很大的变化。黑人、农民和穷人的人口增长率相当高，但每一阶层的人年轻时都面临着对自己能力投资不利的特殊环境。令人吃惊的是，黑人有一个人口优势，即相对总人口来说，他们比较年轻。这种情况在农业方面最为明显，在这个部门，到 1964 年 3 月止，白人平均年龄是 33 岁，而相比之下，黑人才 17 岁多一点。黑人迁出的可能性较大。1966 年 4 月 1 日，估计数字表明从 1960 到 1965 年，农业中非白人数目下降了 41％，而白人数目下降了 17％。

最后，我们将讨论经济增长。无需经济逻辑链就可明白，当增长对价格影响是意料之外的时候，投资不当的情况就产生了。一般说来，发展很快的新工业是具有高技能的雇主经营的，取得这种技能需要受到很长时间的学校教育。但是，很难相信，父母亲和年轻人在 20 年前能够准确地预测到自那时以来出现的由五角大楼和宇航局需要的消费耐用品、生产耐用品、复杂设备和工具生产的增长。这些工业无疑说明了大部分的高技能生产者需求的相对增加。甚至主要经济部门相对规模的变化大部分是由于最终产品需求的收入弹性差别造成的，这些变化和含义也没有完全想清楚和预测到。

8.3.4 经济增长与对技能的需求

基本的也是本节最后的论点是经济增长与技能需求之间的关系。我们处在一个经济增长的时期，它导致了技能需求的大量增加；它增加的高技能需求相对地大于低技能需求。但这是为什么呢？描述过去的趋势是非常危险的。这种没有理论的描述应该暂缓进行。

让我提出一个假设：需求向耐用消费品、耐用生产资料和五角大楼武器装备转变的收入效应是简单明了的，没有给我们带来理论困难。而在我们试图说明有用知识的进步时，问题就发生了。这个假设是，物质投入的改善是高技能的补充物，或相反，高技能是形成并将继续形成我们经济增长特点的各种新物质资本形式的补充物。因此，高技能和更好的物质投入是相互补充的。

更好的物质投入和高技能又是无技能劳动和旧资本形式的代替物。这个假设"挽救了"一小部分古典理论。在这一点上我曾经受过熏陶的理论是，知识的进步有益地反馈到经济上，这种进步经过一段时间之后，新技术将会缓慢地和逐渐地使大部分工作变成常规，只需要较低的技能就可胜任。显然，这种知识进步的总效应与上述观点相反。

问题是，我们现在有什么证据？我认为，从微观意义上说，我们必须期待的是，当一种新知识（如计算机，奶酪或黄油的细菌控制）出现时，对技能的要求很高。只有博士才能运用细菌控制技术。但是很快这种技术要求开始逐渐下降。创造这种技术的各种方法被发现了，从而掌握这种技术的人只需要获得细菌学学士学位就够了。必要的才能的供给迅速增加，不需要高度的专门化。这就是古典的螺旋式下降。计算机技术与此相似。起先需要第一流的数学家。现在，一个合格的中学毕业生就能使用它。这是一个迅速的螺旋式下降，但它停留在比以前更高的位置上，因为它取代了无技能的劳动活动。从整个情况来看，对技能的需求是增加的，虽然从每个微观部分来看有些螺旋式下降。

让我把这一点作为一个假设。我们试图理解的是物质形式的投入，它是高技术的补充物，两者是相互联系的，两者都是对不熟练劳动和旧资本形式的替代。

如前所述，对人的投资机会比对土地的投资机会好，往往也比对可再生物质投资更好，虽然投资信贷和税收优惠常常偏向于工业的物质资本。最后，对穷人的投资机会比对中产阶级和富人的投资机会更好。尤其是美国的穷人身上存在着最好的无穷的投资机会。

8.4　衰落地区的教育和经济机会[①]

我的计划是：（1）考察关于长期衰落地区的问题的现有知识；（2）指出这种知识体的主要差距；（3）提出解决长期人均收入低的农业地区的贫困问题所需的研究形式。在对那些可能被证明是有用的概念进行探

---

① 在北卡罗来纳州立大学农业经济系 1965 年 4 月 26 日举办的"长期衰落地区问题"专题讨论会上提交的论文。

讨时，我将撇开那些朴素的民间传说和教义，集中在根据分析得到的新知识上面。这种知识的检验在于它在指导私人决策和公共努力来消除衰落地区的成因、提高人均收入和使贫困最小化方面的相关性和有用性。这些努力看起来似乎是同样的东西，把它们结合起来就像俄国的三驾马车一样。但这样看待它们是一个肤浅的看法，因为被称为"衰落地区"、"低人均收入"和"贫困"的问题不是同一个意思。

衰落地区是指经济活动没有达到最优的经济地区，这就是说，通常相对于其他经济地区而言，它处在不均衡之中。衰落地区低于最优的经济表现可能是一种或多种不均衡的结果。在"衰落地区"前面加上"长期"一词表示它衰落了很长时间。但是，衰落地区不一定就是"贫困"地区；它可能拥有肥沃的土地、现代的工业和很多具有高技能的劳动者。然而，它衰落了。这个逻辑的外延也意味着一个富裕的地区，即使它可能是衰落的，但仍然拥有高水平的人均收入；在这个地区，可能并不存在贫困。我将把衰落地区作为经济未达到最优化的经济地区。

不论高低，人均收入是一个难以捉摸的概念。通常的人均收入估计所掩盖的东西大大多于其揭示出的东西。显然，人均收入分配是重要的。在美国大多数较贫困地区，分配可能比整个国家更为不平等。农业的分配比其他经济部门更不平等。临时收入和永久收入的混合是重要的。我们还必须考虑人口因素、个人财产的分配，以及收入与消费之间的联系。遗憾的是，关于低人均收入还没有任何有用的现成定义，也没有一个理论构架把功能收入和个人收入结合起来。因此，我们必须使用特殊的概念，即使它们不是最好的。但这样做必须小心谨慎。

当然，衰落地区若达到经济最优化，人均收入就会上升，这样的假设似乎是非常合理的。但是，一个地区虽然可能是资源贫困的，但却不是衰落的。假设现有资源在地区内和地区之间被有效地使用，假设这些资源是由贫瘠的土地、传统工业和低技能的工人所组成：这个假定意味着人均收入将是低下的。还存在着收入—财产的矛盾问题。例如，美国每个农业家庭的收入相当低，但由农场主家庭拥有的财产净值平均是非农业家庭的 2 倍。1962 年 12 月 31 日，它们分别是 44 000 美元和 21 700美元。

尽管看起来似乎有点不可思议，但的确为"贫困"下一个有意义的定义，比为"低人均收入"下一个有用的定义要容易些。[①]

---

　　① 有关我对贫困线随时间变化的定义与思考，参见本书 5.1 节"贫困最小化的公共方法"。

我们关心的是最优化之下的地区，它们也是资源贫乏的地区，但是，把这两种经济属性区分开来是必要的。认为现有资源的最优使用本身就能带来和其他经济地区一样多的人均收入，是一种不切实际的幻想。

8.4.1 教育活动

我现在开始讨论第一个问题：教育如何能够对解决衰落地区问题做出贡献以及做出多大贡献？

探讨这个问题的方法之一是运用现行的要素和产品价格，并在现有的制度框架内，寻找现有资源的各种可供选择的用途。这种方法将不会出现很多的未开发的边际收益。

第二种方法是确定与下列因素相联系的地区非最优的经济活动：这些因素包括最低工资、高农业价格支持、税收制度和公共收入分配、近期低经济增长率和美国经济失业。这种研究可能表明会有很大好处。

第三种方法是试图确定如果对人的投资，主要指对教育的投资，在各个经济部门大体相当的话，那么未来，譬如说二三十年以后，资源最优配置是什么？假设总需求将保证充分就业，对产品和服务需求的增长像近期一样将持续下去，最近新投入的供给的增长也将持续下去，公共投资和有关计划将大大减少离开一个地区而进入另一个地区的私人成本，以及对黑人的歧视将下降。在这些有利的假定下，南方衰落地区的农民尤其是黑人将怎样按照我提出的第三种方法对人的投资做出反应呢？由这种方法得出的结论将会是令人惊讶的。为了保护自己，我能够以学术无知作托词！但是，我不会这样做，相反，我将考虑下述假设：生活在南方的两个主要劳动阶级即白人农民和黑人的人数相对于生活在美国其他地区的人数将会大幅地下降。这个假设基于下述逻辑：（1）通过教育而获得的技能，提高了成年劳动者的潜在经济生产率。（2）教育也能提高人们迁移的能力。（3）经济增长带来的高技能需求的地区差异比较有利于其他地区。（4）作为从更多更好教育中获得的技能的一个补充，在职培训更容易被迁移到另外地区的人所获得。（5）在农业方面，比较优势以不利于这个地区的方式而转变。（6）在黑人的偏好中，南方的职业属于下等职业，也就是说，对他们而言，在南方工作的负效用更大。（7）作为这些条件的结果，教育对这个地区的农民和黑人人数的总迁移效应将超过仍留在该地区的人的总生产率效应。

米凯·吉萨关于额外教育对从事农业的劳动者有效供给的两个效应

的估计,即减少供给的迁出效应和增加供给的能力效应,表明两种效应在美国都是很大的,但迁出效应明显地要大于能力效应。[①] 从这里似乎可以得到如下结论:比起其他地区,这个地区的农业生产将以更高的速度增加,这种扩张带来的对农业生产的高耕作技能的需求将改变这里的平衡状态。这些结论是合理的吗?我认为这个结果是完全不可能发生的。恰恰相反,像最近情况表示的那样,净效应很可能是另外一种结果。而且,如果随着黑人技能的提高,他们的劳动市场不按照一种类似的方式运行的话,我会感到非常惊讶。这个判断所包含的意义是,更多更好的教育将会促进南方主要由白人农民和黑人所构成的劳动力的减少。此外,这里所说的不平衡可能是如此之大,以至于就业将会大量下降。

但是,还有些其他故事要说。我预期,相对于其他可比成年工人,留在农村的白人农民和黑人的相对收入将会上升。三个有力的原因支持这个预期:(1)在这个地区,平均每个工人的互补性资源的比例将会增加(我们希望不要把能产生经济地租的土地搁置一边);(2)平均每个工人技能的增加将表示生产服务价值的增加;(3)这里假定的人口迁出将会减少可比技能价值中的地区间差异。

8.4.2 对公共教育的支付

那么,在这些条件下,谁应该支付教育费用?这里所说的费用实际上包括私人和公共两个部分。每个部分应该是多少,这取决于政策。这个政策应该按照什么原则确定呢?我将把我的评论限于 12 年制教育之内,因此只包括小学和中学教育。让我假定,这种教育要由公共部门提供,这就是说,不收学费和交通费。当然,还有私人成本,主要是上学时放弃的收入。我对公共支付的探讨需要分两步进行:(1)这种支付在公共机构中间的分配,以增加每个机构社会利益为基础;(2)以减少未来成年劳动者收入不平等为目的的额外分配。

社会利益标准。给非教育对象而不是给受教育者本人带来的社会利益,部分地归为消费者利益(例如,与这样的知识分子做邻居而得到满足);部分归为同事和雇主所增加的互补性生产效应。但是,这些利益很难估计。不过,确定由于教育所得到的额外收入,然后估计由于额外收入所支付的额外所得税、销售税、货物税在这里不是很难的问题。劳动者的居住地显然是决定公共机构获得这些额外税收收入的关键因素。

---

① Micha Gisser, "Schooling and the Farm Problem," *Econometrica*, vol. 33 (July, 1965), pp. 582 - 592.

如上所述，可以设想在这个地区的更多更好的教育将导致很多人（主要是将要成为成年劳动者的年轻人）迁移到另外的地区并在那里定居。联邦税收是我们获取一部分由于额外教育而获得的收入的主要手段；这样，联邦政府收了税，反过来也应该支付一部分教育费用。于是不可避免地，联邦政府不可能对教育资金如何使用的问题漠不关心。作为潜在的未来迁移者的青少年，无论是黑人还是白人，无论是来自农村还是城镇，都必须确保受到更多更好的公共教育。

平等标准。平等标准依赖于社会价值观，依赖于我们的累进税的价值观基础。差别在于，一个运用它来提高公共收入，另一个运用它来分配公共资金。"免费"公共教育无疑是减少个人收入分配不平等的一个强有力的制度。此外，它还具有投资的性质，它不存在与累进税某些方面相联系的那种配置无效率性。由于这个领域深受较低收入和大量贫困之累，所以，平等标准要求联邦政府支付比目前更多的教育费用。

8.4.3　研究的含义

在此需要强调指出我们知识中存在的下列差距：

（1）我们应该努力确定未来几十年间我们面临的劳动力的地区再分布的数量。期待美国南方或其他地区农业在以后几十年为更多的劳动力提供有意义的经济机会是愚蠢的。期望低工资的无技能工人被吸收到新兴的现代工业中去也是不切实际的幻想，因为这种劳动服务的低工资并不是便宜的投入。但是，谈到美国劳动市场中黑人的未来经济机会时，最严重的含糊不清情况出现了。劳动力中年纪较大的黑人不仅受教育机会少而且教育质量也很低。在其他情况大体相同的条件下，对于黑人来说，南方的职业仍然属于低等的工作。充足的就业机会将几乎不可能出现在这一地区。像农业情况一样，大部分南方黑人劳动力都希望并且不得不转移到其他地区。仅仅从事农场管理研究，或对扩张劳动密集型工业进行考察，或对现行资本和劳动市场的不完善性进行分析，都不能够增加我们在这个关键问题上的认识。分析所需要的是预先确定未来黑人技能需求的增加和供给的增加，包括黑人技能水平的提高，而不管后果如何。

（2）联邦政府终于开始支付贫困地区的小学和中学费用。但是，这只是一个小的开端。我认为，我们必须建立一个经济基础用以确定最终应该由联邦基金负担的教育费用。有关分析应该寻求识别和估计更多更好教育带来的（包括税收在内的）公共利益以及这种公共教育支出为平衡个人收入分配所做出的贡献。

（3）现在应该有可能运用我们在教育收益方面获得的新知识来估计每个劳动者收入的地区差异有多少属于教育数量和质量上的差别。贝克和奇斯威克已做了这样的研究。[1] 他们为此而提出的分析框架是很有希望的。他们的初步检验得到的估计表明，这种收入差别的很大一部分可由教育的差别来解释。这种分析方法为可能变成极为有用的研究开辟了一个广阔的新领域。

（4）针对黑人学生缺乏动力，我将提出如下假设：明显地缺少动力主要是因为面向黑人的工作机会没有给他们提供足够的报酬，于是他们不愿为上学和努力学习做出更多的努力或花费更多的成本。我们必须搞清楚，动力的缺乏有多大是由我们经济制度的这个方面造成的。[2]

（5）我们对教育质量经济学仍然所知甚少。中小学教育的低质量多大程度上是根植于父母缺乏这种质量因素的价值信息？多大程度上是由于学校对资源的无效率的使用？多大程度上是由于父母穷得负担不起更好的教育？若干年以后，教育的追加支出的利益将日益来自教育质量的改善。现在该是确定与质量教育有关的成本和收益的时候了。[3]

（6）最后，我们还缺少选择贫困最小化的公共方法时所需的知识。在5.1节"贫困最小化的公共方法"中，我确定了4种基本方法：①提高特殊要素和产品的价格（即最低工资和更高的农产品价格支持）；②累进税；③经济增长和就业；④对穷人的投资。因此，关于贫困的公共方法经济学可以提到我们的研究日程上来。

8.5　对教育质量的投资不足[4]

在大学讲课时，我抽出一部分时间参观了农民子女就读的小学。在

---

[1]　Gary S. Becker and Barry R. Chiswick, "Education and the Distribution of Earnings," *American Economic Review*, *op. cit.*, pp. 358 – 369.

[2]　参见 Finis Welch, "Labor-Market Discrimination: An Interpretation of Income Differences in the Rural South," *Journal of Political Economy*, vol. 75（June, 1967），pp. 225 – 240，它发表在我的论文写成之后，我感谢他攻读博士的研究工作，当我准备论文之时，他就已经开始了相关研究。

[3]　同注[1]。

[4]　摘自 *Increasing Understanding of Public problems and Policies*, 1964（Chicago: Farm Foundation, 1964）。获准重印。

一些州，这样的学校还是不错的，甚至是好的。但是在很多别的州，教育的质量远远低于一般水平。我看到有些学校是原始的。我在达科他地区参观了一所只有一间房子的学校，它修建于半个世纪以前，有 30 个学生，年龄从 5 岁到 18 岁不等（在冬季甚至年龄最大的人也有空闲时间上学），一个筋疲力尽、苦恼不堪和孤孤单单的教师逐科讲授 1—8 年级的课程。这所学校还不是最原始的。我在美国见过更为原始的学校，这些学校在荷兰、苏格兰、丹麦和其他现代国家来看是不可思议的。我在日本没有看到一所这样原始的学校。我们对教育支出不够。各种不完善主要表现在质量方面。

我打算从美国学校教育的一些现实情景开始，然后着手分析下列问题：

（1）为什么这样多的农民对他们子女的教育投资不足？

（2）为什么农业机构对这种教育如此不积极？

（3）政策的含意是什么？

8.5.1　农村教育的一些简单情景

有人挖苦说，甚至月球的境况都比美国农村教育的境况要好。我将从数量和质量方面分别加以论述。我说的数量是指完成的教育年限。我们最常提供的统计数字是完成的平均教育年限。我说的质量是指影响其价值的一学年教育的品质。这样设想的质量难以观察，它避开了计算机，善于东躲西藏。但是我们知道它确实存在。我们也知道它是重要的。

从逻辑上讲，较好的质量能够对较少的数量加以弥补。例如，受过 8 年良好教育的人可能像另一个受到 10 年较差教育的人一样好。但是事实上，在美国，数量和质量之间的通常关系是相反的：例如，农业青年不仅完成的教育年限比城市青年要少，而且所受教育的质量也比城市青年差。这个差别对黑人教育甚至更为明显。

受教育年限的增加确实可以带来实实在在的利益。虽然我在这里主要讨论教育质量问题，但我不想低估数量增加带来的价值。在这一点上，美国的记录比其他国家要好，尽管乡村地区很落后，黑人又长期受到不公正的待遇。

（1）受教育年限的增加很说明问题。对于 25 岁和 25 岁以上的人，如下表所示：① 乡村农业白人实际上停滞不前，而城市白人和有色人种发展很快。为什么？从表中可以看到，到 1960 年，城市非白人差不多赶上了农村白人。但是，乡村非白人仍然受教育很少，而且质量极差。

	完成的平均学年（年）		增加的百分比（%）
	1940 年	1962 年	
美国白人	8.7	11.7	35
美国非白人	5.8	8.6	48
	1950 年	1960 年	
城市白人	10.5	11.5	9
乡村农业白人	8.8	8.9	1
城市非白人	7.8	8.7	12
乡村农业非白人	5.1	5.7	10

（2）由于未来的人口教育数量取决于入学率，值得注意的是当前的入学状况比 10 年前好多了。1960 年，对于年龄在 8～13 岁的男性，城市②和乡村入学率之间的差别是十分微小的。尽管乡村农业非白人入学率相当的低，但城市非白人入学率并不低。但是，按居住地和肤色来说实际差别在 14～15 岁和 16～17 岁的年龄组中间是明显存在的。③

	城市（%）	乡村农场（%）
白人		
8～13 岁	98.0	97.7
14～15 岁	95.6	93.5
16～17 岁	84.3	81.5
非白人		
8～13 岁	96.6	94.7
14～15 岁	92.4	87.3
16～17 岁	76.8	69.6

---

① 来自 U. S. Bureau of the Census, *Current Population Reports*, *Population Characteristics*, ser. P‑20, nos. 99（February 4, 1960）and 121（February 7, 1963）；还来自 E. J. Moore and Associates, *Economic Factors Influencing Educational Attainments and Aspirations of Farm Youth*, Agricultural Economic Report No. 51, Economic Research Service, U. S. Department of Agriculture, April, 1964, table 2。

② 应该注意城市地区包括很多城市贫民窟。

③ James D. Cowhig, *Age-Grade School Progress of Farm and Non-farm Youth*：1960, Agricultural Economic Report No. 40, Economic Research Service, U. S. Department of Agriculture, August, 1963, table 1. 女性的可比数字一般比男性高一些。

（3）1924 年进入五年级的学生中，到 1928 年秋季只有 60％进入中学。30 年后取得了很大的进步，可比数字是 92％，只有 8％的小学生未进入中学。在这里，我们差不多接近最高限度，但是，对于农村青年来说，升学率要低一些。[①]

（4）1928 年秋季进入中学的学生中，毕业的不到一半，而 1958 年秋季入学的学生中有 69％的人念完了中学。无疑这有助于未来收益的增加。在这里我们只关心辍学率。

（5）大学的入学率甚至比中学毕业率上升得更快。1924 年进入五年级的学生中在 1932 年只有 12％进入大学。30 年后这个比率达到 34％。在大学入学的数量方面，包括大量的辍学者在内，我们还不清楚。

（6）一个重要的进步是学年长度和学生上学的天数增加了。在其他条件相同的情况下，一学年教育的质量（价值）随上学天数的增加而提高。一个有用的假定是：在我们当前观察的范围内。增加一天教育的边际价值最少要等于它的平均价值。这样，上学天数从 140 天增加到 154 天将使质量提高 10％。在这个基础上，这个特定的质量因素能够容易转换成可测量的单位。

回顾一下，我们看到美国注册的小学和中学学生上学的天数从 1900 年到 1956 年增加了 60％。[②] 然而我相信，这个总量数字仍然掩盖了很多重要的地区差异，主要不利于人们了解南方上学人数。例如，在 1959—1960 年佛蒙特州上学天数是 171 天，而密西西比州只有 149 天。人们很想知道农村青年的情况如何，特别是这个国家落后地区非白人的情况。

应该再次指出数量和质量之间的相反关系。考虑把上学的天数作为质量的替代指标。那么情况似乎是，完成最少教育年限的居民和有色人种每年上学的天数也是最少的。增加这个低于平均水平的教育质量部分的边际成本明显地小于其平均成本。有许多有力的理由可以相信所要求

---

① 在这里我充分地利用了我在《改善教育质量的某些经济问题》一文中的分析，见 "Some Economic Issues in Improving the Quality of Education," pp. 32 – 37, in A *Financial Program for Today's Schools*, the Proceedings of the Seventh National Conference on School Finance, held April 5 – 7, 1964, in Chicago (Washington: National Education Association, 1964)。

② 参见 T. W. Schultz, "Education and Economic Growth," in Nelson B. Henry, ed., *Social Forces Influencing American Education*, Sixtieth Yearbook of the National Society for the Study of Education (Chicago: University of Chicago Press, 1961), part Ⅱ, pp. 66 – 69。自 1956 年以来，上学天数上升得很少，在最近几年固定在 160 天左右。

的追加投资的收益率是高的。

（7）据估计，1950 到 1960 年的学校辍学率显著地下降了。当我们考虑 14～24 岁这个年龄组的人时，城市和乡村白人之间的差别很小，分别为 19.3％和 20.3％。但是，城乡非白人的辍学率都很高，差别很大，即城市为 33.6％，农村为 38.5％。[①] 如果使用考希格的实际辍学和可能辍学的概念，我们就能发现相对于城市青年来说，农村青年的辍学情况是多么的严重。下表所列出的是 1960 年男性辍学率情况。[②]

相对于各年龄组总人数的总辍学率

	城市（％）	农村（％）	农村指数（以城市白人为基础）
美国白人			
16～17 岁	17.8	22.0（17.8＝100）	124
18～19 岁	25.8	33.5（25.8＝100）	130
美国非白人			
16～17 岁	32.3	56.8（17.8＝100）	319
18～19 岁	48.7	71.5（25.8＝100）	277

除了上学天数之外，一学年教育的质量还决定于学生用功学习的动力和时间。来自文盲母亲的家庭的儿童（生活在我们城市贫民窟和一些乡村地区的很多家庭的确如此）与来自母亲上过中学的家庭的儿童相比，较少被激励争取好的学习成绩。学校里的留级在此无疑是一个明显的线索。学校设备、学校规模、教学专业化，尤其是教师能力强烈地影响教育质量。中学毕业生在大学的成绩也是一个线索。

现在让我抽象掉先天能力即智商（它是非常迷惑人的）的差别，而假定每个人的先天能力水平和这种能力在任何大数目的人口中的分布大体上相同。我现在论述另外几种线索，这些都表明农村地区教育质量的低下。

（8）用年龄和年级来规定的在学校的进步可以作为动力和机会的一个粗略替代指标。把美国作为一个整体来看，城市青年的成绩比农村青年好。但是，更仔细地考察揭示了一个明显的不解之谜，并得出一个惊

---

① 城市贫民窟仍然包括在内。

② James D. Cowhig, *School Dropout Rates Among Farm and Non-farm Youth*：1950 *and* 1960，Agricultural Economic Report No. 42，Economic Research Service，U. S. Department of Agriculture，September，1963. 上面资料是以表 1 为基础的；16～17 岁和 18～19 岁的估计是以表 3 为基础的，学校辍学率这里定义为受教育未满 12 年和未入学的人，可能的辍学者被定义为留级两年或两年以上的人，那些进入中学四年级的人除外。

人的结论。如下表对男性的估计表明的那样，这个不解之谜是北部和西部农村白人青年比这些地区的城市白人青年表现出较低的留级率（retardation rates）。解释这个谜的关键可能在于这个事实：城市组包括南部城市白人[①]和白人居住的一些城市贫民窟。惊人的结论是，美国城市非白人的学习成绩差不多与南部的农村白人一样好。而且，在北部和西部，无论是不是白人，农村青年比南方的农村青年表现出较低的留级率。确定降低这些留级率的成本和收益应该是可能的。我们需要这种分析。考希格对 1960 年留级一年或一年以上的男性的估计如下表所示。

	美国[①]			
	城市白人（%）	农村白人（%）	城市非白人（%）	农村非白人（%）
8～13 岁	7.4	9.4	14.9	36.6
14～15 岁	13.1	16.4	27.2	56.3
16～17 岁	14.1	15.8	32.1	58.8
	美国农村[②]			
	东部和西部白人（%）	东部和西部非白人（%）	南部白人（%）	南部非白人（%）
8～13 岁	6.0	26.0	15.5	37.2
14～15 岁	10.6	41.3	25.8	57.3
16～17 岁	11.2	36.7	23.6	52.7

①James D. Cowhig, *Age-Grade School Progress of Farm and Non-farm Youth*：1960, Agricultural Economic Report No. 40, Economic Research Service, U. S. Department of Agriculture, August, 1963, Table 11.

②同上，表 15。

（9）在农民家庭的青少年上学时干活太多，学习质量受到了损害。一门深奥难懂的课程要求学生把全部时间用在学习上。教育不是一种兼差的事业。但是，据观察，在 1961 年秋季，年龄在 14～17 岁之间的在校农场青少年几乎一半时间都在劳动，他们平均每周劳动 27 个小时。他们中 1/3 的人上学时一周实际劳动为 35 个小时或者更多。[②] 在其他情况相同的条件下，这种劳动必定大大降低农场青少年的学习质量。这部分质量的成本就是学生在农场工作的价值。这种价值应该是相当容易估

---

① Cowhig, *Age-Grade School Progress of Farm and Non-farm Youth*：1960, table 12.

② 在同一年龄组的非农场青少年中，只有大约 15% 的人在工作，平均每周工作 10 个小时，只有 3% 每周工作 35 个小时或以上。参见 U. S. Department of Labor, *The Employment of Students*, October, 1961, Special Labor Force Report No. 22, 1962, 以表 F 为基础，表示一个调查周的估计。

计的。要想确定如果投入更多的学习时间、获得的更好教育带来的收益率是比较困难的，但是的确有某种巧妙的方法能够做到这一点。

（10）由于数据原因，我将继续讨论中学生。福克曼对艾奥瓦州的研究表明，在 1955 年秋季进入中学的学生中，农村学生的缺课人数为城市学生缺课人数的 2 倍，它们分别缺少 19.1％和 9.8％。以优异成绩毕业的比例也差别显著，农村学生为 3.3％，城市学生为 6％。[①] 在这里，我们也看到具有成本和收益的质量的差别。

（11）有些农村地区的国家优等生奖学金的申请者和获得者严重不足。为什么申请者这么少？原因可能是缺乏信息。由农村来的申请人获得奖学金的机会很少，其原因可能由于所受教育的质量差。教师和学校领导人可能清楚地知道，即使让最好的学生去竞争，也是没有多大希望的。

（12）进入大学的中学毕业生比例也是城市高于农村。在 1960 年，城市中学毕业生的 48％进入了大学，而农村只有 32％。[②] 这种差别是由于动力的差别还是机会的差别呢？

（13）如果人口规模足够大，我们可以抽象掉每个学生的先天能力水平的差别，并且不考虑学生由家庭产生的动力。我的假设是，教育质量的差别主要是与学校支出的差别密切相关的。这个假设意味着我们对教育的支出要经过很多年才能见成效。我认为假定农村一美元换来的教育质量比城市郊区多也是不合理的。材料、建筑物和维修费用在农村可能少一些，但这些在总成本中所占比例极小。对教师来说，有很多迹象表明生活费用的差别是不能由非货币差别来补偿的。能力强的教师一般宁愿生活在郊区而不愿生活在乡村社会。他们是大学毕业生，已经享受到了城市生活的舒适、个人行为的较大自由和城市为他们提供的较好文化设施。他们中间很多人都有这些偏好，从而影响了乡村社会能够吸引合格教师的数目。

虽然各州的数据掩盖了很多未被揭示的东西，但是，甚至这些数据

---

① William S. Folkman, *Progress of Rural and Urban Students Entering Iowa State University*, *Fall*, 1955, Agricultural Economic Report No. 12, Economic Research Service, U. S. Department of Agriculture, July, 1962. 文章还指出，中学毕业班的平均学生规模在城市是 196 人，在农村是 33 人。詹姆斯·科南特认为对至少 100 人的中学毕业班提供充分教学是必要的。

② Charles B. Nam and James D. Cowhig, *Farm Population*, "Factors Related to College Attendance...1960," Census-ERS ser. P-27, no. 32, U. S. Departments of Commerce and Agriculture, June, 1962, table 11.

也表明：按照每个学生的经常性支出来衡量，1962—1963 年，3 个支出最高的州的教育开支是 3 个支出最低的州的 2.4 倍，它们分别是 576 美元和 241 美元。即使将这些数字根据假定 1 美元购买力在低支出州比在高支出州高 20% 进行调整，差别仍然是二比一。[1] 因此，根据这个检验，在其他情况不变时，支出最高一级的州，其学生获得的教育是支出最低一级的州的 2 倍那么多（参见表 8.1）。

表 8.1　县和地方的财政收入百分比和生均经常性支出

（24 州 101 个农业县，1955—1956 年）[1]

州名	县和地方财政收入（总数的百分比）	按照平均每天上学人数计算的生均经常性支出（美元）	
		州	挑选的县
亚拉巴马	20	183	181
佐治亚	22	197	193
北卡罗来纳	25	190	165
路易斯安那	31	289	273
田纳西	34	189	138
西弗吉尼亚	36	197	185
密西西比	38	151	129
佛罗里达	42	259	259
得克萨斯	42	267	298
阿肯色	47	160	128
俄克拉何马	49	245	266
密歇根	50	347	285
弗吉尼亚	51	215	172
肯塔基	56	168	129
明尼苏达	56	319	316
密苏里	59	261	205
印第安纳	64	291	251
堪萨斯	67	267	386
北达科他	67	294	289
蒙大拿	69	349	418

---

[1] U. S. Department of Health, Education, and Welfare, *Digest of Educational Statistics*, Bulletin No. 43, 1963, table 38. 3 个最高支出的州是纽约、新泽西和伊利诺伊，3 个最低支出的州是密西西比、南卡罗来纳和亚拉巴马。

续前表

州名	县和地方财政收入（总数的百分比）	按照平均每天上学人数计算的生均经常性支出（美元）	
		州	挑选的县
俄亥俄	73	283	223
科罗拉多	75	310	408
南达科他	81	309	358
内布拉斯加	87	278	473
24 个州	50	250	
101 个县	36		211

①注意下列说明：（1）县和地方财政收入在南部地区一般是总收入的一个相当小的部分，例如，在亚拉巴马、佐治亚和北卡罗来纳是 25％或更少；而在大平原和中西部地区，它占相当大的部分，例如，在科罗拉多、南达科他和内布拉斯加是 75％或更多。假设：在南部地区，州对学校资助的经济影响相对于其他地区而言大大地减少了农场不动产的税收负担，这个利益是按照农地价格计算的。（2）在南部中心地区，佛罗里达和路易斯安那表现出相对较大的生均经常性支出，西南部的得克萨斯和俄克拉何马也是这样。假设：这些州的教育质量肯定高于南部其他地区。（3）大平原各州内"农业县"生均经常性支出一般高于该州按所有学生计算的生均经常性支出。假设：这些"农业县"的教育质量低于全州的教育质量（主要因为更大的地理分散性）。（4）集中在南部地区的九个州中，"农业县"的生均经常性支出从 128 美元到 193 美元不等，而在中西部和大平原的六个州中，对于县一级来说，这些支出从 316 美元到 473 美元不等。假设：九个州的教育质量是六个州教育质量的一半左右。

资料来源：U. S. Department of Health, Education, and Welfare, *Statistics of Public School*, *Systems in 101 of the Most Rural Counties*, 1955—56, cir. no. 529, 1958, table 3. 以挑选的 101 个"农业县"为基础，它们分布在表 8.1 指出的 24 个州之中。

最后，在这里描述的教育状况中，对教师支付的报酬是有差别的。关于这种支出数据由两部分组成，以 1962—1963 年的州统计数字为基础，比较薪水等级中的最高一级和最低一级，然后以 1955—1956 年的州和县资料为基础，进行更有差别的比较。

1962—1963 年公立小学教师的报酬在薪水最高的 3 个州比在薪水最低的 3 个州要多 86％。如果人们按照 20％的假定生活费用差别进行调整，那么，3 个薪水最高的州支付的平均薪水比 3 个薪水最低的州支付的平均薪水还要高出 55％。①

对于 1955—1956 年，由州和县支付给公立小学和中学教学人员的薪水估计，如表 8.2 所示，对 101 个"农业县"进行了分类，它们分布在 24 州之间。第一行表示 101 个县中 10 个薪水最低的县。薪水最高

① 同上页注①，表 19。最高薪水的 3 个州（不计阿拉斯加）是加利福尼亚、纽约和密歇根，平均薪水是 6 631 美元，薪水最低的 3 个州是密西西比、亚拉巴马和南达科他，平均薪水是 3 570 美元。

的 3 个州也被列在表中。

表 8.2　　　　　　　　　**公立小学和中学教员年薪**
（包括按教育质量的调整）　　　　　　　　单位：美元

组　　别	教员的年薪		
	1955—1956 年* （实际的）	1962—1963 年** （实际的）	1962—1963 年 （理想的）
支付最低薪水的 10 个"农业县"	1 826	2 600①	6 000②到 7 500
101 个"农业县"	2 933	4 200①	6 000②到 7 500
101 个县所在的 24 个州	3 720	5 300①	
美国	4 156	5 940	
薪水最高的 3 个州	5 092	7 233	
1/10 质量最高的学校③	5 250	7 500	7 500

①1955—1956 年估计增加 43%，与下引报告中的第 4 列和第 5 列所示的实际增加相符合。
②7 500 美元估计数向下调整 20%，假设生活费用差别就是这个比例。
③所示的估计数是对这一组相关薪水的合理的猜测。假设：为教师支付平均年薪在 6 000 美元和 7 500 美元之间的农业县能够获得和保持美国质量最高的 1/10 学校所要求的教师质量。

资料来源：＊U. S. Department of Health, Education, and Welfare, *Statistics of Public School Systems in* 101 *of the Most Rural Counties*, 1955 - 56, cir. no. 529, 1958, table 3, and U. S. Department of Health, Education, and Welfare, *Statistical Summary of Education*, 1955 - 56, Biennial Survey of Education in the United States, OE-10003, 1959, table 24. ＊＊ U. S. Department of Health, Education, and Welfare, *Digest of Educational Statistics*, 1963 ed., table 19.

这些数据特别为揭示全州范围平均数所掩盖的教师薪水差别程度提供了一个线索。24 个州教学人员的平均薪水和这些州中 10 个县支付的最低平均薪水之间的差别是二比一。当然，我们有把握地推断，平均教师报酬为 3 700 美元的州中，那些只支付 1 800 美元左右的县与支付高薪水的县相比，在吸引高水平教师上是不具备竞争力的。同样，当这些州与支付更高薪水的其他州竞聘这样的教师时，它们只得甘拜下风。

8.5.2　为什么投资不足?

首先，我们需要一个确定投资不足和对投资过度的检验。丹麦的农村儿童比我们很多农村儿童获得更多更好的教育不是一个适当的检验。从投资价值角度来看，这种教育在丹麦所用成本可能比美国少。在这方面，我们的城市家庭的子女同样比农村家庭的子女好得多，由于同样的原因，这也不是一个令人满意的检验。一旦我们决定把教育作为一种投资，那么有关的检验就应该与教育投资的收益率相关。在这一点上，我可以肯定地说，有大量的证据表明我们农村儿童获得的教育在数量上和质量上（尤其是后者）存在着严重的投资不足。

其次，甚至只要对这个问题稍加思索就可以指出教育的这种投资不足的许多可能的原因。值得提及的原因如下：（1）农民对其子女所上的公立学校没有充分的政治控制；（2）他们面临着歧视；（3）这种教育被主要看作是消费，像小汽车对十多岁的青少年一样，昂贵，费时，还耽误正常的工作，因此必须加以限制；（4）即使假定教育的数量和质量能得到保证，农民也简直负担不起——他们缺资金，因为他们要受资本配给的限制；（5）他们对所需的教育数量和质量缺乏必要的信息来做出最优决策。现在，我们将依次对这些原因的正确性作一些评论。

（1）关于政治控制，存在很多复杂的声音。生活在农场或位于农村地区学校附近的某个地方的非农业工作者明显地稀释了农民对本地学校的政治控制。在城市边缘地带用税收收入来支持本地学校困难重重，而在这些地区，财产税仍然是学校收入的主要来源。当你倾听在外地主和在乡下拥有夏季别墅而又对其财产征税的决定无表决权的城里人的意见时，就可以了解到问题的另一面。学校合并虽然有很多优点，但对农民来说常常是一个令人头痛的问题。尽管如此，农民在政府的立法机构中长期占有超额代表席位。当最高法院决定生效时，这种政治权力就开始进行再分配。农民没有使用他们在过去享有的超额代表席位来使他们的子女获得第一流的学校。因此，今后将更多地依靠非农业的投票人达到这个目标。如我在别的地方指出的那样，农民和城市居民都难以接受新政治秩序的转变。为了有秩序地和稳妥地向这种新政治秩序转变，必须要周密谋划，广泛制造舆论。[①] 因此，在这个过程中，在城市居民中间还有很多事情要做。利害关系是很大的。为学校征税和提供资金以弥补城乡教育之间的质量差异的权力，是促进这个转变的关键问题。

但是，我们不要忽视这个事实：教育质量一般与农民对这种教育拥有的政治控制程度具有负相关关系。农村黑人政治代表席位的缺乏显然是另外一个问题。

（2）歧视重要到什么程度呢？儿童上学的动力可能会因此受到不利的影响。提供学校的成本可能增加。从工作和收入方面说，获得教育的价值可能因歧视而减少。遗憾的是，我们对这些问题所知甚少。但是，我冒昧地认为，学校合并一般没有伤害上学的农村儿童的动力。正相反，我认为这刺激了他们的动力，因为他们感觉到他们比以前更多地置身于现代发展的主流之中。但是，维持两个种族社会中两套不同的学校

---

① 参见本书10.5节"对农业的负面报道"。

肯定会增加教育的公共和私人成本。教育的经济价值显然对就业歧视很敏感。黑人、美洲印第安人、西班牙裔美国人和其他族裔人面临着这种歧视。[1] 它减少了多大的教育价值呢？虽然泽曼（Zeman）的研究把白人男子和黑人男子的收入差别主要归因于教育数量的差别[2]，但是，即使非白人的教育数量增加，似乎对他们不利的严重歧视依然存在。解释这种歧视的另一个假设是，非白人获得的教育要劣于白人获得的教育，这样，有一部分工作歧视是教育质量差别的结果。

（3）教育主要是消费的这个观点有多大的有效性呢？当然，在具有很高收入和现代经济的国家中，大多数人把普通的小学教育看作是他们生活标准的一个组成部分，这是正确的。这样，他们的偏好给他们带来消费的满足。但是，这个事实并不意味着小学教育在增加未来收入方面没有任何价值。汉森（Hansen）把公共和私人成本作为对教育的投资，他对美国的公共和私人总成本的收益率的估计表明，在 1949 年，男性边际收益率从完成 2 年教育的 9％左右剧增到完成 7 到 8 年教育的 29％左右。[3] 我本人早先对 5 到 8 年教育的估计支持了这样高的收益率。[4] 再一次引用吉萨的研究。[5] 他对农业教育收益率的研究，是以教育总成本、农场工资率和在 1958 年男性完成的平均教育年限之上加上一年教育为基础的，这种研究表示各地区的收益率如下：

地区	收益率（％）
西部和西南部	20
北部大西洋沿岸	21
东部和西部中心和大平原	23
东南部	28

改善教育质量的收益率很可能完全与上述教育数量收益率一样高。我的意思不是说父母不应该重视他们从其子女的教育中获得的消费

[1] Gary S. Becker, *The Economics of Discrimination* (Chicago: University of Chicago Press, 1957).

[2] Morton Zeman, "A Quantitative Analysis of White-Nonwhite Income Differentials in the United States" (unpublished Ph. D. dissertation in economics, University of Chicago, 1955).

[3] W. Lee Hansen, "Total and Private Rates of Return to Investment in Schooling," *Journal of Political Economy*, vol. 71 (April, 1963), table 3, p. 134.

[4] 参见 T. W. Schultz, "Education and Economic Growth," in Henry, *Social Forces Influencing American Education*.

[5] Micha Gisser, "Schooling and the Agricultural Labor Force" (unpublished Ph. D. dissertation in economics, University of Chicago, 1962).

满足以及他们的子女的一生从教育中得到的满足。我的论点是，这种教育除此之外也是可以带来高报酬的生产能力投资。然而我也知道农业和其他职业中有些双亲仍然不重视教育，并且通过把教育作为一种负担不起的消费而为他们的错误观点进行辩护。我确信，具有这种思想倾向的父母是少数，但是，在改善农村儿童教育的任何综合性计划中，不大力批判这个观点将是一个错误。

（4）我现在谈谈经常被引用的另一个教育投资不足的原因，即农民无力对教育进行投资。在这里，把投资机会（包括教育投资机会）之间的选择问题及纠正个人财产和收入分配不平等问题区分开来，是必要的。

我们把投资看作是资本形成，无论它是以物质形式还是人的能力形式。因此，资本是必要的。但是，农民从什么地方获得资本呢？假设他们必须借一部分，这种可能性是较大的，尽管教育贷款的资本市场还很落后。首先，农民在当前比在 10 年前更少受资本配给的约束。第二，也是密切相关的一点，是他们的资产价值大大提高了。农场主家庭拥有的平均资产净值相当大，在 1962 年 12 月 31 日，他们平均约有 44 000 美元。[①] 我知道这个平均数字隐藏了个人财产在农业家庭之间分配的严重不平等。然而，农业家庭确实能够利用一部分财产投资于其子女的教育。

农业的其他各种可供选择的投资机会甚至还没有接近上面所说的关于教育投资的收益率。土地的投资是很大的，但是它的收益率在 5% 左右，与之相比，来自小学教育的收益率为 30% 或更高。拖拉机、现代农业机械、高生产性的牲畜和化肥在很多情况下比土地和土地改良获得更高的收益率，但是，它肯定远没有教育收益率那么高。根据这个检验，很多农业家庭在投资机会面前的确没有做出明智的选择。如果这些农业家庭每年将较少的投资用于农业的物质资本而将较多投资用于子女教育，就能够改善他们的长期的财产和收入地位。结论是根据合理的经济原因，他们只能这样做。

关于向土地征税以资助学校方面，有两点普遍被忽视了（提出这些问题并不是我想要抛弃这个正确的观点，即财产税不是为公立学校筹资的充分的基础）。众所周知，南方大部分地区的教育资金比全国大多数其他地区更为吝啬，但南方个人收入用于教育的比例大于其他地区。由

---

① *Federal Reserve Bulletin*，March，1964.

于这一点，我坦白地说，施皮策（Spitze）研究的结果是令人吃惊的。他发现对农地征收财产税相对于对这种资产的价值征税，南部地区比美国其他地区要少得多。①

还有一点是关于农地价值的非劳动收入的增加，它们是联邦农业计划和按土地计算对农民的转移支付的结果。我们无需赞成和接受亨利·乔治的单一税经济哲学，即为了我们的学校而征收应归于土地所有者的那部分非劳动收入是理所当然的事。

农业家庭的负担能力也提出了个人财产和收入在农业家庭间分配的不平等问题。这是一个严重的问题，而我们长期忽视了它。我们的社会主要依赖累进所得税来调整这些不平等。但是，我想这种税收对调整农业的这种不平等不如其调整其他大多数经济部门的不平等那样有效。更糟的是，我们的联邦农业计划在它们影响农业家庭之间个人收入分配方面是累退的。只有一代人不懈努力，矫正上文所说的不平等情况，联邦资金才能在提高我们农村学校的教育质量方面发挥最好的作用。这应该是以减少贫困，尤其是减少农村的贫困为宗旨的政策基石。

（5）教育投资不足的最后一个可能原因是缺乏信息。也许大学教育方面的基本问题比小学教育的基本问题要容易理解些。大多数青少年即使在中学成绩优异，也不知道自己的实际能力，而这种能力是与在大学里的表现相关的。因此，大多数农业家庭在选择大学时并不知道他们在购买什么。挑选一台电冰箱或立体音响已是十分困难的了，尽管在决定购买之前它可以被检查和测试。如果你挑选错了，那么，它的寿命就相对短些，这个错误是能够得到纠正的，而就大学教育而言，学生会受到一辈子的影响。但是，农业家庭特别是父母都没有上过大学的农业家庭能够用什么标准来决定教育产品的相对价值呢？甚至消费研究机构也是无能为力的。有关学生所投资的特殊高技能和知识的未来需求也是一个基本问题。这种技能的短缺在什么地方呢？是否会有很多人寻求进入这个职业？可供大学生选择的各专业领域的未来收益率是什么呢？在这些重要的问题上，不可否认，农业家庭是缺乏有用信息的。

但是，小学教育也几乎一样糟吗？我的猜测是，在这里有效的信息也是非常缺乏的。农业家庭根据什么来决定高质量教育的标准呢？优秀的教师应得到多少报酬呢？这些学校能够获得多少优秀教师，取决于它

① R. G. F. Spitze and W. H. Heneberry, "Burden of Property Taxes on Illinois Agriculture," *Report of the Commission on Revenue of the State of Illinios* (Springfield, 1963). See table 8.3.

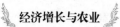

们对其支付的报酬是多少。按照目前的薪水情况，农村学校支付给教师的年薪少于 6 000 美元时能够吸引和留住高水平的教师吗？我对此表示怀疑。然而，大部分学校支付的薪水比 6 000 美元还要少得多。农业家庭还需要有关学校规模、各年级教师专门化程度和学生上学时在农场工作的时间对教育质量和学生所学的知识的影响等方面的信息。

综上所述，对农村儿童的小学投资不足主要不是农民对这些公立学校的政治控制不充分的结果。不过，种族歧视是一个因素。那种认为这种教育只是消费而没有重要的生产性价值的观点乃是一个错误的观点。虽然许多农业家庭能够负担得起比它们现在提供给其子女的好得多的教育，但是很多家庭却也是实在太穷了，以致无力这样做。缺乏信息是最重要的因素！如果我们必须受到责备的话，错误就在于农业机构没有提供这种信息。这是我下一节即将论述的题目。

8.5.3 为什么农业机构在教育方面如此消极？

农业机构在教育方面的消极态度的答案很久以前就存在于既得利益集团支持的早期思想和历史中，但没有引起人们的注意。这些早期思想是开创性的。它们使我们把有组织的研究和有组织的推广作为农学院和美国农业部工作的一部分。它们敢于向科学技术投资，并获得了巨大的收益。农学院在政府赠地的事业中赢得了支持和支配地位。但是，按照这些早期观点，现在拥有强大既得利益的农学院在促进农民福利方面是无效率的。它促进了农业，它仍然忠实于它的旗帜，这面旗帜上刻着农业二字。如果这面旗帜上写的是农民，而不是农业，那么历史和制度可能就会出现很大的不同。

农业的概念正在扩大，但没有扩大到农民。虽然《珀内尔法》(Purnell Act) 向这方面迈出了一步，但《研究和销售法》(the Research and Marketing Act) 却使我们离开了农民而转到了农产品的加工和销售。我们现在也愿意为农业综合性企业登广告、招收更多的学生。但是，与农村儿童教育相关的问题不是这个概念的一部分。专门论述这个问题各个方面的试验站公报仍然少得屈指可数。

如果我们再考虑农业部专业人员做的事情，我们会发现同样的偏见。探讨农民福利的直接的和明确的方法还没有摆到议事日程。数量极少的、得不到充分支持和首肯的一部分人正在为此而忠实地工作。

8.5.4 政策含义是什么？

需要有新的思想代替现在已过时的旧思想，这些新思想将重新安排农业机构的才能和能力，以便它能够明确地按照与一般福利相一致的方法促进农民的福利。我现在论述三个问题：农业体制的改革；对未上过正规学校的成年人的特殊教育计划；增加对农村青年教育的投资计划，特别是教育质量的投资计划。

一个谨慎的建议。这不是一个激进的建议，虽然它的目的是改革。它需要长远的眼光。它以取代传统的农学院的各种模式为基础，在这里我们要简略地考察一下。但是，在论述这些模式之前，让我消除你的忧虑。我知道任何根本的改革都是缓慢进行的。我在这里所要强调的是：时机是有利的。农业机构对农业普遍地遭到不适当的报道的批评变得非常敏感。[①] 农学院不能再为其入学人数、资金和在我们的政府拨地体制中的下降地位而自鸣得意。在这些学院中还有很多令人不安的事。有些专业人员不幸只有招架之功。由于其陈旧的体制结构、国会的法令并且最主要是由于它不能解决农业核心问题，农业部也日益灰心丧气。在上一个财政年度，花费了 70 亿美元却没有改善农民的福利。

因此，改革的时机成熟了。所以，让我们考虑用另外的模式尝试着代替现在的农学院模式。甚至名称的改变（在政府拨地体制中已变得很时髦了）也可能有一些意义。农业和生物科学学院正在试验中。为什么不能试验一个以农业和农村福利为基础的模式呢？在阿巴拉契亚山区，传统的农学院似乎最不适当，为什么不发展一个对农村社会福利适宜的模式呢？传统的农学院有些工作还是需要的，它的基本目标将包括更多的东西，我假定，这个模式的理论核心是以社会科学为基础的。

在农学院，推广服务比有组织的研究和大学教学服务更少地受到传统影响的束缚。在密苏里发展的推广方法特别值得注意。我确信其他地区能够从这个及其他类似的推广创新中获得裨益。

关于大学里的活动，别的暂且不论，我赞成只专门从事农学院的大学生和研究生教学改进的内部研究。奇怪的是，为了提高农民的生产，发明了各种各样的研究方法，但却从来没有想过这样一种研究，即它被计划用来找到改进农学院的产品和生产过程的方法，难道担心如果找到一种方法就要进行难以想象的痛苦的调整吗？对农民十分有益的东西竟然会不利于农学院！最初，目标应该是把总教学预算的 5％ 专门用于这个方面的有组织的研究。现在迫切地需要将社会人类学、社会学、政治科学和历史纳入我们农学院教学的主要课程。培养新的一代人使他们不被

---

① 我在本书 10.5 节 "对农业的负面报道" 中将考察这个问题。

灌输或被迫接受长期存在的物质主义的偏见，这比以往任何时候都更为必要。

关于这个谨慎的建议，最困难的是有组织的研究。有名望的、古板的科学家将最不愿意为它让出一席之地。农业经济学家在其他研究问题上也有既得利益，但对他们来说，关于农民投资的分析还是一个未开发的边疆。无疑，可以恰当使用珀内尔基金进行这种研究，也有一些其他的可用基金。国家科学基金会和卫生、教育和福利部的研究机构是新的重要的财政来源。美国教育署最近为此目的拨款 250 万美元给俄勒冈大学。有一些新的关于教育的联邦立法授权，指定 10％的拨款专门用于计划和研究。这些法令将为因公共资金缺乏而长期经费不足的有组织的研究提供十分必要的基金。

正规学校体系之外的成人教育。我毫不怀疑为成年教育服务的新计划是必不可少的。数以百万计的成年人，包括年轻的和年长的，无论按照何种标准，几乎都是文盲。学校教学质量低下，种族歧视、缺乏动力和不充分的资源对此是要负责任的。这些成年人是政治和文化环境的受害者。为他们是能够做一些事情的。有人相信正规学校在某种程度上可以承担这个任务。但是我确信，这恰恰违背了为这些成年人提供最适宜教育的初衷。相反，我们所需要的是提供能够有效地为这些成年人服务的特殊速成计划。据我所知，还没有任何分析涉及这种计划对社会的成本和收益。我们显然需要这种研究。我冒昧地假定收益率将会比大部分对物质资本的常规投资的收益率高得多。此外，这个计划将给人们带来巨大的消费满足，最重要的是，它促进了一个国家更加健康的发展。

改进农村地区教育质量的政策。在这一点上要论述的东西都包含在我已经说过的内容之中。我已多次强调上学和成绩出众的动力和机会。即使像印第安纳这样先进的州，县与县之间在动力和机会方面也存在着很大的差别，正如进入大学的中学毕业生的比例显示的那样。有 1/10 的县，在 1960 年有 55％的毕业生进入大学一年级；而在最不容易进入高等教育的 1/10 的县，只有 20％的中学毕业生进入大学。[①]

困扰着我们农村学校的许多质量上的缺陷一般不是对这些学校的城市政治控制的结果。而且，很多农民有能力对他们的子女教育进行比现在多得多的投资。有些人之所以不这样做，是因为他们受到文化落后的束缚。这种落后能够通过扩展工作而减少。没有充分地投资于教育的更

---

① 资料是 J. C. 博顿（J. C. Bottum）寄给我的。各县资料是按照 1960 年中学毕业生进入印第安纳和其他州大学的比例顺序排列的。

重要原因是缺乏怎样投资、成本是多少和未来收入的报酬是多少等等的信息。在这里，有大量的工作需要做——研究生产有用信息并把它推广给农民。我们按照已提出的温和的改革建议进行整顿，所有这一切我们都是能够做的。

但是，我们能够轻易采取的这些步骤将是不充分的，因为很多农民目前还担负不起高质量教育所必需的费用。这些农民深陷贫困之中，而在南方，种族间的传统又大大使这种贫困复杂化了。这里，新的收入来源是绝对必要的，而联邦为此目的的拨款长期不足。

我坚信，如果农学院、农业部和农业组织认真思考一下，为联邦拨付给农村中小学的资金提供一个经济依据，那么，这些学校必需的资金问题有可能早就解决了。虽然为多年丧失的机会而惋惜是没有多大意义的，但是，我们再也不能继续忽视这个重要的问题了。

表 8.3　　　　　　　　1960 年对农场不动产的征税额　　　　　　单位：美元

地区	每 100 美元的价值	每 1 000 美元的农场净收入
东北地区	1.54	135
大湖各州	1.48	120
北部平原	1.29	109
玉米地带	1.07	113
太平洋沿岸	0.96	105
山区	0.79	88
南部平原	0.54	64
阿巴拉契亚山脉	0.49	37
三角洲各州	0.46	35
东南地区	0.38	34
48 个州	0.99	89

资料来源：R. G. F. Spitze and W. H. Heneberry, "Burden of Property Taxes on Illinois Agriculture," *Report of the Commission on Revenue of the State of Illinois* (Springfield, 1963), table 7.

8.6　农学院的教与学[①]

在我们对教育过程的探讨中，我想要对我称之为定势偏见的东西谈

① Reprinted by permission from *Journal of Farm Economics*, vol. 47 (February, 1965), pp. 17 - 22. 该文原来是在密歇根州立大学 1964 年 3 月的一份讲稿。我要感谢密歇根州立大学的阿尔文·豪斯（Alvin House）的大力帮助。

几点意见。我的论点是，在试图理解教育的作用时，我们关于教与学的环境和它的组成部分的观念是很不适当的。在这种意义上，由于存在定势偏见，我们陷入了困境。

让我从学生之间的各种差异开始谈起。我们没有规定存在于学生之间的差异来源和范围。能力、动力、他们才能实现的阶段以及对自己才能的信心都是差异的组成部分。我们谈论能力的差异，它们是重要的，但我想动力的差异与能力差异一样重要。我们知道它们是存在的，但我们不能掌握它们。据我所知，还没有出现过这样的研究，通过搜集证据把这些动力差别考虑在内的各种教学中，做出理性决策所必须知道的各种事情。

在我国的高等教育中，我们允许更多的学生进入大学，比起欧洲大陆我们也给他们更多的时间来发现自己的才能。的确我们为此付出了代价，但也得到了报偿。按照毕业生人数对入学人数的比例来测量，英国大学教育的效率是很高的。另外一个效率标准是在校和毕业的学生人数对大学适龄人口的比例。按照这个标准，美国大学更有效率得多，因为它们接收了更多的学生（相对地说），虽然入学学生毕业的比例要小得多（例如，在 1955 年秋季第一次进入艾奥瓦州立大学的 2 200 个学生中，毕业的人数大约为 1/3）。原则上，我相信大学应该制订计划，把入学学生中间的重大差异作为发现才能的基本部分，但是有人认为要做的事情只是认真地挑选入校学生，从而实际上没有差异，或至少把差异降到这样一点，即几乎所有的人都有毕业的能力和动力。但是，如果这是唯一的挑选标准，我们实际上就走错了路。当然，这个看法并不意味着每个申请入学的人都被吸收进大学中来。它意味着对能力和动力的特殊形式和范围，应该加以识别和接受。虽然我们的选择程序有很多缺点，但在这一点上，我们的高等教育比英国做得更好。

当我考虑这些组成部分和它们的差异时，我完全不清楚培养最有才华的学生会得到最高的报酬，我也丝毫不认为最有才华的学生应该从教师那里获得最多的服务，实际上，在他们身上我们花费了太多的时间！正是那些才华不出众的学生可能从教学中获得更多的东西，那些才华较差但仍然优秀的学生大概从教师那里获益最大。对最优秀的学生，可以指导他们通过研究问题，在他私人的图书馆和大学图书馆中用我后面提到的方法学习经验。这里大量需要的是创新和实验。

其次，我们没有通过考察我们所讲授的和列入大学 4 年教学计划中的知识的过时率的差别来说明我们的工作。有人曾经设计了一个图表，表明"学生学的知识很多在毕业后 3 年就过时了,这部分是 5 年过时,那部分是 7 年过时"。过时率是什么?我相信我在大学学的东西有一半在 5 年后就过时了。我曾经使我的同事为难,要求他们绘图表明这种过时的情况。根据这个尺度所表示的教学寿命是什么呢?对我来说似乎是不言而喻的。当学生将要在 40 或 50 年中利用他在大学 4 年期间所获得的知识时,他获得的教育所包含的寿命长度是一个非常重要的考虑。如果有一种教育选择将有 10 年寿命而不是现在的 5 年寿命,那么我认为就有有力的理由改变知识的混合以延长其平均"寿命"。我的一般观点是,我们农学院的教育寿命太短了。这就对我们通过大学教学而达到的目标提出了意义深远的问题。

我相信我们正在试图帮助学生获得认识自己和学到价值观念的一个基础。我越来越感觉到在这一方面学生从美术中获得的东西比我们意识到的多得多。在这一点上,社会和文化有很多共同之处。大学者们在这个领域里似乎逐渐得到了一个共同的看法。我们思考的过程在这里做出了重要贡献。我将把对组织概念的理解也放在很高的位置上。学习这些东西对学生的一生必定大有裨益。让我再补充一点,我们应该培养每个学生怀疑的能力,如怀疑思想、信仰、价值和他的教师。每个教师都应该受到怀疑,每一页文字都应受到怀疑。学生怎样发展这种才能呢?我不太清楚。但是,在向这个方向前进的过程中,我相信这是一个基本的和重要的学习内容。

让我简单地论证一下为什么知识过时的问题是重要的。我们所处的这个社会,技能需求迅速变化。(对于相马之类的事情我还是颇有名声的,而且我爱马。但眼下这种技能对我是不相干的。这里我不打算说得太明确,只是讲清所涉及的那个原则。)对技能需求的迅速变化是经济增长的结果。我们也看到在职培训的急剧变化。对于受过大学教育的人,这种变化越来越频繁。越来越多的工人在毕业后和在职培训中获得特殊的技能。明瑟(Mincer)指出:在 1939 年,在职培训的男性中只有 1/3 上过大学,与当时正规教育一样多。在 1958 年,在职培训的男性中 2/3 的人已受过大学教育。对我来说,含义是清楚的。很多的专业化实际上是通过在职培训产生的。

我们的工作就是给学生提供一个基础,在此之上他能够建立和形成自己的技能,以适应这个社会迅速变化的技能需求。所以,我们应该将特殊的训练列入最低的等级。我们应该将学习原理和理论列入较高的等级。我们应该给以分析方法和过程为基础的致力于解答问题的教育以最优先的地位。如果你问我怎样才能做得最好，那么，你不要指望得到回答。我不知道。我的主要意思是我们甚至还没有试图去证明它和研究它，虽然这是我们的本职工作。我们告诉农民他们应该更有效率些。我们告诉其他所有的人他们怎样才能把工作做得更好。但是我们没有把严格的和分析的思想带到我们的工作中来。当然，我们传授的知识和学生学习的知识的过时率都太高了。

现在让我转到另一个偏见，即我们对学生时间的评价。教师和大学其他投入用于大学生教育的所有时间的总价值没有学生投入时间的价值那样大。学生时间的牺牲和机会成本大大地超过了其余一切。然而，我们把学生的时间看作仿佛没有价值似的，当作免费的投入。他似乎应该永远感激能被允许待在大学里，即使他一年放弃了三四千美元！对学生时间价值的低估是一个严重的问题，因而必须重视起来。一个社会变得越富裕，这个问题就变得越严重，因为被选拔上大学的人的挣钱能力提高了。学生时间的分配不当似乎越来越严重而不是改进了。原因是学生的时间相对于其他教育投入来说变得更值钱了。我几次提出建议，我们实际上应该向学生支付与他们放弃的时间相称的一份薪水，这必须像我们教师的薪水那样来自大学预算！我们将不得不考虑到我们是在与一个多么有价值的对象打交道。这个定势偏见直至我们认识到高等教育的最大实际社会成本是学生的时间之时才能加以克服。它比所有的其他资源的成本加在一起还要昂贵。

教师的时间价值次之，我们实际上也没有面临这个事实：教师的服务变得比其他教学投入更昂贵。我们实际上没有寻找替代物。作为经济学家，我们告诉人们当价格比率变化时，要注意投入之间的替代可能性。我们告诉他们为了节约更贵的投入而多使用便宜一点的投入。教师时间相对于其他教学投入，如图书馆服务，变得更值钱了。但是，教师往往把过多的时间花在课堂上。即使他们的时间不是这样宝贵，即使学生的时间不是这样宝贵，也有可信的证据表明教师和学生在课堂上花费的时间太多了。我确信，总有一天我们将会发现，只要花费我们现在让学生在教室里的时间的一半，我们就会更接近最优。

让我对替代可能性进一步做些评论，因为我们有一个偏见，即在不同投入之间没有替代可能性。我完全不相信这一点。有人说 10 年后数学教学将是半机器化的。这是值得怀疑的。也许一些形式逻辑能这样教。在我们的教学中，我们必须准确地寻找这种替代可能性，确定与决策有关的成本结构。我知道我们能用阅读代替讲课，而且，学生可能会学到更多的东西。如果我们讲得少一点，学生阅读的时间就多一点。我相信，原始的论文和文献能够代替教科书，教育质量在这里也会有一个提高。

代替上课时间的另一种可能性是用大学生的研究取代传统的课堂教学。现在我不知道这方面的界限是什么。我们在芝加哥获得了国家科学基金会经济学拨款来做这个工作，已取得了良好的成果。有些高年级学生提出了研究建议和分析，它们比很多一年级研究生的分析还要好。这些高年级学生具有高度的自觉性，虽然他们还只是"区区"小青年。与他们一起工作确实是一件愉快的事情。我相信，对于某类学生来说，这种方法是教学的一个行之有效的方法。如果我们真想试一试的话，我提到的这一点应该被列入议事日程。

学习用功的学生在 4 年大学学习基础上能够提交的论文数量之少和质量之差使我大为震惊。这似乎令人难以置信。很少有学生写好文章后说："我送两篇我写得最好的论文供你思考。"申请从事研究生工作的学生缺少两件东西：第一流的论文和至少一名深入了解他的教授。

改进教育配置效率的一个很大可能性是识别和利用那些能够给同窗提供非正式教学指导的学生。我并不是说让他们在课堂上教课。我所说的教学是在学生与学生之间进行的。这种相互影响的价值被低估了。在芝加哥，通常总有几个能力强和自觉性高的研究生，他们的批判艺术是这样有效，致使每个教授都小心谨慎，以防出错。几乎每一场演讲中，都有学生提出疑问。其他同学被吸收到讨论中来。这些人在激发智力成长方面比很多教师做得好。我们应该发现这样的天才并发挥其作用。学生之间的自我教育严重地被低估了。

学生的私人藏书对学习也是有帮助的。斯沃思莫学院有一个计划，每年奖励在这方面做得出色的学生。我认为每个学生都应该拥有一批私人藏书，这些书上写有批注并且值得一读再读。也许我们能够找到一种办法，当确定学生们已经拥有这样一个有用的个人图书馆时，就把最后一年的学费在学年结束时归还给他们。这也是一个资源有效配置的问题。

另一个偏见产生于文化与科学之间的两分法。实际上意味着科学与人文科学的两分法。这是一个错误的两分法。使我们误入歧途。除非两者都是我们文化的组成部分，否则我们当然不可能说自己是一个受过教育的人。

最后，我想要提一提学生的来源。我要严厉批评农学院多年来没有关心过农民子女的小学教育的质量。尽管对研究工作作了很大努力，但实际上没有一个是确定头八年教育质量的成本和收益的。来自这种教育质量投资的社会报酬是非常高的。在改善头八年教育质量的成本之上，追加必要投入的年收益率大概超过了 30%。在很多投资上你不可能获得这样高的收益率，更不用说从中得到的文化满足。

我在这里提出的一些看法是要表明在我们的大学里教与学的效率是能够检验的。在从事这样的检验中，经济学的许多概念是适用的。但是，由于存在着偏见，我们关于教与学的环境及其组成部分的看法是不适当的，以上我只简要地考察了这个问题的最重要的方面。

第三篇

对美洲的应用

第9章 拉丁美洲

9.1 经济增长理论与农业的获利性[①]

一般说来，拉丁美洲国家有它们自己独特的经济发展政策，而不管怎么样，农业几乎都得按照这种政策来调整。提出获利性问题会被认为是节外生枝，即这样的思路只能使注意力离开农业发展所依赖的基本原则。这些基本原则被假定是需要补充物（如信贷、市场便利、道路、机械、灌溉网和土地改革）的生产要素。无疑，这些要素对农业发展是必不可少的，但是，在拉丁美洲，一般说来，农业没有足够的利润来保证使之现代化所需要的投资，而缺乏获利性则主要是经济增长政策的结果。

9.1.1 经济增长的前景

就主要拉美国家（墨西哥除外）的农业来说，其经济前景仍然非常暗淡。前景还是有望改变的，但这要求在经济政策上做出根本的改变，要求采取一种不同方法推动经济的增长——这种方法将使农业现代化变得有利可图。而要做到这一点，就要确定农业大规模增产的条件。

土地。农业经济前景不佳不是由于缺乏良好的自然条件。在阿根廷，大部分旁帕斯（Pampas，阿根廷大草原的名字）是极好的农地，

---

① 这是提交给 1967 年 4 月在华盛顿特区由泛美发展银行举办的题为"下个十年拉美农业发展"研讨会的专题论文。大会论文由该行以上述题目发表。

其中有一部分能与美国中西部玉米带相媲美，而且世界上对饲料的需求强烈。智利的自然条件是第一流的。除了加利福尼亚之外，智利中部大概是世界上最好的农业地区，智利生产的对该国有很大利益的高质量新鲜水果在世界上的需求也很强烈。巴西、哥伦比亚、秘鲁和其他拉美国家各自的自然条件对于增加农业生产能力来说也是不错的。

交通。我不认为目前交通仍然是一个严重的限制因素。例如，智利中部，整个旁帕斯，巴西东部和沿秘鲁海岸，都有良好的公路网。卡车运输是一个发达的行业。当然，也有些例外。但是，假若农业有机会大规模地扩大产出，那么，增加一些运输是必要的。

市场导向。人们常常哀叹拉美的绝大多数农业过分专业化了，过分集中于一种作物，而且也太商业化了。但是，农业的专业化和商业化是劳动分工的重要组成部分，而这种劳动分工是由市场导向型的经济带来的。从这种意义上说，形成拉美大部分农业特征的巨大商业化不应带来哀叹，而应是促进经济发展的潜在因素。

现代农业投入。它们可能有两个障碍。一个是农业投入的高价格。这些投入是农民不能生产而必须从非农业部门购买的非农产品，如化肥和农机，包括拖拉机和辅助设备。第二个障碍是缺乏第一流的农业研究机构，墨西哥除外，其他地方的情况也许稍有不同。但是，在这里，我要对一个广泛持有的信念提出异议，这个信念是，在整个拉美地区，大规模的农业推广运动是合理的，尽管这个推广偏好产生了很多失败，但它仍然存在。一般说来，成功的推广活动的前提条件还不存在。除非有有利可图的新农业投入被农民使用，否则与农业生产有关的推广工作只是空架子。

人力资源。这里有一些严重的限制因素，而且，情形很复杂。建立能揭示拉美农业真正获利性的效率价格不足以导致对农民的必要的投资。需要进行土地改革的基本制度变革是必不可少的。这些变化是：①增加农业中的创业精神；②消除对普通农民的社会和政治歧视（对他们中的大多数人来说，这种歧视与美国南部农业中对黑人的歧视相似）；③至少提供初等教育，以便使农民子女能学会读写，较容易地迁移到城市中去。

在这里，这些局限性不是产生于农民对他们的经济命运的改善漠不关心，而是因为拉美的大多数农民缺少读写的基本能力。对初等教育的长期忽视解释了为什么在这一时期几乎所有拉美国家的农业部门有这样巨大比例的文盲人口。

9.1.2　投资选择

泛美发展银行的业务是为全拉美项目的筹资进行贷款，而且正在寻找农业投资问题的解决办法。有好的项目吗？它们像工业、矿业或其他非农部门的项目一样好或更好吗？做这些投资决策是很冒风险的。农业资本的形成显然是与经济发展计划中的下述问题有关：它的目的是要获得投资资源的有效配置，而有效配置是按照各种投资机会的相对收益率所确定的优先次序来进行的。因此，在解决我们面前的问题时，按照拉美农业的投资机会的收益率来考虑是有用的。

收益率方法有一个优点，它可以回避一些困扰着资本理论和经济增长理论的悬而未决的问题。它能处理各种各样新的资本形式，无论它们是增加人力资本存量，增加传统的物质资本形式，还是增加作为生产性服务来源（这些来源常常被掩盖在所谓的技术变革下）的新资本形式。按照收益率思考的优点是由罗伯特·索洛（Robert M. Solow）在他的"鹿特丹讲义"中提出来的。[1] 在考察"工业国家的资本积累和经济增长的关系"[2] 时，他发现资本理论并未得到解决，存在着很多分析困难。但是，索洛相信，从论述储蓄和投资的计划观点来看，资本理论的中心概念应该是投资收益率。[3] 一旦这种思想被接受，收益率的优点是有力而明显的，包括肯定"收益率是面临社会选择的一个有用的指标，而资本—产出率不是"。[4] 我也认为，收益率方法不仅在理论上而且在实际上对于解决我们提出的问题都具有真正的优点。

但是，在按照各种投资机会的相对收益率确定的优先次序制定投资决策时，有一个先决条件就是，我们的产品和生产要素价格都满足效率价格。然而，在这一点上存在着麻烦，因为在拉美大部分地区，农产品价格和农业投入价格远没有满足效率价格的标准。农业中很多最好的投资机会被掩盖在无效率价格之下。

当今对价格作用的重新发现表现出一个奇妙的扭曲。正是在一些社会主义国家里，效率价格和利润的经济效能被承认了，并且努力把这些效能付诸实践。但是，市场经济导向的国家里却不承认这些效能。既然

---

① Robert M. Solow, *Capital Theory and the Rate of Return*（Amsterdam：North Holland Publishing Company，1963）.

② 同上，第 8 页。

③ 同上，第 16 页。

④ 同上，第 28 页。

效率价格和利润正在变成好的社会主义观念，也许它们不久会变得流行起来。现代经济学家大力阐明价格理论的恰当性也还是有价值的。考察主要与价格理论适当性有关的各种不同的经济组织形式已经取得了重大进展。价格理论——原来用于确定在竞争的资本主义经济中资源如何配置、收入如何分配——现在已扩展到计划经济；现代理论研究在影子价格或效率价格的名义下重新发现了同样的价格理论。这样，我们知道竞争资本主义的理论对计划经济或社会主义经济也是适当的理论。

以上论述的意义是清楚的。因缺乏好的政策，效率价格就丧失了。因缺少效率价格，投资机会就被掩盖了。因缺少投资机会，农业就会停滞下来。

在旁帕斯农业停滞的事实面前，难道有人怀疑这种意义的适当性吗？的确，没有一个人争辩说，旁帕斯发展不足是由于它缺乏自然条件，或缺乏交通，或缺乏商业化。现代农业投入是可以获得的。而且，在学校教育方面，按照拉美标准，旁帕斯的农业人口是名列前茅的，在农业生产方面，他们能够比 30 年代以来做得更好，这一点在较早时期已被证实了。

我们设想，泛美发展银行已经在 50 年代发挥了作用，并孜孜以求地寻找增加旁帕斯农业能力的投资机会。我不相信它在旁帕斯地区可以找到任何将产生高收益率的重大农业计划。当时的产品和要素价格实际上掩盖了农业中这种高收益的投资。与其形成鲜明的对照，在墨西哥中部尤其北部，自然条件和其他实际生产要素比旁帕斯差很多，但其农业中却存在各种各样的高收益投资机会。墨西哥北部农业具有获利性和旁帕斯缺乏获利性是这两个地区的关键性差别。

9.1.3 获利性和市场

就拉美农业未来的获利性而言，当前世界供求的变化会进一步阻止这个地区的农业增长吗？对小麦来说，回答是肯定的。但是，即使这样，小麦仍然是阿根廷农业的一个基本比较优势，于是种植小麦可能是一个有利可图的事情，而且可以带来较大的外汇收入。小麦生产的效率价格和现代化是这种获利性的关键。饲料粮的前景更好，肉类、水果和蔬菜的前景也是如此。但是，种植高蛋白粮食还不是拉美国家的经济优势。

然而，只看到农产品的出口市场而看不到它的国内市场是一个严重的错误。而且，萨伊定律并不是完全无意义的，额外的供给能够创造额外的需求。农业的现代化能够降低生产成本，而且，随着成本下降而来的食物价格的下降，存在着一个收入效应，它把需求曲线向右移动。40年代以来，墨西哥的经济发展证明，食物需求的国内增长对一个国家的农业是多么的重要。

考察一下最近农业发展和正在发展的一些情况可能是有益的。虽然拉美大多数国家农业搞得不好，但墨西哥的成功是非常有启发性的。墨西哥的农业生产在 1940—1962 年间以高于 5％的增长率递增，而在 1963—1965 年间农作物产量以高于 8％的增长率增长。这样高的增长率在拉美其他国家是不存在的。[①]

在农业获得这种成功时，墨西哥并没有忽视它的工业。相反，经济刺激使工业和农业都迅速增长。虽然农业生产的大部分增加来自于两个传统的生产要素，即被开垦的耕地面积的增加与农业劳动力就业的增加，但是，有强烈的迹象表明，50 年代中期以来，农业生产率一直在提高。1950—1960 年期间[②]，作为农业现代化的结果，单产大大地提高了。对灌溉的大量投资是这个过程的一部分。1950 年，墨西哥水力资源计划分配了 65 亿立方米水用于农业灌溉，到 1960 年，用水上升到173 亿立方米。化肥的可供量和使用量的提高甚至更加显著。洛克菲勒基金—墨西哥政府研究计划也做出了贡献，研究表明自 40 年代早期以来这项研究的年投资收益率是 290％。[③] 更为重要的是，墨西哥农民普遍地没有受到无效率的农产品和要素价格的伤害；他们对增加农业生产具有强烈的经济刺激，而且，他们对这些刺激表现出惊人的反应能力。在这一点上，我们可以从墨西哥学到很多东西。有希望的是，拉美国家将越来越会把这个教益记在心里。

从经济的可能性来说，拉美国家中的阿根廷的农业表现远远不尽如人意。[④] 旁帕斯农业在增加它的生产能力方面的失败，尤其在 40、50年代期间，就它的经济可能性和它早期较快的发展速度而言，在整个拉

---

① Reed Hertrord, "Some Notes on Mexico's Agricultural Development," 美国众议院银行与货币委员会的国际金融小组委员会成员们在 1966 年 11 月 27—30 日访问墨西哥时，向他们提交了这份简报。作为在芝加哥大学博士研究的一部分，赫特福德先生正在墨西哥对当地农业进行深入的研究。

② 同上，第 4 页。

③ N. Ardito-Barletta, "Costs and Returns to Agricultural Research in Mexico" (unpublished Ph. D. dissertation under way, University of Chicago, 1967).

④ 卢西阿·雷加 (Lucio G. Reca)。当我考虑阿根廷时，我要特别感谢雷加的博士研究课题："The Price and Production Duality Within Argentine Agriculture, 1935–1965" (University of Chicago, Agricultural Economics Paper No. 67：3，February 16，1967).

美地区中是最严重的。而且，无庸置疑，这种失败的基本原因是缺乏经济刺激。无效率的农产品和要素价格实际上掩盖了增加旁帕斯农业能力的所有投资机会。

考察一下阿根廷农业内部的二元性——旁帕斯农业的停滞和旁帕斯以外地区的扩张——是有启发意义的。在旁帕斯，农作物是面向世界市场的；而在旁帕斯之外的地区，农作物则是面向国内市场的。当价格受到管制时，旁帕斯的农民发现畜牧业并不是一个比种植业更坏的选择；在旁帕斯外部，增加国内消费的特殊作物产量的刺激是公平的，因而他们对农作物生产做出反应，而忽视了畜牧业。

卢西阿·雷加（Lucio G. Reca）所做的估计表明，旁帕斯的农业总产出 1960—1965 年比 1935—1939 年增加了 13%，而与此同时，在旁帕斯之外，农业总产出增加了 45.5%。在种植业和畜牧业之间，旁帕斯逐渐离开了种植业，而旁帕斯之外的地区的农作物产出则增加了一倍，如下表所示：

	畜牧业		种植业	
	旁帕斯	旁帕斯之外	旁帕斯	旁帕斯之外
1935—1939 年	100	100	100	100
1960—1965 年	141	97	85	194

我们再次来考虑这么长时间以来作为旁帕斯特征的农业总产出的停滞。难道阿根廷这个地区的农民对农业的获利性完全漠不关心，而只有旁帕斯之外地区的农民对经济机会有反应吗？没有证据支持对这个问题的肯定回答。雷加对阿根廷农民（无论是旁帕斯还是旁帕斯之外）对价格反应性的检验表明，阿根廷的农民对产品和要素价格的反应并不比第二次世界大战以来农业生产率和现代化取得长足进步的国家的农民的反应要差。

撇开价格不论，难道有可能是旁帕斯的实际生产可能性在过去几十年间完全被快速的农业发展耗尽了，而在旁帕斯以外地区，还有很大一部分生产潜力未被开发吗？在这里，回答也必须是否定的。旁帕斯农业现代化在 30 年代就停滞不前了，它现在远远落在加拿大和美国的后面，虽然在此之前它们的农业发展水平是相同的。

旁帕斯农业的失败是一个代价高昂的经济实验。从这个实验中得到的教训对于解决"下个十年里农业经济潜力是什么"这个问题是有说服力的。经济政策确实重要。获利性是必不可少的。农民是会做出反应的。

9.1.4　一些政策问题

我对应该解决的经济政策问题做点评论，以此作为我本节的结论。它们提出了困难的问题。经济发展不是一个一蹴而就的过程。拉美大多数政府在下个十年里能否最终实现经济发展还是值得怀疑的。这样，前景仍然是暗淡的。

（1）拉美大多数国家奉行的经济增长理论对农业是不利的。一般地说，它与农业生产最优增长率相矛盾。促进工业化的进口替代是这种理论的一部分，它使农民使用的农业投入成本和农民购买消费品的成本大大增加了。对非农业消费者的便宜食品，对农产品使用的出口限额和出口税，通过降低主要食品价格来抑制消费者价格指数，这一切做法是该战略的另一部分。这种经济增长理论赋予农产品一个很低的经济价值。这是一个政策偏好问题，而且，它已经是一个经济可能性。

（2）拉美大多数国家的农业获利性长期受到压抑，这种政策不仅对农业不利，而且对有关的国家也是不利的。实践来自于流行的增长理论。最近有一些向好的方面转变的迹象。但它们还不是强烈的信号。

（3）农业的投资机会在墨西哥是如此丰富又具有生产性，但在整个拉丁美洲则仍然大大地被掩盖了。这种掩盖是上述（1）和（2）的结果。高收益农业计划目前极为稀少。农民不应该受到责备。出口市场也不是一个普遍的元凶。

（4）效率价格在大多数拉美国家的政策议程上是不重要的。现行的无效率价格尤其对农业有害。但是，当按照相对收益率确定的优先次序配置投资资源时，效率价格是一个前提条件。然而，一般地说，在太多的拉美国家中，农产品价格很低，而且被严重扭曲了。无论是化肥、农机、拖拉机、农药，还是购买的任何农业投入品，农业投入价格甚至更加无效率，它们严重阻碍了农业现代化。农民所购买的消费品和服务在拉美也是极为昂贵的。

（5）现代化农业的可能性依赖于新的高收益投入物的可得性。这些投入品必须发现和生产出来，农民才能对它们进行投资。除墨西哥之外，这些可能性在整个拉美地区被严重忽视了。如果我们要责怪的话，则美国公共计划必须承担一部分责任，但是，洛克菲勒基金会在几个拉美国家的农业计划，尤其是墨西哥的农业计划已获得成功，应获得高度评价。一般说来，拉美地区的农业试验站资金不足，人员缺乏，不能把科学技术知识转变成为拉美农民使用的高收益农业投入。

(6) 从长远观点看，对农民的不充分投资是所有拉美国家未来农业现代化的致命弱点。实际上，几乎每个国家都忽视了对农民子女的初级教育。公众并没有意愿改善这种状况。在有关教育的问题上，偏重的是大学教育，受教育者绝大多数是有钱人和社会上层人物的子女。大学农业教育的地位极低。

9.2　智利农业经济学①

当然，没有一个人会说，在智利的两周时间就长得足以了解了智利的新发展和这些发展的经济含义。我花了一半时间在田头地边获取第一手资料，花了另一半时间在圣地亚哥与一些相关智利人探索影响智利农业发展的主要政策问题。这个安排是理想的，这次合作非常愉快，讨论和交谈也切中主题。这样，虽然我学到很多，但我深刻地认识到我对阐明智利农业的经济因素的努力的局限性。

一个重要的限制是缺乏可靠的价格信息，这些价格是指农民出售的农产品价格和农民购买的在生产中使用的农业投入物与作为农民家庭消费的消费品和服务的价格。我获得一些数据，并将以此作为分析的基础，但是，它们至多只能被看作是相对价格的假定。同样，关于其他经济因素，我将主要限于有关事实的假定和有关特殊行为模式的未经检验的假设。

我在田头访问时，碰到了几个令人惊异的事情，我将一开始就把它们提出来。

(1) 在管理和经营大农场方面表现出高水平的企业家才能。

(2) 农民必须花费大量时间销售他们的产品、购买投入品和获取信贷。

(3) 虽然农业商业化了，但价格极不确定，为农民服务的市场存在着许多不完善。

(4) 即使有新的学校建筑和教育附属设施，农民子女的教育一般说来令人难以置信地被忽视了。

(5) 对美国 480 号公法下的农产品进口具有强烈的敌对情绪，因为政府能够依赖这些进口品来掩盖它对农业的忽视和它在制定农产品价格

---

① 这是 1966 年 3 月作为经济顾问访问智利的一个研究报告。

方面的错误。

（6）有些大农场的管理和经营明显是无效率的。

（7）在准备土地改革和提供给农民一些信息的过程中，政府工作人员是相当有能力的。他们具有做好工作的强烈责任心。

（8）在信贷分配及他们接受和支付的价格上，小农户受到一定程度的经济歧视。

9.2.1　农业资源状况

如果把智利农业描述得似乎是一种极其贫乏的资源，从而充其量只对智利的经济增长做出极小的贡献，这就犯了一个严重的错误。恰恰相反，农业能够而且应该对智利的经济增长做出重大的贡献。但是，它没有做出这样的贡献，这主要是因为阻碍农业发展的长期政策。这些政策错误是根深蒂固的，因为它们牵涉到社会和政治问题以及与经济政策有关的问题。在这份报告的后面，我将对这些政策和现在发生的变化做一评论。在这里，我想概述一下农业资源的现状。

（1）智利的自然条件是第一流的。

（2）作为欧洲、加拿大、美国的高收入消费者市场的加利福尼亚式水果和蔬菜的供给者，在赤道以北的生产者不能提供这些农产品的季节里，赤道以南的地理位置给智利带来了比较优势。

（3）水浇地面积相当大。灌溉几乎完全依赖地表水。对于未来的发展无疑还有大量的未开发的地下水。但是，当这种投资变得有利可图时，它的利用将需要大量投资。

（4）就其交通特点而言，有良好的公路网。卡车运输是一个发达的行业。

（5）智利农业并不依赖很差的、过时的粮食以及饲料作物、水果和蔬菜品种。刚好相反，它在这个方面比处在智利发展阶段上的大多数其他国家要好得多。对适宜于智利的植物的基本生物研究是非常先进的。由政府和洛克菲勒基金会合作支持的多年成功研究在高生产性作物、水果和蔬菜品种方面实际上为智利提供了良好的服务。

（6）农业人力资源主要由技能很低的人组成。真正稀缺的是高技术人才，特别是管理大农场的企业家人才和为乡村地区服务的教师。因为30％以上的人口从事农业，对初级教育的长期忽视解释了在这一时期智利为什么发现有这么巨大比例的文盲人口。

（7）一项重要的资产是农业商业化已达到一定的程度。

9.2.2 新政策观点

智利农业前景还是比较乐观的。政府正在进行新的努力来纠正对农业的长期忽视。智利也处在有利的关键期：政府有强大的权力；它有一批合格的经济学家和行政管理人员；通货膨胀率正在下降；世界价格的最近变化最有利于智利，因为重要进口品价格已经下降了，而重要出口品价格已经上升了。

让我列出5个主要政策问题，并对实践中出现的一些困难做一简要的评论。

（1）降低通货膨胀率的适当货币措施和财政措施是可以很好理解的。但是，在实践中，所做的各种事情无非是控制（或保持）消费价格指数中的主要项目的价格。这些价格控制的结果之一是农产品相对价格的扭曲。

（2）官方汇率的调整大大落后于国内价格的上升。在努力纠正智利通货升值的过程中，最近几个月，汇率被允许上升得稍微高于国内价格的上升，但不平衡仍然很大。不幸的是，与铜有关的非常特殊的问题阻止了汇率问题的适当解决。

（3）价格控制已减少了农业的经济刺激，因为在智利，一般说来农产品价格相对于其他价格是低的。价格的这种不平衡严重地削弱了农业经济增长的可能性。这种特殊价格的不平衡正在得到一些矫正，但这种改进仍然远非最优解决办法。

（4）已经采取措施规定有关信贷使用的正利率，从而纠正了由信贷配给造成的长期存在的严重信贷配置不当。

（5）政府决心要把普通农民纳入智利政治经济的主流中去。大多数农业工人和许多小农户过去长期被排斥在政治之外。在这一点上，他们的政治命运与我们南部各州黑人的命运相似。所以，土地改革主要是政治改革。但是，它的经济含义一般是有利的。

9.2.3 智利农业经济组织

智利农业是有强烈的市场导向的，但它所依赖的市场却处在不当干预中。智利农产品的国外需求受到抑制，而国内需求又被扭曲。由于进口替代和国内垄断，农业投入品的供给是昂贵的，而且，信贷配给无效地配置信贷。所以，农村的经济停滞不前就不足为奇了。潜在的需求、投入的高价格和大农场面临的企业家短缺的困难，需要我们做些更多的评论。

（1）智利有比较优势的各种农产品的基本需求本质上是有利于增长的。但是，大部分需求受到经济政策和市场无组织性的阻碍。这个问题有 3 个方面：①智利的加利福尼亚型的水果和蔬菜的强大国外需求的有效性被官方汇率和出口者面临的许多有关的障碍严重地减弱了。②智利农产品的国内商业需求当然只局限于 500 万至 600 万非农人口想要且能够购买的农产品。而且，智利的个人收入一般都不高。实际上，像优质葡萄这样的昂贵水果在智利是没有市场的。虽然收入低，但农产品的国内需求却没有有效地转变成生产适当的农产品组合和数量的经济刺激。国内需求处处被经济政策和众多的一小撮垄断者扭曲了。③智利在很多行业用高价支付的进口替代作为一种政策受到支持，以便用这种政策扩大对智利能生产的农产品的需求。智利沿着这条道路走下去（例如生产它自己的食糖），的确是短视的。

（2）智利的农民日益依赖于购买的投入品，如农业机械、这种机械的修理零件、商业化肥、杀虫剂和其他化学品。这种农业投入品的供给是极无效率的。按照价格和可得性，最无效率的两种投入似乎是化肥和机械修理零件。

（3）农业生产单位的规模在智利是相当重要的问题。大农场必然无效率吗？因为智利中部的农业非常类似于加利福尼亚的农业，因为在加利福尼亚大农场是相当有效率的，所以，看来也可以合理地假定智利的大农场也是有效率的。但是，大农场要求有能力的企业家。无疑，有很多企业家能够胜任管理智利大型综合性农场的工作。当我在田野考察时，我看到有 5 个人是具备这种能力的，我与其中 4 个人仔细而又详尽地进行了交谈。但是，我相信，这类合格的企业家非常缺乏，很多大农场管理得很差，使人很难相信这类人的供给会是充分的。

这是一个谜：为什么这种企业家人才的供给这样少。为了解释这个谜，我将提出如下假设：具备管理大农场所必需的企业家才能的个人拥有一定水平的收入，通常足以使他们的子女获得第一流的教育和其他社会服务，而这些对居住在大农场的家庭是得不到的。在较大城市的外面，智利与加利福尼亚不同，它没有第一流的学校，不管是小学还是中学，没有一项高收入和中等收入家庭想要且能负担得起的社会服务。这样，在智利，这种就业意味着家庭分居两地，因为妻子和孩子必须住在城里。关于家庭的这种安排对大多数有能力管理大农场的个人（丈夫）来说是不能接受的。

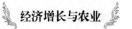

9.2.4　土地改革的一些经济方面

接管相当多的大农场和在它们的基础上建立家庭小农场的公共政策基本上是政治改革。之所以说基本上是政治的，是因为它试图把普通农民纳入智利政治的主流。政治目标乃是智利人评价的事情。根据我的社会价值观，对这个目标的评价将会很高。

但是，我的评论只限于所建议的土地改革的特殊经济含义。可能的经济结果是什么呢？改革不可避免地产生很大的不确定性。它将要求大量的新投资。重新组织——把大农场划分为小农场，选择接管的农民家庭，为它们提供资金，为它们提供技术和经济信息——不是一件小任务。那么，其经济前景是什么呢？据我估计，以智利中部为例，在生产可能性为既定的条件下，10公顷水浇地的农场可能是有效率的和经济的。虽然管理大农场的企业家人才的供给是不足的，但管理小农场的企业家人才的供给在大多数情况下却是极为丰富的，特别是在实行谷物交租的地方。

假设被接管的大农场是最无效率的，并且改革计划可以为农民提供一些培训、技术和经济信息，在过渡时期，生产是能够得到维持的。而且，在3到5年后，生产可能大幅度地增加，因为很明显，即使从因果关系来看，大量的大农场目前也是最无效率的。从而，增加生产的机会是有利的。

在我考察的三个地区中，土地改革协会（the Corporación de Reforma Agraria，CORA）似乎有一个设计完善的方法，管理人员不仅被鼓励好好工作，而且也有能力胜任这项工作。可能有一个例外，即在大农场被重新组织为适当数目的小农场的期间，还招聘那些具有充分实践经验和管理大农场能力的人。

但是，土地改革计划将会遇到一些困难。大多数管理农业的其他公共机构并不想为土地改革的成功做出贡献。相反，它们多半在奉行阻碍其成功的政策。只有农牧业发展协会（the Instituto de Desarrollo Agropecuario，INDAP）例外，信贷配给是严重歧视小农户的。各类价格的制定都不利于小农户，无论是农产品价格、农业投入品价格，还是农民购买的消费品价格。

9.2.5　作为外汇的赚取者

为什么要关心用高价出口铜，用低价进口糖和咖啡、用480号公法的小麦和家禽来填补国内食品缺口以及接受外援，来赚取更多的外汇呢？外汇平衡不是问题。基本经济问题是智利为智利人有效地赚取收入而进行的资源配置。一种检验标准是针对为产生更多收入而进行的可供选择的各种投资的收益率。这种检验有力地证明，智利通过增加出口农产品生产的投资能够明显地增加它的国民收入。但是，从事这种投资的刺激被智利定值过高的货币和很多其他外贸障碍抑制了。

作为外汇赚取者，智利长期以来几乎完全依赖矿产品。工业极少被当作一个有效的创汇来源。在不久的将来向外国游客推销服务也不可能成为一个重要源泉。但是，如前所述，农业在这方面具有强大的比较优势。

我从去智利之前所拥有的粗略统计资料中得出了这样的观点：智利生产者在分类、包装、运输和向国外推销农产品方面不再拥有任何技术知识和经验。在田野与人的交谈中，我发现高质量葡萄和其他水果的生产是有效率的，发现它们在处理、运输和向国外销售方面的安排是相当先进的。这些事实的确改变了我对智利所具有的经济可能性的看法。

但是，在生产和销售上的潜在比较优势和开发这种优势的技能是不充分的。必须使这种经济机会不被如下措施所扼杀：出口限额和通过把本币升值 1/4 或更多地施加其他出口数量限制；出口许可；对进口的限制——不仅包括对化肥、农药、化学品和由出口者使用的包装材料的限制，而且包括对其他各种进口品的限制。所有这些外贸政策使智利在农业上拥有的国际比较优势被抵消了。

9.2.6 向农民投资

毫无疑问，智利政府确实提供了一系列的社会服务。这些服务是否超过了政府财政能力，是否有效率，不是我这里论述的问题。我想集中讨论这些社会服务在智利的个人和家庭中间的分配。智利社会服务的利益主要由城市中产阶级享有。在这方面，总的说来普通农民被忽视了，特别是在学校教育方面。

农民的社会命运与美国的黑人实在太相似了，他们都遭受了明显的歧视。我参观的几所农村学校与我几年前参观的皮得蒙高原（位于美国大西洋岸与阿巴拉契亚山脉之间——译者注）南部的黑人小学特别相似——无经验、低薪水又灰心丧气的教师，很差的教学设施，虽然已是新学年的第二周了，但还没有课本。上学 3 年以后，大多数学生辍学了，没有几个人能完成 5 年教育，我猜想，实际上没有一个人获得充分的教育，可以合格地进入中学。

薪水高、有能力管理大农场的企业家的家庭拒绝生活在这样的乡村社会里难道有什么奇怪的吗？也不难理解为什么占人口 30％以上的农民如此缺乏技术。

较好的乡村教育与土地改革计划的目标是高度相辅相成的。虽然在智利也在进行"教育改革"，但我相信，它还没能显著地改善农民子女的学校教育。

9.3　拉美的经济试验[①]

我们能够从拉美很多国家的经验中学到关于相对贫穷国家经济增长过程的很多东西。实际上，我们目前对我国经济和任何贫穷国家经济之间的相互作用知之甚少，对每个地区形成经济增长基础的基本因素也无所了解。我们没有令人满意的经济发展概念，也不懂得我国经济制度在贫穷国家采用时的优点和弱点。结果，我们当前对外经济政策和计划遭受了重大挫折。

第二次世界大战以后，我们开始了大规模的经济援助，以帮助欧洲重建它支离破碎的经济。这个经验是否表明同样的援助计划将对贫穷国家有所帮助？美国企业在加拿大投入了大量的资本，贸易额也很大。这是前进的最好道路吗？技术援助和各种"四点计划"的作用是什么？这些特别适合于贫穷国家的需要吗？在经济发展方面，我们的进出口银行提供了大量的贷款和咨询工作。在贫穷国家到底有多大用处呢？我们试用了各种形式的援助，但我们的贸易情况又如何呢？我们对某些出口商品的倾销和对进口品的限制是否对贫穷国家特别严酷呢？这些都是一些关键性的问题，它们有助于使我们的经济政策和经济制度更有针对性。

---

① 摘自 1956 年 3 月 12 日、14 日和 15 日在康奈尔大学西德尼·希尔曼（Sidney Hillman）讲座的讲演稿。作为第 35 期会刊发表，题为 *The Economic Test in Latin America* （Ithaca, N. Y.：School of Industrial and Labor Relations, Cornell University，1956）。这里获准重印。

在准备这些讲演时，我大量地吸收了拉美技术援助组织的研究，该组织是在我的指导下于 1953 年创办的。这些研究是为全国计划协会技术合作委员会而做的。它们是在福特基金会提供给全国计划协会的捐款的基础上完成的。建立在这些研究基础上的几份政策报告书和一个案例研究由全国计划协会出版了。该委员会的重要政策报告，包括综合性的现实情况附录，已经发表了。此外，从这些研究人员研究中产生的一系列专题论文由芝加哥大学出版社出版了。但是，在这些讲演中所说的一切都由我一个人负责。

9.3.1　学习拉美经验

手头上有三组不同的外国经济经验，每组我们都参与其中，这三组经验对我们都有些经验教训。这三组经验是：加拿大的经济增长、战后西欧的恢复和全拉美的经济发展。

（1）加拿大经济和美国经济之间的良好关系是尽人皆知的。两国之间的经济互补性是很大的，每一个都从另一个获得很大利益。但是，这两国是高度发达的，两国都是具有相同文化传统的富裕国家，所以，这些经济经验尽管显著，却不容易运用到大多数贫穷国家所特有的环境中。

（2）对西欧最近的经济高涨的论述还不能令人满意。不仅 1945 年敌对关系结束后经济迅速恢复了，而且其产出水平的增长和繁荣程度是史无前例的。马歇尔计划无疑发挥了作用。但发挥了多大的作用，用什么方式发挥作用，还没有被很好地理解。可是，与以上经验一样，尽管经济记录很好，这种经济高涨和我们从中可以获得的经验无益于评价我们对贫穷国家的经济援助计划。这些欧洲国家对先进的技术、工业和商业并不是外行，它们在经济进步中毕竟是先行者。它们的困难是可怕的战争后果的一部分：战争毁损巨大；到处一片混乱；依赖于专业化和劳动分工的人民突然贫困不堪。但是，一旦秩序和组织出现了，它们就开始了重建工作，而且很快就繁荣起来了，因为它们能够再次使用其丰富的知识和工业技术。我们为西欧的这种成就做出了贡献，可以为此而骄傲，但是，我们不能将这些经验应用于贫穷国家。

（3）拉丁美洲为我们提供了大量的经济发展经验，这些经验显然与我们当前的任务有关。尤其是，拉美是我们已提及的试验基地的主要部分。如果我们愿意，我们可以从这 20 个国家和波多黎各中观察我们的经济制度在境况大不相同的国家间是如何发挥作用的。

1. 拉美和波多黎各的贫困和进步的衡量

这个广大地区的经济历史和经验并不是一个模式，相反，在经济发展中，21 个国家就有 21 种经验。这些经验互不相同，而且，在一些经验中，人们也发现资源和为经济增长而做出的贡献也存在着广泛的差别。我们将考虑两个特征——收入水平和经济进步率。

我们所考虑的国家究竟有多贫穷？我们的任务是要了解贫穷国家的经济增长过程，特别是我国类型的经济制度在达到这个目标的过程中是如何发挥作用的。

但是，拉美国家真的贫穷吗？如果把它作为一个整体来看，答案就是否定的。

不过，当人们撇开拉美神秘的平均收入，按照国别来考察人民的相对贫困时，景象就完全不同了。人们发现的是 21 个国家（包括波多黎各）中有 9 个极为贫穷，其中有些国家目前并不比东南亚很多非常贫穷的国家富裕多少。

极度贫穷的国家包括玻利维亚、厄瓜多尔、巴拉圭、多米尼加共和国、萨尔瓦多、危地马拉、海地、洪都拉斯和尼加拉瓜。这 9 个国家占 21 国总人口的 13％，各国人口从 100 万到 400 万不等。

境况稍好的 6 个国家包括巴西、哥伦比亚、哥斯达黎加、墨西哥、巴拿马和秘鲁。这一组国家的人口占拉美总人口的 63％。这里，我找出三个大国中的两个——巴西和墨西哥。我们必须一开始就谨防使用这种大国的平均数，如前所述，因为平均数掩盖了很多未表明的东西。在巴西和墨西哥，你能发现很多进步和财富，以及并不贫穷的地区。但是，这两国确实仍然有很多人陷于贫穷之中。秘鲁的贫富两极差距也是明显的，利马郊区和沿海地区大部分人不那么穷困，而高原上的印第安人却非常贫穷。

繁荣阶梯的最高级有 6 个国家，它们并不穷甚至比较富裕。这 6 个国家包括：阿根廷、智利、古巴、乌拉圭、委内瑞拉，还应当加上加勒比的明珠——波多黎各。虽然包括大国阿根廷，但这 6 个国家只占 20 个拉美国家和波多黎各人口总和的 24％。

那么，这些拉美国家到底有多贫穷呢？其中 9 个国家是极度贫困的，与世界上其他贫困地区程度相当，其余的国家也相当贫困，虽然在一些地区和少数国家中，你会发现人民并不贫穷，事实上，甚至是比较富裕的。

有经济增长吗？拉美经验的多样性为研究经济发展提供了极为丰富的材料。我们能够观察到各种各样的经济变化，非常有利于比较分析：长期作为经济发展领头羊的阿根廷，其经济增长在庇隆时代痛苦地停止了；巴拉圭长期处于停滞状态；马尔萨斯的人口钳子挟紧了海地的种植粮食的土地；令人丧失活力的通货膨胀热在整个拉丁美洲如此蔓延；巴西的工业化虽杂乱无章但也给人留下了深刻印象；以石油为主的委内瑞拉迅速富裕起来；玻利维亚为冲破旧土地占有制度的束缚而进行不懈的、激进的努力；墨西哥的经济大踏步地向前迈进，令人交口称赞。这些各种各样的差别是多样性的一部分，我们从中学到很多东西，使我们更好地了解经济发展。

　　拉美作为一个整体来考虑，自第二次世界大战以来在生产、收入和消费方面经历了令人难忘的增长。它最近几年的经济增长率表现似乎比我国还要好。从 1945 年后期到 1954 年，我国的国民生产总值增加了约 30％，而拉美的国民生产总值从 1945 年到 1954 年提高了大约 50％。①

　　考虑到阿根廷经济的削弱（这是这些总量中的一个大的因子）、古巴经济由于食糖再一次成为市场累赘而出现的近期下降、巴拉圭的停滞（但在总量上不是重要的）和智利很差的经济状况，这个总的经济增长就更为显著了。

　　虽然人口增长很快，但人均消费品和服务可得量也有所上升。1945 年，美国人口是 1.4 亿，而拉美人口约 1.38 亿；到 1954 年，美国人口增长到 1.62 亿，增长了 16％，而拉美的人口总数达到 1.7 亿，增加了 24％。

　　波多黎各几乎从任何方面来看，都比拉美其他国家先进。它的人均收入从 1940 年到 1946 年已增长了 2/5（按不变价格计算）②，到 1953 年又增长了 1/5。这样，人均收入从 1940 年的 243 美元增加到了 1953 年的 426 美元（按 1953 年价格计算）③。

　　我们必须再次提出警告：不要醉心于这些包罗万象的平均数字，即包括拉美总量的各种平均数。由于收入水平和经济增长存在着巨大的差别，各国之间就有很显著的差异，而其中一些差异将使我们能对我们面前的问题做一些推论。我们将发现有些国家实际上是倒退了，有些停滞不前，另一些取得一些适度的进步，而还有其他一些国家在生产和收入

---

　　①　对美国来说，当我们从战争需求转变为和平需求时，由于在 1945 年后期在国民产品构成上正在发生巨大变化，最好是考虑 1946 年而不是 1945 年。按 1955 年价格计算，国民生产总值从 1946 年的 2 830 亿美元增加到 1954 年的 3 650 亿美元，约上升了 30％（参见 table D-2 of the *Economic Report of the President*，Washington，January，1956）。拉美经济委员会的估计（参见 the several *Economic Surveys of Latin America*，United Nations，New York）认为 1945 年（以 1950 年价格计算）的总产值是 285 亿美元，1954 年是 436 亿美元，约增加了 50％。当然，确定拉美这个数量变化的困难是很多的。可靠资料的缺乏、在货币数字转换成实际数字时通货膨胀的干扰作用、从生存经济到市场交换的迅速转变，都是这些困难中较为严重的。但是，有各种线索和观点与这些估计是一致的。消费估计数来自于同样两个来源。拉美的消费表明从 1945 年到 1954 年上升稍低于 50％，而美国消费（表 D-13）上升 30％。

　　②　参见 Harvey S. Perloff，*Puerto Rico's Economic Future*（Chicago：University of Chicago Press，1950），table 51，p. 162。按 1940 年价格计算，从 122 美元到 173 美元。

　　③　以联合国价格、人口和收入资料为基础。按 1940 年价格，这个上升是从 1940 年的 122 美元到 1953 年的 213 美元。

方面获得了引人注目的增长。

2. 政治基础

经济制度同政治和政府以及它们运作的框架并非是不相关的。常说的"最小的政府是最好的政府"这句口号可能是而且常常是完全错误的，除非这种环境被详细地加以说明，而如果做了这样的说明，则上述说法通常失去了它的恰当性。例如，在大多数拉美国家，迫切需要强大的（政府的）货币和财政控制来获得某种程度的经济稳定。当然，这也是真的，在大多数国家，政府在货币和财政方面失败了，在产品和要素价格以及外汇方面政府干预过多了。

拉美国家的政治基础与经济过程之间的关系非常重要，因此这里不妨论述一下。

有些国家有一个狭小而又不稳定的政治基础。墨西哥和哥斯达黎加在这一点上明显是例外。波多黎各也是例外。巴西也有相当广泛的政治基础。阿根廷几十年来是比较稳定的。但自庇隆政权以来，情况就改变了，其政治基础分崩离析。在印第安人占人口很大比例的那些国家里，印第安人没有被统一到主要的政治社会中去，他们仍然被脱离在政治之外，成为二等公民。这些国家的政治基础狭小，它们本质上是不稳定的。秘鲁、厄瓜多尔和危地马拉也具有这样不稳定的特征，还有一些国家也可能如此。

政治和政府的集权很盛行。如果一个地方政治基础狭小，过去的政治经验对分权的努力产生怀疑，或国土面积很小，那么出现一个大一统的政府是不应该感到意外的。巴西和墨西哥不符合这些条件。这两国是联邦制度，它们都被证明有能力下放一些特殊政府职能，如一些道路、学校、卫生设施、服务，以及地方和市政府职能等。还有一点也是有相关的，即巴西和墨西哥正在远离首都城市的地区和城市发展强大的经济活动中心。在康塞普西翁市周围地区，智利也表现了这样一种经济发展趋势。但是，由于运用政治权力把经济活动高度集中于布宜诺斯艾利斯，阿根廷的罗萨里奥港的发展被遏制了。在很多国家，几乎所有的经济活动都集中在首都城市及其周边。

在大多数贫穷国家，公共行政管理非常软弱。波多黎各在这方面取得了非凡的进展，墨西哥也进步很快。但是实际上，前面确认的 9 个极度贫穷的国家在公共行政管理的人员和制度上是软弱的。其他国家中只有几个公共行政管理比较有力。

这样，在与政府作用有关的问题上，拉丁美洲的经济试验是在这样一些条件下发生的：狭小而又不稳定的政治基础；政府集权的倾向；软弱的公共行政管理。这些条件多半描述了贫穷国家的特征。

3. 我们在与拉美关系中的经济作用

美国和拉丁美洲由经济增长而产生的收入上升是互补的，私人部门和公共机构也是相互依赖的。

拉美和美国之间的收入互补性是十分确定的。这种互补性是相当大的，而且容易观察。甚至美国温和的衰退也会导致拉丁美洲的苦难；相反，拉美的咖啡减产也会使我们的消费者生活境况变坏。但是，经济的相互影响远远超出了市场的相互依赖性。如果产出的增长超过了投入的增加，这种增长就会降低产出成本，增加收入。收入的相继上升增加了需求。例如，就我们来说，它增加了我们对进口某些拉美产品的需求。① 拉美的发展同样也对进口我们的产品具有类似的需求效应。

贸易对拉丁美洲比对我们更重要。相对于国民生产总值而言，拉美的出口贸易大约是我们的出口贸易的 4 倍。

	1953 年出口贸易占国民生产总值的百分比（％）①
拉丁美洲	16
美国	4
所有的自由国家	11 到 12

①*Organization of American States*, *Inter-American Trade*: *Measures for Its Expansion* (Washington: Pan American Union, September 15, 1954), table 1, p. 2.

我们从拉美的进口达到数十亿美元，相对于我们从其他地区的进口，它们是相当大的。1953 年，我们的进口总额为 109 亿美元，而其中 1/3 来自拉丁美洲。

	占美国进口额的百分比（％）①
拉美（34.4 亿美元）	32
加拿大	23
欧洲	21
其他地区	24

① United Nations, Direction of International Trade, Statistical Papers, ser. T, vol. 5, no. 8.

我们对拉美的出口也是很大的。1953 年，我们出口商品总值约 157 亿美元，其中对拉美的出口额达 29 亿美元，与对加拿大和欧洲各自的出口额差不多。

---

① 当然，假设产品的收入弹性不是零或负数，而是正数。

美国在拉美的私人直接投资比在加拿大或欧洲要大。1943 年以来，对拉美的投资上升得很快，1943 年这些投资为 28 亿美元，而到 1954 年已达 63 亿美元。[①]

	占美国 1954 年在国外直接投资总额的百分比（%）
拉丁美洲	36
加拿大	33
欧洲	18
其他地区	13

进出口银行向拉丁美洲提供了重要的信贷。从 1945 年 7 月 1 日到 1953 年 9 月 30 日，由该银行发放给拉美国家的净信贷总额达 11.23 亿美元，其中 5.8 亿美元用于发展目的。[②]

但是，我们注意到，从人均来看，9 个极度贫穷的拉美国家在贸易、美国直接投资以及进出口银行的贷款方面都比拉美其他国家要少得多。

	9 个贫穷国家在拉美贸易、投资和信贷总额中的百分比（%）
人口（1950 年）	13.0
美国进口（1953 年）	10.6
美国出口（1953 年）	9.8
美国直接投资（1953 年）	6.6
进出口银行信贷（截至 1953 年 9 月）	5.1

美国政府从 1943 年到 1955 年为拉美技术合作总共捐助了 1.55 亿美元。9 个极度贫穷的国家获得了这个技术援助的大约 38%，这是值得的（它们占拉美人口总数的 13%）。而且，这种分配随着时间的推移将变得甚至更加有利于这一组国家：在 1955 年，这 9 个国家实际上获得了 45% 的技术援助。

在考虑我们对拉美的关系和这些国家正在进行的经济试验的时候，我们已努力确立这些事实：虽然不是所有拉美国家都为贫穷所困，但主要地区特别是 20 个国家中的 9 个是极度贫困的。最近几年来经济增长

---

① *Survey of Current Business*，U. S. Department of Commerce，*Office of Business* Economics，August，1955，table 3，p. 16.

② Organization of American States，*Foreign Investments in Latin America*：*Measures for Their Expansion* (Washington：Pan American Union，September 15，1954)，table 12.

显著，但是，不同国家以及不同时段是非常不平衡的。政治条件多种多样，但它们与在世界上其他地区的贫穷国家所看到的也没有什么不同：行政管理的软弱，狭小又不稳定的政治基础，强烈的集权倾向。我们在与拉美关系中的经济作用是多方面且巨大的。在所有这些国家中，按人均基础，9 个极度贫穷的国家共有的贸易和投资比拉美其他国家少得多。但是，我们的技术合作计划是一个明显的例外。

我们现在需要一种理论来组织和解释由拉美提供给我们的丰富的经济经验。

9.3.2　经济增长理论的探索

俗话说：笔杆子比枪杆子更有力量。有一天人们会说，社会思想比原子女王（atomic queens）更有力量。一个强有力的思想是：贫困不是上天给予的，而是人类造成的，并能由人来消除。经济增长就是对这种思想的证实。但是，当我们向这条路前进时，对发展和经济增长所要求的条件还不是很清楚。

我们的不确定性有几个根源。我们被自己的富有所阻碍，虽然我们意识到在像我国这样先进的、资本丰富的经济体适合的东西可能并不适用于贫穷国家的环境。我们早就脱离了贫困。除了拉美一些国家外，我们亲近的朋友和邻邦并不贫穷。多年来，由于大萧条时期的可怕经历，我们一直把大规模失业记在心上。直到最近，我们才开始考虑经济增长。另外还有事实是，只要我们鼓足干劲，经济增长就轻易而迅速地到来，这一点使我们把经济增长多少看作是理所当然的。我们被赞美我们经济制度优越性的口号所迷惑。而现在我们试图援助贫穷国家，却做得很糟。由于有些贫穷国家领导人批评我们的经济制度，我们又发现自己日益处于守势。通常的指责包括：我们的制度是不稳定的，是以牺牲工人的福利为代价取得进展的，导致了不平衡的发展，因而必然是帝国主义的。

所以，我们很有必要考量一下发展和经济增长，以改进我们对它们的理解。拉美的经济经验是特别的：在 20 个国家和波多黎各，存在着不同的经济发展阶段，有的很穷，有的并不穷，有的甚至还相当富裕。加之，它们所做的事情是在与我们的经济制度类似的构架下所做的事情，我们在与这些国家的关系中所发挥的作用很多也很重要。

那么，我们怎样研究拉美的经济经验，以便能够从中获得一些有益启示呢？为了做到这一点，我们需要一个发展的概念和一个经济增长理论。

1. 关于理论的功能

为了研究拉美的经济经验，我们需要一种理论，它将指导我们组织这些资料，以便从中获得有关发展和经济增长的知识。

人们常常问："我们能从这个或那个经验中得到什么教训？"每逢这种情况，无论重要与否，理论还是需要的，因为经验教训总是依赖于一些规则。规则发挥了理论的作用，虽然我们通常对它没有言明。例如，当一个人努力（像我最近做的那样）① 从拉美观察到的现象中得出一些经济政策教训时，正是他研究的规则决定了分析的性质。

暂且考察一下我国的经济，可能是有帮助的。多年来，它已获得了显著的经济增长。增加的产出来自何处？为什么南北战争以来年人均产出能够以接近 2％ 的速度增长？为了从中推出有意义的答案，就需要一种理论来组织和分析这些经济数据。只要证明理论是适当又有意义的，那么变量越少且关系越简单越好。在经济研究中，如果一种理论被证明与公认的经济理论的核心不一致，那么，人们将会感到不自在。此外，它应该能够以某种形式被验证，否则，它将是无意义的，而且，在进行了分析之后，它应该就现实世界的特殊经济活动给我们提出具有某些预测性质的建议。

有一个问题始终存在：理论应该承担多大的责任？当然，正确的回答是，越多越好。这样，每个领域中的当前探索都是要找到一般性理论而不是仅仅满足于解释一个特殊研究领域中的各种经济活动。不过，还有些需要注意的地方。比如，即使一个局部理论，如果它能使人得出一两个有效的推论，即便只是关于经济增长的某一环节，那么这也比完全没有理论要好，它也比有这样一种理论要好——这种理论力图分析发展和经济增长所有可能的方面，但是由于理论可能设定的政治的、社会的、经济的变量和关系数目太多而变得完全不可操作，从而不能产生任何的推论。②

2. 当代经济思想

关于发展和经济增长的当代思想几乎完全被就业不足和工业化的特

---

① T. W. Schultz, "Latin-American Economic Policy Lessons,"这是在 1955 年 9 月纽约市举行的美国经济学会会议上宣读的论文。见 *American Economic Review*，vol. 46（May，1956），pp. 425 – 432。

② 如果人们把 W. W. 罗斯托（W. W. Rostow）在《经济增长过程》（*The Process of Economic Growth*（New York：Norton，1952））中的贡献看作为理论，那么，他们在这一点上是失败的；但是，如果人们把它看作为阐明和列举所有（可能）的运行因素的一种努力，那么，它们就是进行考察的必要的第一步。

殊信念所统治。一种观点是，一个贫穷国家的可用资源没有得到充分利用，假定有大量的隐蔽性失业。另一种观点认为经济进步的关键就是工业化。第一种观点根源于 30 年代的大规模失业，第二种观点则基于对西方国家、日本和苏联经济史的特殊解释。这两种观点很容易结合在一起，事实上，它们已经结合起来了。每一种观点都把传统资本（可再生资本品）作为经济增长的战略变量。

什么是隐蔽性失业？一个广泛持有的观点是隐蔽性失业是贫穷国家的一个特征。它已变成了一个不证自明的命题。大概在贫穷国家进行调查研究的每个人都从他的考察中证明这个命题是正确的。像这个命题表明的那样，很多人实际上只工作部分时间，很少做生产性工作，一些人只是季节性地工作，另一些人虽然一年大部分时间在工作但并不忙碌，或即使忙碌，做的也是对生产贡献很小的工作。假定中不证自明的隐蔽性失业尤其是农业特有的特征，而且在贫穷国家，大部分人口从事农业。这些就业不足的人口代表着未被开发的重要资源。像一个新发现的储量丰富的大油田，在这里，他们正等待着机会为国家创造收入和财富。这些就业不足的资源是现成的、可以利用的，它们提供了经济平台，从这个平台上，一个贫穷国家能够"开展它的经济计划"。

这种观点的一个变体是，目前在农业中存在大量的边际生产率为零的劳动者。如果这是正确的，这部分农业劳动供给将可以无（机会）成本地用于其他行业。[①] 当然，这个特征为发展许多辅助性工业铺平了道路。那么，一个国家可以如何利用这种隐蔽性失业来获得经济增长呢？一种方法是采取措施增加货币供给，像高度发达经济纠正其大规模失业时所采用的手段一样。另一个计划是利用农业中的过剩劳动，投入资本，创办新的工业，以此来补充货币供给的增加。

若这些办法实行了，那会发生什么情况呢？当使用第一种方法时，通货膨胀就会发生，而不是更多的生产。在第二种情形下，经验表明，从农业中撤出的劳动力不存在零边际生产率。新行业中的劳动生产率是否必然大于农业中的劳动生产率，或者（在某些国家）投入农业的追加资本所增加的生产是否不会比投入其他行业的同等资本所增加的产出多，这也是不清楚的。所以，对建立在隐蔽性失业观点上的经济思想可以做一些评论。

（1）我们探讨一种理论的关键问题不是人们事实上是否能够识别和

---

① 转移费用除外。

计量可能存在于贫穷国家的"隐蔽性失业"的数量，而是这些国家对资源配置所采取的行动是否像总需求不足所采取的行动一样。增加货币供给和总需求的配置反应为这个问题提供了一个否定的回答。结果，作为一种理论，它失败了，因为预期的结果与观察的结果并不一致。

（2）当农业中大量的劳动者撤出时（假设其他情况不变，即不使用额外资本，或技术不变），农业生产就要下降。但该"理论"的一个变体预测农业生产将仍然不变。

（3）当一个贫穷国家经济长期停滞不前时，人们看到，劳动者的行为表明农业和其他行业劳动者（假设就业是自由的）的边际生产率几乎相同。

（4）有些研究表明，劳动者边际生产率的重要差别是大幅经济增长的结果之一。所以，我们在较发达的国家发现了这些差别，而在经济实际上长期停滞的贫穷国家里则没有这些差别。

（5）然而，工人不总是能自由地选择工作。在他们受各种制度、法律和其他安排的约束而被限制在当前工作的地方，人们预料中要素的不均衡问题就会发生。一般地说，对这些不利环境的解决办法超出了经济学范围，虽然它们可能有重要的经济影响。

（6）以隐蔽性失业为基础的计划实际上产生了适得其反的结果；它们没有像预期的那样发挥效果。作为一种理论，这种思想不具备预测的性质。

工业化始终是关键的吗？工业化被认为是发展和经济增长的关键的思想已经深入人心。它成为一个信念，认为高度发达的国家主要是工业国，而贫穷国家长期以农业（和其他初级生产）为主，工业很少。工业工人的平均收入超过了靠农业为生的人的收入。随着经济的发展，农业在经济中的重要性下降，农业劳动力数量首先是相对地，然后是绝对地下降。日本发展较晚，但当它开始发展时，重点在工业化；苏联发展更晚，但它也转到了工业，钢铁厂就是经济进步的一个引人注目的象征。

工业化应当摆在首位的信念从如下这些人中得到支持：想要建立更强大的战争机器的国家领导人，回顾他们国家工业发展遭到拒绝的殖民主义时代的人，相信经济帝国主义代表着富裕的工业国特征的人。

那么，这种工业化观点作为一种政策方略或作为一种解释经济增长的理论意味着什么呢？它意味着工业化应该放在头等重要的位置上。因此，作为一个政策方略，它表示任何国家在任何条件下都应该建立更多的工厂，甚至走得更远，因为它意味着一个国家能够从国外和从国内储蓄中获得的所有增加的资本，和随时间而变成"流动"的所有旧资本都应该投入工业。推论是：我们将发现过去最遵循这种政策方略（其他情况都相同）的国家将会获得最快的经济增长，而且预言，这也是未来资本这样配置的结果。

无疑，当以这种鲁莽而又简单的方式提出工业化观点时，它是一个粗糙的经验规则，不能作为一个好的经济政策或作为一个有用的理论加以推荐。

阿根廷试图工业化，结果迅速地、极大地损害了它的经济。墨西哥大量地投资农业，结果大大受益。巴西工业化部分是以牺牲农业作为代价的，在追求工业化过程中，巴西付出了高昂的代价。如果尼加拉瓜和秘鲁不发展它们的棉花生产，而是把资本和劳动力转到更多的工业，它们今天能变得较为富裕吗？无疑，回答是否定的。玻利维亚努力改进农业是错误的吗？回答再次是否定的。

当然，这些不同的评价并不意味着不存在特殊的环境，在这些环境下，新的工厂体现了一些资本和劳动力的最佳用途。在波多黎各，这种工厂最近的增加看来是适应于经济环境的。巴西的圣保罗和贝洛哈里桑塔的工业发展也是如此。还有很多其他这样的发展。

就当前目的而论，建立在隐蔽性失业和工业化这两个主要观点基础上的经济思想甚至没有给我们提供一个理论起点。

现在还在强调新的储蓄和资本供给，更为普遍地把资本供给而不是其配置作为经济增长的战略要素。经济理论方面的这些尝试太一般化了，以至于没有什么意义。最近，部分是由于上述理论的不适当，以文化、社会和政治因素为基础的"理论"纷纷出现了。我绝没有轻视这些研究方法，但在下一节中我将论证，我们低估了经济分析。实际上，只要我们的理论沿着正确的轨道前进，经济分析是可以做出很大贡献的。

3. 一种经济增长理论

我们必须面临的基本争论可以作为一个问题提出：经济增长来自何处？如果它完全或绝大部分来自追加的土地、劳动和再生资本，我们的任务将是明确的，传统的经济分析将是适用的。但是，如果形成经济增长基础的额外产出很多（甚至大部分）不是产生于上面列举的各种投入的增加，那么，我们的任务就完全不同了，而且要困难得多，因为它将必然超出经济学公认的理论。幸运的是无论对穷国还是对富国，很大一部分，很可能是绝大部分的经济增长不是来自传统投入的增加。但是，不幸的是，这个特征意味着我们在研究发展和经济增长时将不得不超越传统理论。

增长中有多少归因于增加的资源？首先是一个事实问题：产出的增长有多少来自增加的土地、劳动和"传统"的可再生资本？长期来看，美国经济增长的绝大部分（约 4/5）来自"国民效率的改善"[1]，只有大约 1/5 来自增加的传统形式资源的投入[2]。第一次世界大战以来农业部门的统计资料基本上显示了同样的结果。[3] 而且，在贫穷国家经济增长这一点上，这种资料和我们持有的看法表明，追加的资源投入只解释增加产出的一部分。1925—1929 年以来，在巴西和墨西哥的农业中，生产增加的大部分似乎出自增加的劳动、土地和通常定义的再生资本之外的来源。[4] 庇隆上台之前，阿根廷甚至更少的产出增加是来自于追加的传统形式的投入。[5]

怎样缩小这个问题最好？为了使分析工作切实可行，我们下一步是要缩小我们面前的问题，把它限制在经济分析领域，并且集中在资源配置方面。

我打算把"发展"和"经济增长"区分开来，并限制在后一概念上。我将把发展看作是范围更广的概念，而把经济增长作为它的一部分。于是，经济增长是发展活动的一个子集。在发展概念中，我将包括社会的、文化的和政治的安排和经济制度，每一个都作为复变量（complex variable）。但是，在研究经济增长时，我将把社会的、文化的和政治的安排看作是既定的条件，从而着手分析经济制度的作用。经

---

① 这是所罗门·法布里坎特（Solomon Fabricant）在他的《经济进步和经济变化》（Economic Progress and Economic Change）一文中的用语，该文是国民经济研究局第 34 届年度报告的一部分（纽约，1954 年 5 月）。

② 参见法布里坎特的上面引文和 Moses Abramovitz，"Resources and Output Trends in the United States since 1870," Occasional Paper No. 52（New York：National Bureau of Economic Research，1956），尤其是表 1. Also published in the *American Economic Review*，vol. 46（May，1956），pp. 5 - 23. 还可参见 John W. Hendricks，*Productivity Trends：Capital and Labor*，an Occasional Paper No. 53，National Bureau of Economic Research，1956。

③ 参见 T. W. Schultz，*The Economic Organization of Agriculture*（New York：McGraw-Hill，1953），chap. 7。

④ 克拉伦斯·A·穆尔（Clarence A. Moore）的估计。对于巴西，他著有 "Agricultural Development in Brazil"（unpublished Discussion Paper No. 54 - 044，Social Sciences，University of Chicago），对于墨西哥，他著有 "Agricultural Development in Mexico," *Journal of Farm Economics*，vol. 37（February，1955），pp. 72 - 80。

⑤ Marto Ballesteros' Ph. D. study， "Argentine Agriculture，1908 - 1954：A Study in Growth and Decline," These data are from table 6 - 3 of his paper，No. 55 - 035，Social Sciences，University of Chicago.（Unpublished dissertation，University of Chicago，1958.）

济增长可以而且事实上确实改变了这些安排，在这些变化重要又可以加以计算的地方，我将着手经济分析。

但是，如果超过劳动、土地和再生资本品这些传统投入的产出增长是发展的结果，那么，我们研究范围的缩小将会使我们误入歧途。不过，很难相信这是真的。南北战争以来，美国人均产出的长期持续的增长并不是因为社会、文化和政治安排的变化发挥了重要作用。

我将从另一个方面来限制当前的研究，即在经济学框架内，集中研究可得资源的配置，同时只把次要的注意力放在一国内增加资本积累率的方法、手段和从国外获得额外资源（如资本、专家、经济援助）的可能性上面。我所说的可得资源是指现有的土地、劳动和资本，加上这样一些资源，即来自国内通过储蓄增加的资本的现有（正常）积累，和来自国外不断增加的新资本、专家和其他资源。

如果在赋予这些限制之后我们仍沿着主要思路前进，那么，我们的研究就会更加容易掌握了。这些限制大大地简化了分析任务。当人们再来回顾南北战争以来美国经济史时，把人均增长归因于资本积累率的变化，或归因于由于外国资本和其他资源的获得而对正常状态的偏离，就会显得不合理了。这一观察意味着近期把经济增长集中于储蓄和资本获得的许多推理可能是次要的。这样，至少在开始时，在我们解释经济增长的努力中可以不考虑它。

现在回到这个问题上来：重要的是生产的增长，即产出的增加超过传统形式投入的增加。我相信，它是经济增长的基本特征。

例如，在美国，只有大约 1/5 的产出增加能够由传统形式投入的增加来解释。剩下的 4/5 似乎是由于"国民效率的改进"而产生的。这种经济增长正是贫穷国家想要和需要的。如果一个国家只能获得在非再生资源上增加投入所产生的递减收益，那么，它的经济前景的确是暗淡的。可能有一些国家面临着这样不利的环境。但是，当前席卷整个世界的经济潮流比这有利得多。

这种有利的经济潮流建立在什么假定上呢？我将建立的假定如下：产出的增加（即产出超过传统形式投入）来自两个被忽视的变量（它们也是投入）以及市场范围的扩大。这两个被忽视的变量可以描述为把资本配置到提高作为生产主体的人的质量和增加与生产技艺进步有关的投入质量。

因此，当我们把这两个被忽视的质量投入加到传统的一组投入中去的时候，我们就可以把资本配置到提高从事经济活动的人的质量，发现、开发和供给又新又好的资本形式，增加再生资本品的数量等方面。同前面一样，我们还要有工人数目、劳动时间和土地数量的变化（土地是非再生要素，当其他投入相对于这些非再生资源而增加时，收益递减因素可能成为经济增长的一个障碍）。所有这一切都必须被看作是在考虑市场范围变化的框架里运行。

从以上论述可得出结论：当一个国家的投资资源是按照投资机会的相对收益率确立的优先次序来进行分配时，就能达到最优的经济增长。如果我们现在能够观察和估计投资收益率，那么确定偏离这种最优经济增长率的工作就非常简单明了。但我们还没有这种有效的估计，为此要进行大量的研究。

因此，我们必须采用一个以确信未知事实为基础的"工作规则"。我们提出的规则预先假定：在可以观察的范围内，贫穷国家资源分配到人力资本的形成即改进从事经济活动的人的能力和提高生产技艺水平的投资收益率，要高于资源分配到增加传统再生资本品数量的投资收益率。所以，我们实际上是说，贫穷国家的经济增长表现似乎是：把投资资源分配到两个被忽视的资本形式的边际收益率要高于把资源分配到传统再生资本的边际收益率。

9.3.3　从理论到初步观察和推断

经济增长在拉美很多地方已经扎下了根。在有些地方，它已经是一棵强壮的小树；在另一些地方，它只是一株嫩芽。在一些地方，土壤肥沃；在另一些地方，土地贫瘠多岩。但是，在任何地方都还需要做很多工作，以便为经济增长提供一个良好的温床。

所有的拉美国家（古巴除外），无论大小、穷富，其政治基础狭小还是广泛，都非常信奉我国的这种经济制度，它们基本上是开放的、市场型的经济。我们看到美国经济与拉美经济之间的相互影响不断加深。前已指出，美国在与这些国家的关系中的经济作用是多方面的且很重要。同时，我们也注意到美国式的经济制度在这些国家运行时暴露了某些弱点。

我们已提出了一个理论基础来指导我们研究人们在拉美发现的经济经验的多样性。通过引进两个重要的而又被忽视了的资本形式，即人力资本和作为资本的新知识，这种理论大大地扩大了资本的作用。我们对可得资源配置这种理论的含义做了简要的评论。但是，我们还没有注意到另一个重要含义，即资本概念隐含的外延。

在传统思想中，包括两个被忽视的资本形式在内的大部分资本还没有计算。储蓄和投资，当这些概念被普遍使用并在我们的统计中出现时，很多甚至大部分我们所探求的资本形式都没有被包含在内。教育不被当作投资；对医疗保健设施和服务的个人支出被看作是消费；良好的营养只是食物消费；在我们的国民收入账户中，甚至由个人和家庭为教育和研究捐赠的赠款也没有包括进去。

在贫穷国家，现有的数据不仅比发达国家更不可靠，而且，几乎没有任何数据可用于我们的资本形成研究。所以，甚至评价传统资本的形成就很不容易，更不用说评价被普遍忽视的资本形式了。在我们目前的研究中，我们的任务至多只是一个探索性的任务，用非常初级的方法表明拉丁美洲的经济增长模式是什么。①

1. 从贫困到更多的贫困

在拉美一些地方，特别是在非常贫穷的国家里，人民生活在一个几乎自我封闭的社会里。生活水平普遍低下，贸易很少，停滞就是一切。在这些社会里，人们看到人口对土地的强大压力，看不见的收益递减之手紧紧地扼住他们的生活之源。

在生产技术水平没有提高的地方，在没有新的投资改善人口质量的地方，在人均再生资本量没有增加的地方，贫困滋生出更多的贫困。

在危地马拉、尼加拉瓜、秘鲁和玻利维亚的高原地区，绝大多数印第安人和其他地方的很多乡民都处在这样的状况中。有些印第安人可能迁移到河谷地区和沿海地区，季节性地或较长期地迁入增长中的城市去挣些额外收入。但是，有些农村人口，例如海地和其他地方的农民无处可去，甚至不能做一点季节性工作来减轻一下贫困。

2. 从贫困到经济进步

我们已引用了各种数字来表明：在拉丁美洲的很多地方和波多黎各，人民正在改善他们的经济命运，而未来的前景看来甚至更加乐观。

经济搞得好的国家与经济搞得不好的国家相比，必然是因为人口密度的差别吗？显然不是。在9个极度贫穷的国家中，只有两个人口密度很高：海地每平方英里约300人，萨尔瓦多约250人。但是，波多黎各人口密度更高。在这9个极穷的国家里，我们也发现有两个拉美人口密

---

①　由我们提出的经济增长理论所表明的拉美和波多黎各经济经验的分析仍未完成。在这里，通过理论指导，我将提出某些一般的印象，总的和直观的看法，看看这些经验是否符合我们的观点。我们还要注意这些国家的经济运行方式的特殊弱点，这些弱点在如同我们所完成的一般观察中是相当明显的。

度最低的国家：玻利维亚和巴拉圭，每平方英里约 10 人。

进步来自意外的巨大收益吗？除了委内瑞拉丰富的石油之外，回答是否定的。实际上，战后初期，它们销售的商品对购买的商品（出口对进口）的贸易条件是相当有利的。这种经济利益使穷人和富人都获得好处。经济增长率的差别是因为有些国家经济稳定而另一些国家经济不稳定吗？目前不容易做出这种推断：有些维持经济稳定的国家也是经济停滞的国家，而有些遭受经济不稳定的国家却取得了巨大的经济进步。

墨西哥和波多黎各具有有利于强劲经济增长的所有特征，而海地和巴拉圭却没有。分别来自这两组国家的海地和波多黎各，人口众多，具有加勒比岛国人口的特点。但是，波多黎各的人口密度是海地的 2 倍。就经济稳定来说，与大多数发生剧烈通货膨胀的拉美国家相比，这两国都表现良好。在波多黎各和海地，一般物价水平紧跟在美国物价水平后面，因为两国货币都与美元挂钩。

在墨西哥和巴拉圭，人们观察到人口密度都是比较低的。虽然墨西哥的人口密度是巴拉圭的 3 倍，但是是海地的 1/8，波多黎各的 1/18。与过分拥挤的加勒比国家相比，墨西哥和巴拉圭有很大的空间，不像海地，土地收益递减显然是相当遥远的事情。

墨西哥经历了严重的通货膨胀，物价水平自 30 年代后期以来上升了将近 3 倍。但贫穷的巴拉圭的物价却上升了 9 倍。还应该指出，巴拉圭的政府是不稳定的，而墨西哥在这方面的记录却很好。

从这些特殊的特征中，人们可以推论，人口密度本身不是一个限制因素，因为波多黎各是最拥挤的，而巴拉圭是最不拥挤的。对于经济稳定，没有海地稳定的墨西哥却显示出强劲的增长，虽然有些通货膨胀（也许巴拉圭的通货膨胀是如此之大，以致几乎不可能有经济增长）。在这两组国家的基础上，我们不能撇开稳定的政府这个因素，虽然拉美有些其他国家如巴西政府是相当不稳定的，但增长却十分显著。但是，稳定的政府和稳定的经济不足以促进经济的增长，海地就是一个很好的例子！

那么，从我们提出的理论所提供的框架来看，这两组国家的经济经验如何排列呢？从我们目前拥有的证据来说，墨西哥和波多黎各自 30 年代中期以来在资本形成方面似乎相对地走在其他国家的前列。当然，在提高生产技艺水平的过程中，它们从邻近美国获得好处。但是，海地也是美国的一个近邻。墨西哥和波多黎各一直在改进它们作为生产主体的人的质量，即进行人力资本的形成。它们采取了大胆的措施，在这方面投资很多。对于各级学校的教育，对于技能和技术能力，对于出国学习，对于研究中心和研究所，以及试验站，它们的预算和计划都在扩大。在扩大传统形式的再生资本存量时，它们在保持一般基础设施（如道路、其他运输形式、通讯、电力、灌溉设施等）和制造业的工厂设备、商业与农业的适当平衡问题上，比大部分国家做得要好。

另一方面，海地和巴拉圭却没有迹象表明用于两种重要资本形式（改善从事经济活动的人的质量和提高生产技艺水平）的资本增加了。教育、卫生、新生产技术没有受到高度重视。

各种"四点计划"的基金和努力已做出了重要的贡献，但它们是自行发挥作用的，所以，它们似乎不能为显著的经济增长准备基础。

3. 聚集经济力量

经济过程的某些部分是相当迂回的，有些部分可能要经过好多年才能对生产做出贡献。当前人们在拉美和波多黎各发现的一些新的经济力量是十几年以前从事的投资项目的结果。更多的新的经济力量将会出现，因为经济力量的聚集情况非常明显。我们可以只关注这些过程的较重要的部分。

更多的人发现自我"投资"是值得的。在有些地方，新机会向人们敞开大门，所以，他们能够经过努力改善自己的命运。这样，刺激对于自我投资的人尤其是年轻人正在变得越来越强烈：他们通过各种方式进行自我投资，如上夜校、学新技能、上函授课、迁移到新地方等等一切为争取更好的工作而努力的手段。教育、技能和健康之所以是宝贵的，是由于在新的可利用机会的条件下，它们能够提高人们赚取更多收入的能力。

多年来，印第安人被拒绝给予这样的机会。但是，情况也正朝着好的方向发展，在这方面，墨西哥走在前面。玻利维亚通过农业改革大胆地尝试着打破传统。但是，在别的国家，印第安人几乎没有什么政治权力，虽然当经济扩张时，他们的经济可能稍有改善。

教育的趋势虽然还弱小，但它不再把知识局限于少数精英阶层而扩展到更多人。很多问题有待解决，在几个国家中还几乎没有一个扎实的开端，但也要看到，在支持教育方面，公共和私人努力扩大了。乌拉圭、智利和阿根廷几十年来一直走在前面。哥斯达黎加多年来把学校和教师置于优先地位。古巴也比大多数其他国家做得好。巴西的教育取得了进步，但各州之间的发展并不平衡。在过去 20 年中，墨西哥和波多黎各在扩大教育基础上取得了最显著的进步。然而，极度贫穷的国家，其教育的发展水平也是最低的。

较多的人通过工作获得新的、重要的技术。过去 15 年间，在拉美和波多黎各确实有数以千计的工厂被建立起来，每一个工厂都作为一个培训中心，为从事与发展和经济增长相适应的较复杂的工作而培训工人、经理和其他人员。世界银行和进出口银行的开发贷款也有这种间接的作用。虽然这很难测量，但有证据表明，这些新企业培训了很多工人，而这些工人被发现在其他工作中使用了他们的新技术。美国直接投资的影响在这方面甚至发挥了更重要的作用。但是，超过所有这些影响的是这些国家的人民自己所建立起来的工厂开展的在职培训。①

遗憾的是，在这种在职培训方面，极度贫穷的国家没有拉美其他国家和波多黎各做得好。

现在人们日益认识到提高生产技艺水平的重要性。在这一点上，距离美国最近的国家比远离美国的国家做得好。美国厂商是新生产技术的重要传播者，很多国家认识到这个事实，并且希望美国厂商给它们带来新技术和专利，并准许它们利用母公司实验室的研究成果。遗憾的是，如前所述，极度贫穷的国家从作为新生产技术传播者的美国厂商那里获得的利益极少。

同时，一些增加的传统形式的资源正在得到利用。大量的新资源从国外取得。但更重要的是，国内储蓄和投资使再生资本品存量的增加成为可能。

4. 现有压力下的弱点

批评美国式的经济制度的那些人指责说，它必然是不稳定的，它的增长是以牺牲工人的福利为代价的，会导致不平衡的经济发展，始终是帝国主义性质的。由于拉美国家（古巴除外）和波多黎各已经采取了这种形式的经济制度，人们所看到的事实能证实这些指责吗？

经济制度是不稳定的吗？的确出现了较严重的通货膨胀。它导致了价格和外汇的管制，这又引起了某些国家经济的不佳表现。例如，在智利，1954 年的生活费用指数是 1939 年的 18 倍之多。② 在厄瓜多尔、哥伦比亚和墨西哥，1954 年的物价水平是 1939 年的 4～5 倍；在多米尼加共和国、萨尔瓦多、秘鲁和阿根廷，它上升了 5 到 7 倍；在智利，如

---

① 在培训在职人员时，农业不像工业那样令人满意，甚至在出现了新农场的地方，农业的扩张也很难与工业新工厂相提并论。一旦有现代农业投入可以利用，农业的这个特点就使得农业的推广工作成为必要了。

② 因为通货膨胀，智利 1954 年物价的上升比世界上其他任何一个国家都高。

前所述，上升了 17 倍；在玻利维亚上升 31 倍；在巴拉圭，情况更糟，1954 年的生活费用指数是 1939 年的 53 倍。

当然，这种经济不稳定不是必然的。但是，需要采取强有力的货币和财政措施才能纠正它。自 1954 年以来，对货币控制的忽视已非常普遍。当美国、加拿大和西欧国家再度重新发现中央银行的作用时，拉美国家也纷纷效仿。但是，这对于一些拉美国家是极为困难的，因为一些权力（政治）集团可以从通货膨胀中获得利益。[①]

经济增长是以牺牲工人的福利为代价的吗？在美国当然不是这种情况。但是，很难证明这个指责在拉美一些国家是不正确的。在迅速扩大的城市和新经济中心里，你能看到在许多大贫民窟中难以置信的肮脏和令人绝望的贫困。通货膨胀也使工人及其家庭遭受很多的困苦。

然而，困难还要比这严重得多。在很多拉美国家，收入和财富不均非常巨大。在很多地方，一小部分家庭极为富有，中产阶级（在美国占统治地位）数量不多，其他所有人都非常贫穷。还没有有效的措施来纠正这些长期形成的不平等，也还没有看到有新的措施出现。

我们这种经济制度依赖于广泛的政治支持。在矫正极端的收入不平等的环境下，这种制度可以发挥令人满意的作用。通过累进所得税和遗产税，通过为人民广泛地提供教育、某些医疗服务和其他服务的计划，可以部分纠正这种不平等。

但是，在这个问题上，我们似乎对自己的成就视而不见，我们总是敦促别人采用我们的经济制度，而不考虑我们几十年来发展的制度可以大大地纠正现有的和随着经济增长而出现的收入不平等。我们已经找到了纠正收入不平等的可接受方法，这一事实是我们成功地维持竞争，从而使众多的经济单位各自在开放的、市场导向的经济中追求自身利益的关键。

经济发展是不平衡的吗？回答似乎是：未必，尽管人们可以观察到很多不平衡的事实。波多黎各和墨西哥在避免不平衡发展中做得很好，其他国家也做得不错。

有三种形式的资源配置不当导致了不平衡的发展：（1）由于过分地强调工业，几乎在所有的拉美国家，农业被忽视了。（2）在一些国家，用于一般基础设施的资本和努力太少了。（3）多数国家，把大量的资本

---

① 美国如果愿意的话能够帮助很多拉美国家达到经济稳定。这种帮助对于特定国家的福利和进一步的经济增长是大有裨益的，对我国的福利也是有好处的，因为拉美和美国之间存在着收入互补性。

用于扩张传统再生资本形式，相比之下，用于改善劳动者的质量和提高生产技艺水平的资本太少了。

工业化是经济进步的一个引人注目的象征。农业被看作是经济发展的负担，阿根廷以牺牲它的富庶的、高生产率的农业来实现工业化，并为这一不明智的选择付出了高昂的代价。巴西为加速工业化而采取了许多不利于农业的措施。在很多国家，增加的资本投入农业所得的利益本来会大大地高于同等资本和努力下的工业可得利益。不管怎样，"四点计划"在某些地方对这种无效率的资源配置还是进行了部分的纠正。

公路、其他交通设施、电力和灌溉结构对于一国的经济增长是极为重要的。墨西哥在这个方面似乎比巴西更好地预见到这些要求。波多黎各在这方面也做得很好。在巴拉圭，这种一般基础设施资本的缺乏，尤其是不能建设与巴西接壤的公路，已几乎成为一个限制性因素。秘鲁近几年间在这个方面比智利做得稍好一些。

几乎在每个有权决定可得资本投入的国家，可以说，其传统的再生资本结构均占有过大份额。这样，相对来说，几乎在所有的地方，人的质量和生产技艺被忽视了。作为新技术的传播者，"四点计划"发挥了作用，纠正了部分资源配置。一些主要的基金会，如洛克菲勒基金会在墨西哥的谷物计划，一些大学和美国宗教团体在它们支持拉美的农业、医疗和教育项目上也起到了矫正器的作用。

最优的经济增长实际上是难于达到的。单凭国内累积资本和一些国外资本以增加再生资本品的存量并不足以保证成功。政府在这方面能发挥重要的作用。私人机构也可发挥很大的作用。不论经济多么自由、开放和市场化，企业和农场不可能独自从事所有的工作。

5. 一些推论

拉美和波多黎各的经济增长也许是不错的，地区之间差别很大，目前的经济力量正在聚集，这预示着未来更快的增长。从这些和其他观察中，当我们考察这些经济经验时，由经济增长理论得出的初步认识是什么呢？

（1）拉美有些地方，增加的产出没有超过土地、劳动和再生资本的投入的增加。这些地区似乎很少或者几乎没有增加可用于改善人的质量和提高生产技术水平的资本投入。

在这些地区，贫困滋生出更多的贫困。

这种经验与我们的理论是相一致的。

（2）当前在拉美和波多黎各的很多地区，增加的产出超过了（在有些地区大大地超过了）土地、劳动和传统再生资本的投入的增加。你会发现这些地区为了改善人的质量和提高生产技术水平，投入了大量资本、付出了巨大努力。

在这些地区，由于人民收入上升了，贫困在逐渐消失。

这些经验就是我们的理论所预期的结果。

（3）如果有些地区，相当大的资本被投入两个被忽视的资本形式（即改善人的质量和提高生产技艺水平），在一定时间之后，人们发现增加的产出不大于传统形式的增加投入的产出，那么，这种经验就是与我们的理论相矛盾的。

到目前为止，我们还没有发现任何这种情况。

（4）如果有些地方，没有额外的资本被用于改善人口质量和提高生产技艺水平，但人们却发现产出的增加超过了土地、劳动和再生资本投入的增加，那么，在市场范围没有明显扩大的条件下，这种经验与我们的理论是相矛盾的。

在这里，我们也还没有看到任何这种情况，除非某国更自由地进行贸易，从而扩展了有效的市场。

我们也发现，我们开放的、市场导向的经济在拉美国家运行时，暴露了一些弱点。

①存在较严重的通货膨胀。

②收入的不平等没有得到纠正。

③"不平衡"的经济发展经常发生。农业被忽视了。在一些国家，一般性基础设施与增长中的经济的其他部门没有保持同步增长。大多数国家，把极少的资本和努力用于改善人的质量和提高生产技艺水平方面。

9.4　大庄园制之谜[①]

寻求新的农业投入是现代农业过程的一个必要的部分。农民这种寻求的基础是成本和收益，讨论这些问题是信息经济学的一部分。[②] 这里所说的谜是指这个悬而未决的问题：为什么南美有些国家中许多大农场

---

① 经准许重印自 *Journal of Farm Economics*，vol. 49（May，1967），pp. 511 - 514。本文是对欧内斯特·费德（Ernest Feder）的《评舒尔茨教授的大庄园制之谜》的答复，费德的文章见同一期，第 507 - 510 页。

② George J. Stigler，"The Economics of Information，"*Journal of Political Economy*，vol. 69（June，1961），pp. 213 - 225.

所有者并不寻求现代农业投入？依我看来，成本和收益概念可以为这种行为提供一个答案。① 费德拒绝了这种方法。在他看来，大农场主对"成本—收益计算"是漠不关心的，因为额外收入的边际效用对他们来说是零，所以，他们缺乏经济动机。如果这是真的，那么可以推出，对他们来说，寻求任何新的、高收益的农业投入的经济刺激是不存在的。于是，费德转用制度经济学来描述他们的行为。②

我很赞赏费德文章的开头和结尾所列出的一串长长的轻蔑之词——"学院派经济学家"、"教科书经济学"、"纯经济学"和"经济人"等等。这使我们想起了一种现已被遗忘的文风。但是，你要是信以为真就会误入歧途，因为制度经济学家也拥有学术岗位，也写教科书，也有经济动机。

在费德的评论中，我要认真考虑的事，是他在论述拉美大农场主的经济动机方面缺乏一致性，在论述寻求新的农业投入方面缺乏证据，以及他对制度经济学的不适当的论述。

费德的基本假定是存在矛盾的。这个基本假定是，拉美大农场主对成本和收益的变化反应冷淡，或者说，他们并不关心赚取额外收入。但是，在他的评论的后一部分，他有力地证明了大农场主对新的获利机会是有反应的。他评论说，虽然他们"对他们种植的产品的市场的正常波动"很少做出反应，而且可能在相当长的时间里对他们的产品需求的缓慢上升（任何地方的农民都是如此）没有反应，但是，当有利的新出口市场打开时，他们就会迅速做出反应，像过去有过的那样，决定"一夜之间就种植 50 万株咖啡树……"

费德还告诉我们，这些大农场主非常关心劳动成本，详细地论证了他们如何努力保持较低的劳动力成本。这些和其他一些对经济行为的评论当然是与他的基本假定——这些所有者对成本和收益漠不关心——相矛盾的。这样，虽然他们使用过多的政治权力和他们作为文化精英分子的影响是邪恶的，但是，用费德的话说，他们对经济刺激的特定变化是有反应的，尽管在现代农业中他们也许是非常无效率的。

其次，我们可以讨论有关寻求现代农业投入的特殊问题，对这个问题我过去提出来过，而费德的评论也有涉及。但是，除了他否认在这样的农场内经济刺激与资源配置有关之外，在一系列广泛的

---

① 参见 T. W. Schultz, *Transforming Traditional Agriculture* (New Haven, Conn.: Yale University Press, 1964), pp. 169 - 170。

② 除非有特殊说明，本节的引文都来自费德的文章。第 507 - 510 页。

其他论题中都没有再出现这个问题的相关论述。如果费德的基本假定是有效的，那么，寻找任何证据以确定这种农场主从事发现、采用和学会怎样有效地使用现代投入的种种活动的成本和收益，的确是没有意义的。不过，一旦他放弃了这个假定，就有必要求助于相关答案的数据。但是，这种研究还没有开始。因此，大庄园制对我们来说仍然是一个谜。

我确信，如果只是为了证实和解释这类农民之间可观察的行为差别，详细地考察这个证据是值得的。虽然有很多农民可能继续使用占支配地位的传统农业投入，但也有少数人使他们的某些生产活动现代化了。在哥伦比亚，大麦良种的采用就是一个恰当的例子。L. G. 雷加（Lucio G. Reca）对战后阿根廷农业变化的研究表明农民对一种新作物——向日葵种子的获利性具有强烈的反应。[①] 在南美和中美洲的一些地区，农民采用新的投入——新品种、农药和化肥来种植棉花，是一个了不起的成就。最近，我在智利，有机会访问了很多大农场，考察了它们的"经济效率"。[②] 虽然它们大多数也涉及我们所讨论的谜，但其中有几个却能够有效地使用大量可以利用的现代投入。缺乏管理这些复杂活动所需要的企业家人才似乎是造成智利大农场之间差别的原因之一。我已在别的地方对这种差别的原因做了评论。[③]

但是，在阿根廷，为什么种植玉米并没有因为杂交种子和化肥的使用而有所改善？为什么现代烘干机的生产如此不发达？我认为应该对证据加以分析。如果它支持这样的假设——寻求和采用现代农业投入是无利可图的，那么，关键的问题是：为什么现代化的回报是如此之低？在这里，我指望制度和政策一起提供一个答案。

第三个问题是如何对待制度。"制度"概念隐藏了很多不同的活动、结构和规定了特殊的游戏规则的规范。制度容易发生变化，经济现代化的必要条件之一是制度的变革。在这个意义上，经济分析中把制度作为变量处理是必要的。在这篇短评中，我必须把我的论述限制在农业部门的现代化上，进一步缩小到与特定制度的改变（改善）相联系的农业生产率增进的决定因素这个范围之内。标准

---

① Lucio G. Reca，"Effects of Changes in Location of Crops upon Grain Yields in the Pampas，1924—1964"（University of Chicago，Office of Agricultural Economics Research，unpublished paper no. 6614，December，1966），part of his Ph. D. research.

② 参见本书 9.2 节"智利农业经济学"。

③ 参见 T. W. Schultz，"Increasing World Food Supplies：The Economic Requirements，" in *Proceedings of the National Academy of Sciences*，vol. 56（August，1966），pp. 322 - 327.

的经济增长模型无法完成这个任务，因为它们依赖于未考虑这种制度变化的简化了的假定。虽然费德想要使现存制度变得更好，但他的论述在分析中并没有抓住这部分经济行为。他只给我们罗列了一套为人们所熟知的但未经检验的错误制度。

费德还低估了使用现代理论和定量技术来确定特殊制度分配效应的可能性。这种轻视暗含在他的评论中。他说，制度分析并不能为严格的、注重数据的社会科学家提供明确的、函数的和因果的关系。就这样，也许是不明智的，他贬低了经济的制度分析。所以，在我看来，这似乎是他没有区分"经济效率"和他认为是一个美好社会所需要的其他"社会目标"的结果。我并不想说这些其他的"社会目标"是不重要的。相反，实际上我对其中一些目标评价很高。但是，我用着重号标出"其他"的意图是要阐明"经济效率"也是基本的"社会目标"之一，正如麦克菲（Macfie）告诉我们的那样。[1]

费德忽视了我提出的关于传统农业转变的主要论点。[2] 基本的经济逻辑、从中引申出来的假说以及为我的论述提供的支持性证据是这种农业现代化的过程需要基本的制度（包括政策）变化。在这里，我只能提一提其中几点。

（1）对农民的投资不足是过时的公共—私人制度的结果。关于这一点，几乎所有的拉美国家的制度都非常陈旧。甚至前进中的墨西哥，其教育的最高收益率来自第 5 年和第 6 年的教育。卡诺伊（Carnoy）证明，1963 年的私人收益率是 48%，社会收益率是 37%。[3] 我的著作的最后一章专门讨论"对农民的投资"。[4]

（2）有组织的农业研究也是必要的，一个适当的制度结构必须发展起来。有强大的经济理由证明农业研究职能的重要部分不能让谋利的私人厂商去搞。这样，如用经济效率去检验，人们会发现大多数基础研究和大量的应用农业研究必须"社会化"。[5] 很明显，在发展有组织的农

① Alec L. Macfie, *Economic Efficiency and Social Welfare* (London: Oxford University Press, 1943).

② Schultz, *Transforming Traditional Agriculture*.

③ Martin Carnoy, "The Cost and Return to Schooling in Mexico: A Case Study" (unpublished Ph. D. dissertation in economics, University of Chicago, 1964).

④ Schultz, *Transforming Traditional Agriculture*, chap. 12.

⑤ 同上书，第 10 章。

业研究上，美国对拉美农业的公共援助失败了。①

（3）农产品、农业投入以及农民购买的消费品和服务的效率价格也是现代农业的必要条件。② 在拉美大部分地区，无论是大农场还是小农场，农民在努力寻求和采用现代农业投入时受到无效率价格的阻挠。为了提供效率价格，重要的制度变化，包括制定政策制度的变化是必要的。

（4）对农业耕作分配决策的控制地点也是一个制度问题。在现代化农业中，像我试图证明的那样，如果在获得经济效率方面，居住地控制（resident control）比不在居住地控制（absentee control）更具比较优势③，那么，对居住地控制变化的需要就变得很清楚了。

（5）费德分析方法的主要局限性在于没有把大庄园制在政治和经济上的坏的结果与这种特殊制度的经济无效率区分开来。不做这种区分导致混乱，并造成了对经济分析潜在重要贡献的忽视。例如，这种混乱在他的信念中也有所表现，他相信，废除这种制度本身将会大大地增加经济价值，即增加农业的经济生产率和最无技能的普通农民的收入。其错误在于不能识别农业资源配置不当的特殊类型。而这种配置不当是这种制度的一项职能。

虽然费德的评论和我的答复都没有解答大庄园制之谜，但是，我同意他的这一观点——制度经济学是重要的。如果不是这样，我也不会使用现代农业所需的制度变革作为我的著作《改造传统农业》的主要论题。

① 参见 T. W. Schultz，"Economic Growth from Traditional Agriculture，" in *Agricultural Sciences for the Developing Nations*，no. 76（Washington：American Association for the Advancement of Science，1964），pp. 185－205。又见 "United States Malinvestments in Food for the World，" paper presented at the Conference on Balancing Future World Food Production and Needs，Ames，Iowa，November 8－10，1966。

② 参见 Schultz，"Increasing World Food Supplies：The Economic Requirements"（as cited in n. 6），p. 322；Schultz，"United States Malinvestments in Food for the World，" *op. cit*。

③ Schultz，*Transforming Traditional Agriculture*，chap. 8.

第 **10** 章　美国

10.1　托宾的经济目标和农业[①]

　　幸运的是，像詹姆斯·托宾（James Tobin）教授（兼总统经济顾问委员会委员）这样一位才华横溢的人向我们提出全国性问题，即目标、优先次序和政策选择问题。他的论文值得所有关心美国所面临的经济政策问题的人们一读再读。

　　我将仅就三个问题进行评价：

　　（1）我们极具价值的农业研究机构正在被不适当的国家经济政策所损害。

　　（2）给予农民的教育机会远低于国家的平均水平。

　　（3）最重要的是，由联邦农业计划来纠正农业和其他经济部门之间的不平衡是不可能的。这一点就解释了人们对农业日益高涨的失望情绪，并且表明，要想解决落在农民头上的经济困难，必须依靠农业以外的国民经济政策，所以，美国总统经济顾问委员会必须负起责任。

　　托宾教授认为，研究、教育和新资本形式是"农业生产率巨大增进"的主要源泉，这一观点是正确的。他把农业研究看作是最好的投

---

　　① 提交给第二届农业政策讨论会的论文，该年会由农业和经济调节中心（艾奥瓦州立大学）和农业政策研究所（北卡罗来纳州立学院）举办，1961 年 11 月。获准重印自大会报告，第 33～38 页。詹姆斯·托宾的《国家目标与经济政策》一文，发表于同一报告，第 2～31 页。引文可在第 5 页、26 页、27 页和 28 页找到。

资，为经济带来很高的利益，而且他知道，与农业有关的科学机构有长期的令人称慕的记录。他没有认识到的是，国民经济政策的不适当性（他现在必须负有一些责任）伤害了这个极具价值的农业科学机构。

让我解释一下。过剩的农业能力为农业科学研究投下了重重阴影。农学院和农业部的科学家被农民的经济命运的状况弄糊涂了。然而，纠正农业和其他经济部门之间的不平衡超出了他们的权力范围。国会农业委员会为更多的"应用研究"而展开的更令人困惑的呼吁也不是解决办法。同样，用别的办法控制农业科学机构也不能处理农业的过剩能力。不平衡无法凭借中止科学研究来解决，因为即使公共支持的农业科学研究中断了 10 年，在最初几年间，其对农业生产也没有影响或影响极小。虽然这不是阐明科学家活动与农业福利之间关系的场合，但我们必须说，实用性农业知识的进步是国民经济增长的重要源泉，所以，实行令这些科学家失望的国民经济政策对国家是不利的。

我希望托宾教授不要因为 1940—1950 年间学校教育提高了 10% 左右就认为农民教育一切都很好。痛苦的事实是，农民子女的教育机会和程度远远低于平均水平。我做的最新估计表明，1959 年农业劳动力中 18 岁及其以上的人受的教育要比其他经济部门劳动力所受的教育低 3.5 年（平均教育年限分别是 8.6 年和 12.1 年）。60% 的农民和农业劳动者只获得少于 8 年的教育，而对于所有职业来说，68% 的人获得 8 年以上的教育。

于是，到现在为止，我已提醒人们注意到两个有害的发展：

（1）由于不恰当的国民经济政策未能纠正农业和其他经济部门之间的不平衡，我们正在贬低农业科学机构的作用。

（2）我们严重地忽视了农业青年的教育，原因是复杂的，但这与我们未能看到更好的教育和教育的投资所带来的巨大的国家利益不无关系，正如托宾教授很好地指出的那样。

我现在想要托宾教授正视农业中另外一个不利的发展，由于它对经济顾问委员会很有意义，因此这个问题更为重要。在这里，我要谈一谈人们对国会农业委员会和农业部日益高涨的失望情绪，它产生于农业和其他经济部门之间的经济不平衡。

托宾教授清楚地看到农业生产率的巨大增长所产生的对整个经济的回报，从而，我们只要用 8% 的劳动力就可以供给我们对农产品的需求，且还有余，而相比之下，在 1940 年我们却需要 17% 的劳动力。他还看到农业人口的迅速下降。他接着说，"但是，这个调整虽然迅速，却进行得仍然太慢"。然后得出结论说，"在增加劳动的流动性和整个经济的灵活性方面，政府政策还有很大的改进空间"。这听起来很像只是改建一个厨房。我认为，托宾教授没有抓住对于纠正农业和其他经济部门之间的现有不平衡所需的真正的、困难的政策选择。

为了使人理解我的意思，让我解释一下深思熟虑的农业领导人、国会农业委员会和美国农业部正在经历的严重失望的背景。看看农业部长面临的困境吧。无论他多么有能力和富有想象力，提出多少新的农业计划；无论他是布兰南（Brannan）、本森（Benson），还是弗里曼（Freeman），他都不可能成功。他在政治上和经济上注定要失败。之所以注定要失败，是因为使农业收入降低的经济不平衡政策的关键不在农业而在经济的其他部门。国会、总统和经济顾问委员会都没有正视这个简单的事实。

让我提出几个基本命题来支持我的推论：

（1）小麦、棉花、玉米、奶制品和其他作物的存量的积累不可能纠正目前的经济不平衡，虽然它可以稍微减轻不平衡发展对农民的不利影响。但是，我们无法无限制地增加这些存量。更多的存量并不是解决办法。

（2）按照480号公法处置的农产品的增加将不会纠正当前的经济不平衡。按照480号公法，出口量急剧上升。1962财政年度为此目的对商品信贷公司的预算拨款达30亿美元。我不信今天会有人争辩说，通过大量增加美国农产品480号公法转让，我们能够解决农业中存在的经济困难。（最近几年有人一厢情愿地认为商品信贷公司存量不管有多大对国家都是有好处的，480号公法出口转让不论数量和美国的成本如何都是援助低收入国家取得经济增长的最好方法。这种观点现在已被基本现实大大动摇了。）

（3）对农业更严格的和更全面的控制也无法纠正使农业长期处于严重不利地位的经济不平衡现象。

（4）让我将上述命题综合起来：假设立法授权允许农业部长采用他和他的杰出顾问所认为的最好办法，可以把存量、480号公法转让、供给管理和物价补贴标准结合起来，还假设联邦的相关预算拨款从63亿美元（1962财政年度）增加到75亿或100亿美元——即使在这些假设下，美国农业部也根本不可能纠正农业和其他经济部门之间的经济不平衡，不论它有多强的领导能力。

需要强调的是必须在农业之外的要素流动和要素市场中去寻找解决

经济不平衡的钥匙。但是，国会农业委员会和农业部长都错误地把这个经济问题看作是农业内部问题来对待。农业部门不可能有这把钥匙。除非经济顾问委员会发现了这把钥匙，并劝说总统使用它，否则，他们在努力证明更大的农业预算是合理时也会遭受挫折。这就迫使托宾教授迅速针对生产资源闲置和连续 11 个月近 7% 的失业率所造成的经济成本以及充分地利用产能所应获得的好处发表高见。

10.2　反增长的农业政策[①]

农业一直以来并将继续作为美国经济增长的重要源泉。没有人会非难这一点。但农业对经济增长的贡献应当归功于谁仍然是一个悬而未决的问题。现在有某种倾向，试图把大部分贡献归功于农业计划。这是错误的。真正的功劳应该归于我们农民的能力。他们有能力将先进的知识切实有效地运用到现代农业中去。

虽然丹麦和日本的农民能力很高，但世界上真正拥有这种能力的农民少之又少。农业经济增长的另一个重要源泉是来自科学、试验站的新知识，即在经济上被发现和发展的有用的知识。由于农业计划以转移支付为主，它对经济增长的贡献并不大。目前，按照农业对经济增长所做贡献的角度来看，它们还没有改善农业的效率。

说到个人自由，很难看到我们的农业计划对公民权有什么危险。集会、言论、抗议、举行抗议的群众大会、迁移和改变工作的权利没有受到侵犯。法庭当然也没有受到这些计划的损害。当然，有一些经济限制，但也有各种补偿。可以认为补偿看来很高。如果当时支付给土地所有者的货币金额大大高于土地价值，那么，为某些公共目的而征用土地时就可能存在类似的高补偿。当然，有很多的小的麻烦问题。但是，难以相信个人自由会因为"我们的农业计划"的所作所为而受到侵犯。

那么，农业计划的国民利益是什么呢？发现国民利益已变得越来越困难了。而且，人们不大可能试图通过考察这个或那个农业计划的特殊性来确定国民利益。我们可以问，从 1962 年的国民利益来说，农业部长提高谷物的支持价格这一做法是正确的吗？它花费了政府成百上千万美元的额外支出，提高了 1963 年的玉米成交价格。所有这些都产生了

---

① 提交给第三届农业政策讨论会的论文，该年会由艾奥瓦州立大学农业、经济调整中心和北卡罗来纳州立学院农业政策研究所共同主办，1982 年 12 月。

积极的影响和消极的影响。但是，我认为不能因此就说这种做法是否符合国民利益。预算的规模也不是国民利益的一个检验标准。存量的有无也不是一个检验标准。例如，假设我考虑每磅棉花补贴8.5美分，这就要花费6亿美元，这里还不算对出口的补贴（因为国家对这些出口品进行补贴）。即使按照美国的标准，也需要巨额公共基金。但是这种情况下，国民利益体现在什么地方呢？还可考虑一下牛奶的过剩。有很多方法来"控制"产出，这些方法可能还要花费5亿甚至10亿美元。但是，谁又能够说这是符合国民利益的呢？根据什么检验呢？

我们可以谈论整个经济的效率，肯定它是符合国民利益的。这就是我们作为经济学家通常做的而且在很多情况下做得正确的事情。当我们赞同反托拉斯法及其实施时，当我们反对某些工会分子提出的所谓"雇用超额人员"的要求时，我们要把这一点记在心上。在支持为科学和创造新技术的知识进步而拨款时，我们也要把效率记在心上。

但是，农业情况如何呢？联邦农业计划往往以转移支付为主，对此我们不能使用效率标准。那么，拨款标准是什么呢？我们怎样检验这些转移支付是否符合国民利益呢？

我们社会的转移支付是非常巨大的而且不只是针对农业。在失业和社会保险安排及联邦资助的教育、卫生或城市贫民窟的整顿等方面，我们都有转移支付。

让我提前给出相关结论：美国农业计划越来越不关心经济效率和农业部门能够对国民经济增长做出的贡献。这些计划正在成为越来越大的收入转移手段，也就是说，把其他经济部门的收入转移到农业的途径。但是，这些公共转移支付甚至还没有达到我们在其他公共转移支付的最基本的福利标准。它们主要地甚至更多地使土地所有者受益。因此，作为收入转移，它们对农民家庭中间的个人收入分配具有强烈的累退效应，也就是说，那些富裕的家庭和按照美国标准享有很高个人收入的农民家庭可以获得最多的收入转移，而且这些家庭转移收入占总收入的比例要高于那些真正贫穷的家庭。个人收入最低的1/4的农民家庭实际上不能获得任何对农业的转移支付。

现在我打算简要地考虑一下美国农业计划相互关联的四个方面：农业计划的成绩、怀疑的记录、失望的根源和未被认识到的真正农业问题。

当人们涉足农业政策时，他们就陷入危险之中。如同每一个农场领导人、国会议员、农业部长知道的那样，制定农业政策不再是一个友好的家庭游戏。它是一个金额巨大的博弈，利益高得惊人。

10.2.1　成绩的记录

1960 年和 1961 年一个强有力的新办法大幅度地提高了支持价格。农业总产出没有增加多少。1961 年的产出指数是 107，而 1962 年上升到 108。虽然商品信贷公司还没有倒闭，但确实略显萧条。农业经营者的总净收入增加了 10 亿美元，平均每个农场增加了 15％以上。土地价格迅速做出反应，达到了历史最高水平。农业部也繁荣起来了，它的年度预算从 50 亿美元加利息扩大到 70 亿美元加利息。

美国玉米带发生的事甚至更给人以深刻印象。玉米生产实际上减少了 10％。有人说不能再这样下去了。贮藏量下降了。按照当前的估计，1963 年秋天玉米的结存量只有 1960 年 10 月的一半多一点。商品信贷公司在 1961 年净卖了 4 亿蒲式耳，所以就这一次，这个公司又必定收进了大量货币。我希望国会议员知道这种情况。1 美元的玉米饲料并没有降低家畜的价格，1.2 美元的玉米定价也并未阻止人们参与！

1963 年比 1962 年简单得多，因为不必要通过销售玉米来领取一蒲式耳 18 美分的津贴。销售玉米的技术下降了，政府的直接支付上升了。如果每个玉米生产者削减 20％产量，剩下的产量按每蒲式耳领取 18 美分的津贴计算，那么，1963 年，接受面积和产量限额的玉米生产者将获得 7.5 亿美元的政府支付。于是玉米基地意味着货币。大豆也与玉米一样。农地价格恰如其分地做出反应。

虽然有一些小的问题，但是这并不会影响到整体形势。棉花存量上升了一点。政府对奶制品的购买在政治上出现了一些麻烦。但是，如果玉米耕地能够限量，7.5 亿美元能减少 10％的生产，那么，也能够限制奶牛场的奶牛和牛奶的生产，譬如说 10 亿美元的政府直接支付能减少 10％的牛奶产量。棉花生产者也能从每磅 8.5 美分的全面政府支付中获得好处。使用国内棉花的国内纺织厂也会获益。而这只需要支付 6 亿美元就够了！

当然，困难可能不少。但是，我们能够通过加强正在使用的措施和增加拨款来解决这些困难。

10.2.2　怀疑的记录

虽然取得了这些成绩，但它们带来的政策疑问要比它们解决的还要多。

（1）由农民实现的总净收入在 1962 年达到 128 亿美元。尽管玉米的销售额如此之大，政府一年在农业计划上的支出超过了 70 亿美元。这意味着每 100 美元净农业收入就需要 55 美元的美国农业部支出吗？或者说，这是一个实现预算赤字的较好办法之一吗？

（2）1960—1962 年间，农民的净收入从 117 亿美元增加到 128 亿美元。政府对农民的支付增加了 12 亿美元，比农民收入的增加还要多。难道这意味着政府在农业计划上的支出以及这些计划的效果实际上是减少了农民的净收入吗？

（3）据推算，1962 年美国有 370 万农民。在这个基础上，农业部对每个农民的支出是 2 000 美元。有人怀疑这是合理的！

（4）农场收入太低了，但是，农场不动产价格却持续上升。农业计划显然提高了农地价格。但这是改善农民的命运的办法吗？

（5）但是，最大的疑问，像伐木巨人（Paul Bunyan）那样大，就是尽管取得了成绩，美国农业问题还没有得到解决。

10.2.3　失望的根源

虽然怀疑是新思想的源泉，但它们也能引起众多的失望。

（1）城市新闻媒介大肆报道美国农业计划的混乱状况，城市国会议员为这些计划拨款投票表决。但是，城市人民被农业状况弄得糊里糊涂。

（2）美国"贸易扩大法案"已变成了法律。美国需要更自由的贸易政策和农业的供给管理。但是，这两者明显是相互矛盾的经济目标。更自由的贸易将会破坏私人垄断的供给管理，它也将削弱政府的这种垄断。

在美国和欧洲各国，自由贸易政策和现行农业政策是两个相互冲突的目标。主张解决这个矛盾的方法是让欧洲人采用我们的农业政策则是荒谬的。我们站在虔诚的讲台上疾呼，"照我们做的那样去做，就会有更多自由贸易的可能性"，这实际上是站不住脚的。

最后，在这个问题上，我要指出，30 年代我作为艾奥瓦州的一位教师，有幸看到美国农民和政府废除了《霍利-斯穆特关税法案》，在科德尔·赫尔（Cordell Hull）的专心致志的领导下，制定了互惠的贸易计划。在他建立互惠贸易计划的艰难历程中，科德尔·赫尔赢得了农民的信任，得到了他们的大力支持。在这一点上，"爱德华·A·奥尼尔（Edward A. O'Neal）超出了利益集团政治家的高度"，为此做出了显著的贡献。[①]

60 年代早期，在克里斯琴·赫脱（Christian Herter）努力进一步使贸易自由化期间，在农业中，谁支持他呢？

（3）农业机构内有很多令人失望的迹象：农业领导人采取更加偏激的、完全站不住脚的政策立场。国会农业委员会不再是富有思想地、探索性地讨论立法问题的典范。不一致和争论太明显了。美国农业部灰心丧气，因为它不能处理实际农业问题。毫不奇怪，高级官员在公共场合上的很多讲话都不是经济分析的典范。

10.2.4 未被认识的真正农业问题

为什么上述成绩没有解决农业问题？为什么疑问和失望情绪日益滋长？基本原因是真正的问题还没有被清楚地认识到。下面，我将试图阐明这个问题，在分析时我首先把不是农业问题本质的特殊经济特征搁置一边。

（1）在二十世纪二三十年代，经济中其他部门的极端的经济不稳定大大地加重了农业的负担。这是我自己在《不稳定经济中的农业》中提出的问题。[②] 暂且不说我的书，令人高兴的是第二次世界大战以来这个问题还没有出现在我们面前。

（2）农业部规模巨大的预算不是农业问题，虽然人们对此日益关切。这种预算规模显然是现行政策的结果。

（3）同样，商品信贷公司所得到的农产品库存量不是农业问题。它们也是既定政策的结果。

（4）农产品价格如何？它们不是问题的根源吗？根据每一个相关经济检验，这些价格并不"太低"。当然，更高的支持价格引发了问题——不是增加了存量，就是增加了控制和减少生产的措施。这两者都可能成本高昂。

（5）未来无论农地价格的上升是否会对农民产生影响，这种不动产价格的上升主要是政府把大量公共资金转移到农业的方法的结果。因此，从这方面来说，它也是一种政策的结果。

问题的核心是很多农民的收入太低。农民的过低收入，不是因为农业中使用的非人力生产要素的收入大大地低于其他经济部门可比要素的

---

① Christiana McFayden Campbell, *The Farm Bureau and the New Deal* (Urbana, Ill.: University of Illinois Press, 1962), chap. 9.

② T. W. Schultz, *Agriculture in an Unstable Economy* (New York: McGraw-Hill Book Company, 1945).

收入，而是因为农业中的人力，即作为劳动者和企业家的农民所获得的收入要低于其他经济部门可比人力的收入。

从化肥支出中获得的农业收入显然不太低，从大多数可再生物质生产要素的支出中得到的收入也不太低。土地具有剩余收入索取的性质。土地是繁荣的。结果是，农业政策和计划主要使地主获益。的确，因此拥有农地的农民不会陷于困境；他们不会因为土地而遭受损失。

当前主要使农场主得益的农业计划也可能会中止。如果这样，将只会带来痛苦。无论过去还是将来，由转移农业公共基金而使农地得益、使土地所有者利润增加都是一个严重的错误。与此同时，许多农民，就其所做的工作和为农业企业管理所做的贡献来说，收入仍然是太低了。这就是真正的问题。它不是土地报酬的问题，也不是农民购买投入的报酬问题，而是农业中很多人所提供的技能和企业家才能所得报酬太少。

一般地说，我们认识到的真正农业问题的解决办法主要在农业之外。很多农业劳动者的低收入是经济不平衡的结果。这种不平衡是美国农业部不能纠正的、国会农业委员会无法解决的。在现行方针下，农业组织对它也是无能为力的。

10.3 农业政策的新经济基础[①]

1930 年代的经济危机已成为历史，已给人们足够的时间来看清其细节。现在，我们比那时更清楚地看到我们犯了什么错误，以及我们本应该怎样做。在那个时期，我们被金融、贸易、生产的崩溃和大规模失业弄得不知所措。农业生产仍在进行，但农业价格暴跌，引起了大批大批的农场破产。政治反应表现为多种形式。现在回忆起来，这种反应不适当主要集中在财政和货币政策领域。

20 世纪 40 年代后期和 50 年代的农业困境还没有变为历史，而且我们还缺乏远见。至今这个阶段的各种细节仍使我们不能清楚地理解美国农业经济学。虽然环境与 20 世纪 30 年代大不相同了，但对农业的政治反应没有发生相应的改变，对待农业的态度还是一如

---

① 获准重印自 *Our Stake in Commercial Agriculture*，*Rural Poverty and World Trade*，proceedings of the Fifth Annual Farm Policy Review Conference，Washington，D. C.，January 25 - 27，1965，Report No. 22，Center for Agricultural and Economic Development，Iowa State University，Ames，1965，pp. 49 - 59。

既往。在 30 年代早期，失业率超过 20％，相比之下，即便 1957 年以后出现的萧条期中的最高失业率（1958 年和 1961 年）还不到 7％。与此同时，农产品市场一直稳定且旺盛，贸易总的说来也很兴旺。历史的评价将是，40 年代后期和 50 年代的农业灾难的根源完全与 30 年代经济危机的根源不同。第二次世界大战后的经济力量导致美国农业人口大规模的下降。据我所知，历史上从来没有出现过这样巨大的国内人口迁移。自 1940 年以来，2 300 多万农民改变了居住地，迁移到新的地方。了解这一事实的另一种方法是，美国农业人口到 1959 年下降了一半，从 1959 年以来又下降了 1/5。

对于农民迁移这件事情的内在不幸的政治反应如何呢？还没有看到任何迹象。如果有什么反应的话，农业政策的净效应是促使人们离开农业。几乎所有的农业计划都被用来帮助农民离开农业，或补偿他们因农业生产率迅速增长所遭受的损失。虽然财政和货币政策在充分就业下维持经济稳定方面的作用是较为明确的，在政治上变得可以接受，但是，经济进步所固有的利益和损失的再分配政策作用还没有被人理解，它甚至还没有被列入政策议程。

10.3.1　当前的政策危机

就农业政策而言，我们现在正处在危机之中，它产生于政策的不适当性。有人把这个危机归咎于现行计划所付出的成本，目前，这些计划要求农业部承担相当于每个家庭农场 2 000 美元的拨款。但是，假如国会同意这笔拨款，这对国会各个农业委员会来说并不是一个大问题。在政治上人们日益关注的问题是这些计划给农民带来的经济后果。

10.3.2　农场收入—农场财产的矛盾

在公众对农业政策的关注方面，对这些计划对农业经济效率影响的关注不如对这些计划对农民福利的影响的关注那么多。后者面临着农业内部的收入—财产的矛盾。当我们考察农业收入时，我们发现农业比其他经济部门更穷。但是，当我们考察农民家庭的财产和财产净值时，我们发现它们比非农民家庭富有。两个统计资料显示了这一矛盾现象。

收入贫困状况。1964 年 1 月《总统经济报告》把低于 3 000 美元贫困线以下的收入家庭归入贫困线家庭。使用 1962 年的资料，它表明 18％的非农民家庭和 43％的农民家庭处在贫困线以下。这样，根据这个标准，贫穷的农民家庭是贫穷的非农民家庭的 2.5 倍。[①]

财产状况。关于财产的资料显示出一幅完全不同的情景：家庭农场的财产净值是 44 000 美元，而与之相比，非农业家庭的财产净值是 21 700 美元。新的重要资料列举了所有美国家庭和农业家庭的资产、债务和财产净值。[②] 列举的每户家庭数字是 1962 年 12 月 31 日的平均数，见下表。

	所有美国家庭 （美元）	农业家庭 （美元）
自有住宅	5 975	5 501
汽车	637	681
商业，专业	3 913	25 767
人寿保险、年金、退休计划	1 376	1 278
流动资产	2 579	2 309
股票	4 072	1 354
债券	456	535
其他	2 535	5 940
杂费	1 528	1 095
个人债务（不包括汽车）	483	486
总净值		
（1）平均数	22 588	43 973
（2）中位数	7 550	26 250

难道我们的农业计划真的有利于农场财产（来自财产的收入）而不利于农场劳动和企业家管理的收入吗？

10.3.3 政治与经济考虑

虽然政治与经济的考虑由政策结合在一起，但是，让驴子与骆驼在一起劳动比让经济学家和立法者在一起工作还要容易一些。这一点对于农业政策尤为正确。在这一点上，经济学家一般同意美国大部分农业政

---

① 南部有一半的贫困家庭，北方中部地区有 2/5。按照 1960 年人口普查，低于 3 000 美元收入的农村农民家庭数目如下：

南部	830 000
北方中部	581 000
西部	87 000
东北部	72 000
总数	1 570 000

② 联邦储备系统公报（1964 年 3 月）。

策不符合经济效率的检验或公认的福利标准的检验。也很明显，支持我们农业政策的政治舆论正在消失。但是，说政治破坏了曾经作为强大的政治舆论的结果是荒谬的。不过，我得赶紧补充一句，责怪经济学家也是荒谬的。如前所述，美国经济已发生了巨大的变化，与我们当初设计现行农业政策主要方案时的情况完全不同了。

公众显然与所有部门的经济表现和所有人的福利有利害关系。在这些问题上，经济分析和政治决策都寻求为公众服务。我们要尽力消除这种思想，即经济学家想要通过剥削农业来为消费者提供更便宜的食物或为工业提供廉价的劳动后备军。据我所知，没有一位经济学家没认识到农业生产率的增进和农业已经并将继续为我们的经济增长所做出的巨大贡献，也没有一个人怀疑农业技术进步和农民技艺、科技发展在这个进步中的重大作用。而且值得注意的是，对经济学家的非议并不主要取决于他们是赞成传统的自由放任还是现代的福利国家。

尽管存在一些麻烦，但还是有许多值得我们称道的东西。我们的农业是现代农业，在世界上首屈一指。作为农业的建立者，我们很早就开始了用公共努力补充私人努力，这种长期坚持下来的私人—公共方法已经成为其他国家努力采用的一种模式。我们的农业城堡是生活的地方、工作的地方和经济要塞。但是，像莱茵河上的城堡一样，它也容易变得陈旧。我关心的问题是这种陈旧的根源和它的政策含义。

我的探讨集中在三个命题上：(1) 公共政策取决于政治一致性。花大量精力证明关于农业政策一致性的下降显然是多余的事情。在这里，我的目的局限于这样一种考虑：为什么曾经很强大的政治一致性已不存在了？(2) 好的经济学长期来看对政治一致性也是好的。由一个经济学家提出这个命题或许有些狂妄自大。当然，它意味着经济学在这方面是中肯的和重要的。(3) 一种为农业服务并促进公共和农民福利的新的政治一致性需要一个新的经济基础。经济学家一般把政治一致性看作当然之事。他们不愿注意政治学家的警告。他们很少看到存在于政治过程中的困难。毫无疑问，在怎样使我们的政府系统变得切实可行方面，我们还有很多东西需要学习。应该说，近年来，在解决农业以外领域的某些非常困难的政策问题上，政治过程进展良好。关于这些问题，政治一致性还不是那么轻易地出现，所有政策问题也主要不是取决于经济上的考虑。根深蒂固的社会价值观有时处在危险之中。有关政府正当行使职能的思想和理论也是重要的。美国经济的形式是"福利国家"的形式。[①]有人不喜欢这个术语,但是,在这一点上,让我解释一下它的意思。我们的福利国家既不是 19 世纪意义上的"自由主义的",又不是极权主义的。我们的福利国家是对自由放任的部分否定,因为它曾经在西方世界广泛地流行,在这种制度下,"重点是强调摆脱政府控制的个人自由,而不是强调由政府为个人的服务"[②]。它也拒绝现代集权国家形式,在这种形式下,重点放在为个人的服务上,而这种服务是由上面决定的。在这两种制度之间,产生了我们的福利国家形式,这种形式"试图在没有自由的服务和没有服务的自由之间找到一条中间道路"[③]。但是,找到这条道路是困难的。

10.3.4　政治支持的削减

不言而喻,关于农业政策,30 年前的政治一致性已不存在了。但是,让我重复一遍,这种消失不是因为国会、行政部门或法院的任何反常,农业组织也不应受到责备,尽管在它们的政策观点上分歧日增。劳工界或企业界也没有错,城市人民也没有错,虽然他们在政治代表性方面迅速增强。当然,把责任归咎于不适当的农业报道也是最肤浅的。[④] 这种政治一致性的消失是由于发生了一些重大变化。让我来找出这些变化的某些方面。

在 20 世纪 30 年代,我们受到了大规模失业和国际贸易急剧下降带来的不利影响。小农场和大农场之间或穷人和不太穷的人之间的差别被经济的崩溃淹没了。第二次世界大战改变了这一切。经济开始了强劲的复苏,由于对美国农产品的强大出口需求,贸易恢复了活力。但是,商业衰退和复苏再次变得明显。为了对付这样的衰退对农业的不利影响,我在 1945 年提出了对农民进行补偿性收入支付的经济逻辑。依我看来,这种支付应该与失业状况联系起来,它们应该被用来补充补偿性的财政政策和解除对农产品市场的限制。[⑤] 但是,我们却使农业计划适合于大萧条。

这个时期的另一个政策目标是减少农民面临的价格不确定性。实现

---

①　参见 T. W. Schultz, "Our Welfare State and the Welfare of Farm People," *The Social Service Review*, vol. 38 (June, 1964), pp. 123 - 129。

②　Jacob Viner, "The United States as a Welfare State," in Sanford W. Higginbotham, ed., *Man, Science, Learning and Education* (Houston, Tex.: Rice University, 1963), p. 215。

③　维纳 (Viner), 同上。

④　参见本书 10.5 节"对农业的负面报道"。

⑤　参见 T. W. Schultz, *Agriculture in an Unstable Economy* (New York: McGraw - Hill Book Company, 1945), chap. 10。

这个目标对农民有很多意义，而且它依然是重要的。问题是我们有些矫枉过正了。不过回顾一下，没有一个人能够否认主要农产品价格的巨大波动严重地增加了农民的负担。那时盛行的价格不确定性和大幅度的价格波动造成了资本定量配给。过高的价格支持成为一种补救措施，但是，它很快就干扰了特殊农产品的实际价值。农业期货价格制度[①]本来能够阻止并仍然能够阻止这些价格扭曲。

同时，我们的政府已经做了大量工作来维持经济稳定。我们现在有许多内在的经济稳定器。此外，我们似乎正在学习怎样使用财政和货币工具，像弗奇（Firch）指出的那样[②]，这些新的稳定器和工具大大地减轻了商业繁荣与衰退对国内农产品需求的影响。但是在这里，农业政策的主要方案没有考虑这些有利的发展而做出相应的调整，因而进一步助长了我们所讨论的政治支持的削减。

还有一个目标是水土保持。有力的证据表明我们在水土保持上投资不足。联邦农业部的休·H·贝内特（Hugh H. Bennett）做了大量研究使我们认识到土壤侵蚀开始于罗斯福新政时期。沙尘暴加大了对水土保持的需要。如果只就短期而言，水土保持还变成一种减少生产的方法。但是，撇开这一点不说，有很多好的经济理由来增加这种投资。然而，当这种投资进行得超过了某一点时，就会造成投资过度。我们已经超过了这一点。当初这种活动是值得进行的，但现在我们却投资过度了。许多计划凭着对水土保持这个过于理想化的概念的模糊解释在人群中，尤其是城市人民之间赢得了政治支持，这些计划把他们吸引到这种思想上来了。但是甚至这个模棱两可的解释也有它的局限性。所以，打着自然保护旗号的过分投资正在减弱对旧有农业政策的政治支持。

10.3.5　实际经济条件

农业困境的核心在于生产率提高引起的农业的前所未有的转变和这种转变所产生的农业人口的大规模下降。这种转变的负担一般没有落在土地上或农业财产上。它落在人们身上——落在一个特殊的农民集团上。它特别是重重地压在被迫离开家园的无技术的农民身上。他们的耕作技能价值很低。保护我们的土壤当然是好的，但是，这样一个计划没

[①]　D. Gale Johnson, *Forward Prices for Agriculture* (Chicago: University of Chicago Press, 1947); also Schultz, *Agriculture in an Unstable Economy*, chap. 12.

[②]　Robert S. Firch, "Stability of Farm Income in a Stabilizing Economy," *Journal of Farm Economics*, vol. 46 (May, 1964), pp. 323 - 340.

有向承受着农业转变大部分负担的那些农民提供援助。

政府对农民的转移支付和农业部对支持农产品价格的支出是与土地和商品联系在一起的。它们大大地有利于来自农业财产的收入，而将来自农业劳动的收入排在了第二位。农地所有者获得利益，投资于土地的资本收益上升，但是，农民劳动的收入却大幅度地下降了。结果刺激人们去获得更多的农业财产和使用更多的化肥。然而，对主要依靠劳动赚取收入的农民和财产很少的人，没有帮助他们找到拥有较好报酬的工作。更糟的是，按面积分配的效果之一是减少了农业中对人力（劳动）的需求。

虽然实际上公众并不十分了解背负沉重负担的农民的长期困苦状况，但是，他们模模糊糊地意识到，每年对农业几十亿美元的拨款没有改善最穷困的农民家庭的福利。公众的感觉是敏锐的：政府向农民的转移支付强烈地支持了这个看法。1963 年，约 11% 的农场有 20 000 美元以上的销售额（见表 10.1）。这些农场平均有 12 000 美元以上的收入，它们还有大量的财产，并获得所有的政府转移支付的 54%。另一方面，约 56% 的农场只有不到 5 000 美元的销售额，而且分得的转移支付只占政府支付总额的 9% 左右。

让我总结一下这种分析的含义。我们有土地使用问题，有商品不均衡问题，但是，这些问题都不是农业困境的核心。最重要的问题关系到为经济进步做出贡献，却从中遭受损失的那些农民。

表 10.1　　　　　　1963 年美国农场按照销售额和收入的分布[①]

等级	销售额	农场数目（以千为单位）	农场分布（%）	每个家庭的收入[②]（美元）		
				实现的净收入	非农业收入	总计
1	20 000 美元及以上	384	10.7	10 180	2 177	12 357
2	10 000～19 999 美元	594	16.6	6 207	1 512	7 719
3	5 000～9 999 美元	609	17.0	3 731	1 778	5 509
4	2 500～4 999 美元	463	13.0	2 337	2 080	4 417
5	2 500 美元及以下	1 523	42.7	1 029	3 222	4 251
5a	兼职	903	25.3	919	4 450	5 369
5b	半退休	418	11.7	1 086	1 880	2 966
5c	其　他	202	5.7	1 406	510	1 916
6	所有农场	3 573	100	3 504	2 431	5 935

①美国农业部农业收入状况，1964 年 12 月。
②包括来自食物和住宅的非货币收入。

10.3.6　一项积极的计划

虽然穷人是按照居住地来分类的，但贫穷的家庭不是一个地方性问题。它们不是一个州的权利，它们并非农业特有的，它们的命运是与失业、经济增长对特殊部门和职业的不利影响以及劳动市场歧视相联系的。因此，农业的贫困不可能完全与整个经济的表现隔离开来。在这里，我提出一项解决贫困农民家庭的计划，但是，这个计划所依赖的命题是具有一般性的。

第一个命题是，收入的增加必须主要来自于赚取的报酬。最近几十年来我们的经济发展强有力地支持了这个命题。这个命题的一个含义是：为增加财产收入，而对企业和价格进行补贴和公共控制是一个无效率的农业计划。例如，在 1959 年，南方 16.5% 的农场经营者是黑人。他们经营的农场的平均价值是 6 200 美元。假设这些农场完全由没有债务的黑人所有，假设利润是 5%，通过某些新的农业计划，使 6 260 美元的利润率上升到 10%。这样的计划只为黑人增加 310 美元的收入。即使这样，这种方法也不能避免严重地歪曲相关农业的配置效率。

第二个命题与可识别的不均衡有关。像化肥和机械这样的物资投入的价格（成本）和价值生产率（收入）一般处在失衡状态中。"规模经济"明显地存在着，由于政府的转移支付和其他农业计划，农地的"价值生产率"（收入）不断提高。然而，来自额外农地收入的大量增加将无助于减轻农业的贫困。例如，假定农地现有价值的利润率由于某种原因提高了 50%，譬如说从 5% 提高到 7.5%。即使这样大的上升，每个农民家庭收入的增加也不到 644 美元。1962 年 12 月 31 日平均每个农户的农地和其他"企业"资产是 25 767 美元。[①] 根据这个数字，2.5% 的额外利润只增加了 644 美元。但是，不是所有农业资产都是土地，因为它们还要包括牲畜、机械等等。更重要的是，因为按价值计算真正在贫困线以下的农户一般拥有很少的农地，所以，他们实际上获取的利益很小。

农业中人力的收入，不论是自我经营还是被人雇用，由于长期的不均衡被严重地降低了，这种不均衡基本上是我国经济增长类型的函数。由于 1957—1964 年的总需求的下降，这种不均衡加重了，它导致缺乏足够的工作维持高就业率。成百上千万离井农业的农民，由于他们的低技能水平，也使得这种不平衡状况恶化了。

一个帮助低收入农业人口的计划的主要部分大体上可以表示如下：

（1）维持高就业水平的财政和货币政策。

（2）为农民提供具有强烈需求的技能的计划。

---

① 联邦储备系统公报（1964 年 3 月）。

（3）更有力和更好地实行消除歧视黑人的政策。

（4）增加农民经济机会的计划，包括帮助他们获得工作信息，帮助他们迁移和适应新的社会环境，为他们提供在职培训。（在几十年以后，当历史学家回顾第二次世界大战后这个时期时，他们将会惊奇地发现，虽然美国政府每年拨款数十亿美元以援助农业，虽然成百万的人口离开农业——从1940至1962年，净迁移和改变居住地的人口为2 300万——但没有提出一个农业计划来帮助农民离农的大规模迁移。）

我们正处在给农民以更好的待遇的有利时机。贫困终于在政治议程上占有重要位置。教育也受到重视，但愿它不会忽视较贫困的农业地区，而是开始纠正这些地区的中、小学教育质量的严重投资不足的问题。对现有农业计划高成本的政治担忧可能也会变成一个积极因素。但是，由美国农业部协助的国会农业委员会是否很快会对面临困境的农民提供援助的符合公认福利标准的计划做出反应，人们还将拭目以待。当它们提出一个新计划时，关于农业政策的强大的政治一致性将会出现。

10.4 城市发展及其对农业的政策含义[①]

我对这个题目负有责任，因为我曾经天真地、褊狭地说过："农民和他们的领导人一般不熟悉那些成为城市化和工业化（现代农业是它的

① 本文选自 *Economic Development and Cultural Change*，vol. 15（October，1966），pp. 1–9。这里获得该杂志和出版商（芝加哥大学出版社）的准许重印。

这篇论文是在美国农业局联合会职工大会上提交的，该大会于1965年10月4日在芝加哥召开。在此之前，我已把该论文初稿寄给一些同事征求意见。

据我看来，大家对我提出的问题无疑是非常关切的，我们应该进行全面的理论对话，这个对话远超过了我的努力，但从中所获得的报偿很可能是巨大的。我从这些批判性论述中受益匪浅，虽然我的同事们将会很快地注意到我没有令人满意地对待他们提出的论点。这样做本应该需要一本专著，无疑，这个题目将值得这样做。

我要向我的同事们表示感谢，但我决不想要我的同事们对这篇论文中我所说的观点负任何责任。这些同事是：密歇根州立大学的詹姆斯·T·博伦（James T. Bonnen）和戴尔·E·哈撒韦，俄勒冈州立大学的埃默里·N·卡斯尔（Emery N. Castle），芝加哥大学的格里奇斯和唐纳德·塔克（Donald Tucker），加利福尼亚大学的查尔斯·M·哈丁（Charles M. Hardin），亚利桑那大学的 J. S. 希尔曼（J. S. Hillman），北卡罗来纳州立大学詹姆斯·G·马多克斯，康奈尔大学的约翰·W·梅勒（John W. Mellor），艾奥瓦州立大学的华莱士·E·奥格（Wallace E. Ogg），普渡大学的唐·帕尔伯格（Don Paarlberg），威斯康星大学的肯尼思·H·帕森斯（Kenneth H. Parsons），农业发展委员会的雷纳·希克尔（Rainer Schichele），俄克拉何马州立大学的卢瑟·G·特威顿（Luther G. Tweeten）。

一个组成部分）重要部分的观点、哲学基础和历史过程。"① 我将努力阐明我的意思是什么。但是，这个任务超出了经济分析之外，这对于一个经济学家来说是一件冒险的事情。但作为回报，我理清了一些令人迷惑的、需要进一步思考的问题。

10.4.1 一组重要的问题

近几十年，城市人口的迅速增加和农业人口的显著下降的经济原因是十分明显的。这种发展主要是由我国经济增长类型带来的额外收入来源供给的变化和对最终产品（服务）需求的相应变化的结果。从政治制度和历史角度来看，我们不难理解那些适应于人口区位变化的政治代表席位的改变以及使这政治调整合法化的长期滞后。同样明显的是，社会判断穷人福利的标准随时间而上升了，这可用为穷人的福利服务的社会需求的增加来解释，这种需求的增加被看作是人均收入增加的函数。②

但是，有一些重要的问题仍然有待解决：

（1）为什么我们的中心城市吸引了大量的文化教育水平很低的人——数以百万计的黑人和贫穷的白人？③（虽然上升的犯罪和暴力使这么多的街道、公园甚至地铁变得不安全，人们在道义上却对犯罪漠不关心。民权斗争、种族骚乱及由于贫民窟和少数族裔居住区造成的中心城市的衰朽以及人的孤独感和空虚感等，这些都是为什么？）

（2）为什么若不利用其所依附的中心城市，我们的高收入郊区会变成文化不发达的社会？

（3）为什么农民没有城里人那样关心贫困并制定使贫困最小化的公共方法？（虽然事实上，相对于家庭数目来说，农业社会更加贫困。）

（4）为什么农业社会没有解决作为该社会一部分的黑人的经济、政治和社会问题，而我们的城市在解决这些问题上取得了进步？

（5）为什么代表中心城市的国会议员比代表乡村和郊区人民的国会

---

① T. W. Schultz, *Economic Crises in World Agriculture*（Ann Arbor, Mich.：University of Michigan Press, 1965）, p. 93. 这句话是在如下语境中说的，当时我正在考察忽视适合于农民的社会服务的原因。我提出了四个主要原因：（1）南方传统的影响；（2）利益的冲突；（3）知识的缺乏；（4）价格—生产计划。这里引用的是（3）的第一句话。

② "Investing in Poor People：An Economist's View," *American Economic Review*, vol. 55（May, 1965）, pp. 510-520. 文中，我把人均收入的上升对需求的影响用来确定在社会政治过程中作为"贫困线"对待的收入标准的上升。

③ 这里使用的中心城市是大城市的中心。它不包括与该中心在经济上和文化上有依附关系的郊区社会。有几个大都市地区包含了一个以上的中心城市。在中心城市内，可以发现企业—商业部门、各种文化便利和很多穷人的居住区。

议员更倾向于要调整公共政策以适应于我们变化中的社会对社会经济的要求？

（6）为什么远离城市综合体的大学同与城市融为一体的大学在确定理论重点和对传统信念的怀疑问题上的差别是如此之大？

这些还没有包括所有的问题，它还应该包括像教会和国家分离、由于种族和宗教原因的歧视等这样一些老的但仍未解决的问题，以及社会保障、民权和对穷人的法律援助中固有的一系列新的问题。

10.4.2 研究方法的设计

我们在观察一个对各种变化做出反应的社会。虽然我们的社会是一个多元社会，由许多私人的或公共的团体、社团和组织组成，代表着多个实际利益集团，但是，我将把它看作只由两部分组成，即城市与农村。这两部分针对变化的反应在很多重要的方面是有差异的，如前面列出的一组问题所表示的那样。一种方法是找寻社会价值方面的差异，它们也许能解释可观察的反应上的差异。另一种方法的研究范围狭窄得多，它抽象掉了社会价值上的差异。假定这样的价值核心是相同的，把分析限制于社会的、政治的和经济的因素，这些因素是城市和农村对政策问题反应差异的基础。我将按照后一种思路进行研究。这样，在使用第二种方法时，我自始至终假定支配性的趋势是城市化，农民已基本上城市化了，但是，他们对未来城市化的反应要慢于城市人民。虽然人们倾向于把农民看作比城市人民更囿于地域观念，但是，这样做是错误的，因为两者在他们的利益和意见方面都是有局限性的。差别主要在于这两种地域观念的适应性：城市人民的地域观念适应主要趋势，而农村人民则相反。

但是，"主要趋势"是什么呢？简便的回答是，它们是对"农业原教旨主义"的否定。但这是一个浅陋的回答。当然，城市人民也有他们自己的原教旨主义，例如，他们低估了农业对国民经济增长做出的并将继续做出的经济贡献。这里更为严重的是农村问题中的对抗性城市观点，它主要是对长期形成的农村权力结构的反应，和对所有现代公共福利计划的反对。这些主要趋势体现了对我们社会的实际发展过程所做的一般的更具实用性的调整。这些调整包括以维持充分就业为宗旨的财政和货币措施的使用，以改善美国黑人和其他受压迫的少数民族的命运以及以贫困最小化为目的的公共方法，以制止我们的水和空气进一步受到污染为目标的措施，和一系列与保健、老年照顾、退休和教育等有关的公共支出。

总之，虽然美国的城市生活与农村生活反映了共同的社会价值，但是，在对政策反应问题上，两者之间存在着重大差别。当我们社会对国际关系的变化，对扩大的经济机会，以及对很多其他发展做出反应而因此得到发展时，它就变得日益城市化了。这种发展要求适应能力，而这种适应对农村人民比对城市人民要困难得多，农村生活在适应社会发展方面滞后于城市生活。农民觉得特别难以理解城市的发展过程和为什么它在决定这个潮流方面是这样的普遍且更占支配地位。当然，这些滞后确实不被农民、我们农学院的教师以及农业领导人更好地加以理解，其原因是他们并不重视这些滞后。其他问题经常提到议事日程上来。而与此同时，上述的某些滞后现象已变得严重起来，已成为造成城市人民和农村人民之间诸多误解的根源。

10.4.3　在公共政策领域里

在政策方面，我准备首先考虑三个相当明显的滞后，即：（1）关于黑人命运的改善；（2）关于社会保障的扩展；（3）关于对贫困的公共关注。然后，我将考虑一些不甚明显的但却是基本的问题，有些与前三个问题重合，即：（4）过高估计物质方面的嗜好；（5）对教育的投资；（6）高等教育；（7）累进税制；（8）穷人经济命运的改善。

1. 为黑人敞开大门

在农业中，美国黑人长期受到压迫。即便在黑人居多的南部农业社会里，白人的价值观和制度仍然是黑人获得社会进步和政治代表权以及与白人有平等的经济机会的巨大障碍。[1] 美国农业部还保存着有关把黑人作为二等公民的长期记录，这些记录由美国民权委员会发表了。[2] 与黑人在农业中缺乏相等机会形成鲜明对照，中心城市虽然也有各种各样的紧张与压力，但却为黑人提供了活动场所，从而使黑人能够成为一等

---

① 菲尼斯·韦尔奇（Finis Welch）的博士研究使人毫不怀疑教育方面存在的对黑人的歧视。参见他的 "The Determinants of the Returns to Schooling in Rural Farm Areas，1959" 一文，该文是他的未发表的经济学方面的博士论文（芝加哥大学，1966 年）。还可参见他的 "Labor-Market Discrimination：An Interpretation of Income Differences in the Rural South," *Journal of Political Economy*，vol. 75（June，1967），pp. 225 – 240。

② U. S. Commission on Civil Rights，*Equal Opportunity in Farm Programs：An Appraisal of Services Rendered by Agencies of the United States Department of Agriculture*（Washington，1965）。农业部长奥维尔·L·弗里曼（Orville L. Freeman）在 1965 年 6 月 17 日向总统递交了一份关于农业部在纠正它的某些歧视做法方面所取得的巨大进步的报告。

公民。未来历史学家将无疑会发现，黑人像犹太人一样，尽管在农村受到排斥，但在城市里找到了保护和机会。

暂且考虑一下黑人的偏好：在既定的文化价值条件下（这些文化价值概括了他们几个世代作为农业劳动者所受到的虐待），他们的工作偏好是什么呢？我确信，对于美国黑人来说，农业是一个下等职业。[①] 这个"下等"的意思能够按照经济意义来表示。假设在完全可靠的信息支持下，黑人在具有相等收入的农业工作和其他部门工作之间有一个真正的选择，他们将宁愿选择其他部门的工作而不愿选择农业工作。即使黑人得到解放，赋予他们社会地位、人的尊严、公民权利、教育和经济机会，但文化价值仍深深地扎根于奴隶制历史和农业制度的失败之中。[②]

就黑人的职业和地区分布而言，实际上在所有黑人离开农业并且他们中的大部分迁出旧南方并找到工作（除了像亚特兰大这样的一些中心城市以外）之前，美国经济将不会达到经济均衡。[③] 这个命题得到了我们第一次世界大战后经济史的强烈支持，并且，它意味着进一步的大规模人口流动，包括相当少的人仍然在农业，许多人仍然在旧南方从事其他职业，如同近几十年期间离开农业的人口迁移一样，这种流动会一直持续到黑人和工作之间的经济均衡实现为止。

2. 社会保障的扩展

在我们社会中，提供保障的计划日益增多，这个计划逐渐被用来为城市普通百姓服务。有成百上千万的黑人和贫穷白人进入我们中心城市，他们缺乏为城市生活所需的教育、技能和经验，这些人的需求对社会保障计划产生了很大的影响。当家庭安排变得不够充分时，人们就求助于社会保障的安排，以此来维持老年生活，获得现代医疗服务，更新陈旧住宅，为缺乏文化的家庭的学前子女提供预备教育并为成年文盲提供改善他们能力和技能的机会。有些安排明显是"应急计划"，用来至少给那些来自乡村农业社会的人在教育和社会发展方面获得的极坏待遇带来部分的纠正和补偿。但是，另外一些社会保障安排具有长期效应。

---

① 对于这里所指的基本的经济推理和假设的更详尽的阐述，可以参见本书 8.4 节"衰落地区的教育和经济机会"。

② 农业的低下社会地位在世界很多地区都是相似的。例如，在加勒比地区，农业作为一种职业一般地位很低。人类学家把这一点主要归因于奴隶制的文化遗产。

③ 我不想把"经济均衡"表示为存在一个单一的一劳永逸的调整。当经济调整时，额外的发展发生了，然后它又要求额外的也许是相当不同的调整。这样，调整是一个过程，而不是对一个特殊的现有失调的反应而做的不连续运动。这里的研究适用于在调整过程中有效率的政策、制度和机制。

最好的解决方案仍没有定论。生活在富裕的市郊卫星城的人们最不需要也最不想要这种社会保障"福利金"的扩展。而农民则处在一个暧昧的立场上。一方面，他们在保持对家庭的传统责任方面比城市人更偏向于家庭。另一方面，他们中间，对养老金和幸存者保险金以及其他公共社会服务的需要日益增加，即使很多农村议员和农业领导人也只是勉强地同意把这些公共保险金扩展到农民。[①]

3. 解决贫困

虽然农民家庭比非农民家庭贫困得多，但农业部、国会农业委员会、农学院和农业领导人却都没有谈到贫困问题。这里再说一遍，关于最小化贫困的公共方法的有决定意义的社会关注、领导和思想主要产生于我们的中心城市。因此，《经济机会法》的实施表现为城市偏向，在它的计划中忽视了农业中存在的严重贫困，这虽然令人遗憾，却并不奇怪。

但是，我想指出农业领域里一些明显的例外。在霍华德·托利（Howard Tolley）领导下，原农业经济学研究局考察了乡村农业贫困问题。农业保障署试图把农民组织起来以减轻这种贫困。但是，两个努力都与农业政治权力结构相冲突[②]，在那时，农业政治权力结构没有为关心黑人和贫穷的白人的城市权力所控制。最近，农业部一小部分社会和经济专家出于对黑人和白人福利的真正关心在这个问题上做了小规模的分析研究，西弗吉尼亚大学最近举办了有关美国贫困问题的高水平的讨论会[③]。

以下五个问题不很明显，却是重要的，虽然在有些论点上它们与以上讨论的问题重合。这里最重要的问题是我们对价值观的选择，以便指导社会活动和行为并赋予其意义。社会价值观念不是静态的，以上对黑人、社会保障和贫困的论述就证明了这一点。这些价值观由于经济发展、农村和农业部门的衰落、新的公共服务和关于福利与优良社会的观念的改变而渐渐发生了变化。让我撇开国际关系不谈。显然，我们的经济增长是这样一种类型的增长——在功能上增加劳动力（有利于经济发

---

①　关于农民对社会保障计划的态度的深入研究早就该进行了。这样的研究可能会表明农业领导人和农村国会议员并不代表大多数农民的真正态度。我在《世界农业的经济危机》（*Economic Crises in World Agriculture*）第 4 章中探讨了这个问题。

②　参见 Charlies M. Hardin, "The Bureau of Agricultural Economics under Fire: A Study in Valuation Conflicts," *Journal of Farm Economics*, vol. 28 (August, 1946), pp. 635 - 668。

③　关于大会报告，参见 Leo Fishman, ed., *Poverty amid Affluence* (New Haven, Conn.: Yale University Press, 1966)。

展的人的努力）的收入，而不是财产（私人的和公共的设备和建筑）的收入。同样很明显，它也是这样一种类型的增长——要求城市经济活动相对于农业活动的增长。在讨论这些问题时，我们不需要超出我们增长中经济的作用。但是，即使在经济这个范围内，也存在着对最明显的经济规则的顽强抵制。当它开始缓解个人收入分配不平等并转向对人的公共投资的时候，农民与它的领导人一般处在对立状态中。我将考虑这种对立的五个方面。

4. 高估非人力因素的倾向

农民，为他们服务的制度，以及农民的领导人一般总是对非人力因素估计过高，而且，对后天获得的人的能力估计过低。这里一个反常的情况是，虽然由于农业中人的关系比城市密切，农业生活更具有私人的性质，虽然家庭联系和责任更强烈，但是，非人力因素仍然被估计过高。[①]

在农业领域中，植物、动物、土地和商品价值一般超过了家庭、学校、健康、人的技能和综合的文化价值。农学院已经做了大量工作，把科学技术运用于农业生产，提高了农业的生产可能性。但是，它们一般忽视了农民的经济和社会能力。[②] 联邦农业计划在这个方面也是错误不断。[③]

5. 对教育的投资

对高技能的需求相对于对低技能的需求上升了。一般说来，作为一个人，我们是通过学校教育和在职培训获得大量的高技能的。但是这种反应是很不一致的。在为小学和中学提供适当资金时，城市人遭到了教区附属学校问题的困扰，而农民则遭到旧的州政府权力和地方控制问题以及旧南方地区对学校教育的公共支持的传统敌视的伤害。

最近颁布的联邦教育法至少在人民比较穷困的地方为中、小学

---

① 调整滞后的概念在这里也是有用的。一代人以前甚至更久以前，成功的经济发展主要依赖物质资本而不是人力资本。同时，包括农业在内的整个经济中，与人的努力有关的技能和其他后天获取的能力的价值一直在上升，但需要时间来获知，这样的转变已发生了，而且不是一个暂时的变化。

② 在农学院中，领导人几乎都是在科学领域获得成功的一代人，大多数骨干教师在科学技术方面有强烈的"既得利益"。地位较高的商业农场主知道这种研究对他们的价值，并且坚决要求这种研究。农业的政治权力结构在这方面也需要它。

③ 美国商业化农业政策在这个重要问题上总的说来是错误的。它已增加了农业资产尤其是土地的膨胀。尽管已经造成了危害，但是土地退出是政策的一个特征，在自称为农业说话的人中间对这个政策的意见具有明显的一致性。

提供了一些资金。这是一个重大的成就。由于城市议员对联邦政府早就应该重视的对教育的援助起到领导作用并提供关键支持，终于找到一种方法来处理教区学校问题。这个显著的进步不是来自我们的偏重农业方面的议员。但是，改进农民子女教育的质量仍有很多事情要做。不仅在南方很多为黑人子女服务的学校不合格，而且在其他农村地区，教育质量也低于平均水平。关于联邦对小学和中学的支持的经济逻辑和社会基础是最有吸引力的。在为他们的学校争取充分的公共资金方面，很多中心城市多年来一直受到以农业为主的州的立法的阻碍。在这里，当政治代表按城市化事实进行调整时，风向也正在发生变化。

6. 高等教育

在这一点上，美国农业和农场领导人在几个重要方面比城市的领导人做得好，这主要是由于赠地农学院的建立（指政府拨赠土地兴办的农学院，下同。——译者注），这些农学院不仅开创性地把科学运用到农业生产，而且提高了农民的人格尊严和对农业的理论尊敬，虽然它们忽视了农业生活的社会和福利因素。虽然农业局厌恶联邦对初级学校的援助，但幸运的是，它们并不反对对赠地农学院的联邦援助。

除了上述对农业的物质因素评价过高之外，还有两个问题需要引起社会的重视。一个是以上大学的支付能力为基础的大学制度的累退性。有一些令人不安的迹象表明，来自 1/5 个人收入较低的家庭的农业青年发现在经济上今天比三四十年以前更难负担得起上农学院。[1] 另一个问题是黑人占绝大多数的农学院在财政上极度紧张。把 16 所黑人赠地农学院、4 所南方白人农学院和伊利诺伊大学做一简单的比较，就有助于说明问题。我之所以选择它们和这样的分类，是因为其入学人数大致相同。1962 年，16 所黑人农学院学生总数是 36 000 人，4 所南方白人赠地农学院学生人数是 35 000 人，伊利诺伊大学也是一所赠地学校，人数为 34 000 人。用于教育和一般用途的收入分别是 3 200 万美元、7 200 万美元和 9 800 万美元。从联邦政府获得的收入（资金）分别是 140 万美元、1 870 万美元和 2 080 万美元。至于支出，两个项目将足以说明问题：奖学金分别是 50 万美元、60 万美元和 420 万美元；科研资

---

[1]　学费和尤其是为建设宿舍、图书馆和学生活动中心提供资金的费用的显著上升是原因的一部分。在农学院，与研究生相比，大学生获得的奖学金人数相当少。社区学院由于位置的关系主要为城市青年服务，而只是附带地为农村青年服务。

金的不平等更加突出，分别是 20 万美元、1 660 万美元和 2 380 万美元。① 这样，即使在我们的农学院的例子中也存在着对黑人歧视的可悲记录。

7. 累进税

累进税曾经是农民运动政策的基石，但现在当然不是这样，虽然个人收入分配规模的不平等仍然是一个重要的政策问题。改进我们的累进税制度的任务现在落在来自城市中心的国会议员身上，因为代表农民的国会议员一般反对这样的改进。只要考虑一下，实际上所有的工资和薪水都要缴纳所得税，而来自特殊类别财产的大部分收入却是免税的。允许这样的财产收入逃税的内部漏洞是巨大又数量繁多的。农民从这些不平等中，尤其是从资本收益的大份额收入的逃税中获得了既得利益，这是不幸的实际情况。结果，当长期未进行的税收改革出现时，农民和他们的政治代理人一般保持沉默，或者与反对派结成联盟。郊区人民和他们的领导人由于明显的原因也不会倡导这样的政策。在中心城市居民的强烈要求下，这些改革最终将会到来。

8. 改善穷人的经济命运

黑人命运的改善、对教育的投资和累进税，虽然是改善穷人经济命运的适当途径，但是，还需要考虑最低工资法、高农业价格支持、收入转移和诸如住房之类的公共支出。

就需要提高要素价格（最低工资）或特定产品价格（农业价格支持）而言，在城市人中间与在农民中间一样都存在思想混乱。这种方法有广泛的政治吸引力。在劳动方面有最低工资法，在农业方面有高农业价格支持，虽然事实上在每种情况下，它不仅损害了经济的效率，而且恶化了真正贫穷的人的经济状况。最低工资法意味着受教育最少、最无技能的劳动力有更高的失业率。高价格支持大大地有利于富裕的农民家庭。当人们考虑农业价格支持、对农业生产的控制和联邦农业补贴的分配的综合收入效应时，他们将会真正地感到惊愕——社会怎么看不到这

---

① 我选择 4 所南方白人学院和伊利诺伊大学并不是想从反面来指责它们。我原本也能选择其他大学来进行比较。当然，伊利诺伊州是一个主要的、高收入的工业和农业州，它能够并且的确拨了大量款项支持伊利诺伊大学。显然，16 所黑人农学院和 4 所南方白人农学院却没有这样幸运。但是，把研究基金拨给在科学和学术水平上证明有能力的学院和大学，这不是正确的吗？如果是正确的，伊利诺伊大学是由于有组织的科学研究而得到巨大的财政支持。然而，这个观点是事情的一部分。人们只需要问：没有必要的资金，一所大学怎么能吸引和留住第一流的教师呢？可以毫不怀疑，一旦社会提供了必要的财政支持，在南方优异的大学也能发展起来。

种政治措施造成的累退的农业收入效应呢!

根据对住房的公共补贴细致的调查,低于 3 000 美元收入的家庭实际上完全没有获得好处。由工薪税(一直在迅速上升)筹措的公共计划和转移支付的净效应一般是累退的,如州和地方政府的税收和支出表明的那样。改善大多数穷人的命运的长期观点要求对人进行公共的和私人的投资。但是,这类投资在我们的政策议程中仍然处在很低的位置上,虽然城市方面比农村方面稍高一些。

10.4.4 总结

那么,我开头提出的一组重要问题的答案是什么呢?确切的回答将使研究工作超出这次考察之外。但是,提出一些答案可能是有帮助的,尽管只是试探性的。贫穷的、缺乏文化的人,无论白人还是黑人,都被忽视了,就黑人而言,他们还受到为美国乡村服务的制度的压迫。通过迁移到我们的中心城市,这些穷人有希望改善他们的命运。他们按照这种期望行动。他们碰到各种各样的困难和挫折,但即使这样,对他们大多数人来说,这将成为一种真正的改善。生活在郊区社会的优越家庭迟早将会认识到他们享受了中心城市提供的重要文化便利条件,认识到他们必须承担某些责任,为文化服务支付一部分费用。

虽然似乎农民没有城市人民那样关心贫困和使贫困最小化的发展计划,但我相信,如果仔细考察就会发现这只是一个表面上的差别。我观察到的是农民对自称代表所有农民家庭的权力的精英们定义的贫困的冷淡态度。农业制度在促进解决黑人问题上的失败主要是对黑人如此不利的南方传统的强有力影响的结果,不仅在南方,而且在所有涉及农业的国家事务中都是如此。

我前面提到的大学中理论观点的差别主要是强调包括技术在内的"硬"科学和强调社会科学、人类学、人文科学之间的差别的结果,同时也是资金来源的差别,以及大学面临的不同社会和政治压力的差别的结果。

最后,当公共政策开始按照我们变化着的社会中的社会和经济要求进行调整的时候,倾向农业的国会议员就会变得政绩不佳,因为他们许多人都来自南方,在那里,很多公民都不从政治上考虑问题,另外在北方,很多农民是"财产收入"幻觉的受害者,并且农民基本上很少认识到或了解到为发展一个更好的社会所必须面临的主要趋势。

10.5 对农业的负面报道①

在具有先进技术的现代社会中，过去对市政厅有投票权的公民如今屈从于依赖公共关系和赞誉性宣扬的顺从者（organization man，指强调组织之重要性以致失去其个人特点的高级职员。——译者注）。虽然看重自己声誉的精明人仍然存在，但是，组织需要比这更实在的东西。空有好的意愿也是不够的，因为它也已过时了。他们要以对自己有利的方式进行宣传，博得公众注意。对这种商品的需求像七月的玉米一样增长，这种需求是永不满足的。这样，组织花了大量时间和努力来获得比以往任何时候都更加有利的宣传。于是，毫不奇怪，影响新闻界的公共关系艺术已经变为一个高度发达的、昂贵的活动。

农民一般没有城市人那样关心这个问题，因为他们偏重于单个人的活动。但是，他们目前正面临着不利的全国新闻报道。贸易和商业组织、工会、专业协会、政党，甚至基金会和福利组织都比农民更关心他们获得的新闻报道。这一点对于在专业上与农业有联系的人——农业推广工作者、农学院、农业部机构、农产品协会和一般农业组织来说，也是如此。

有些城镇组织为了贸易和公共支持的原因，需要良好的新闻宣传来帮助它们建立与农民的良好关系。但是它们发现农民很冷淡，甚至抱着怀疑的态度，而那些在专业上与农业有关的人却容易与它们一道参加改善这种关系的计划。虽然在我们的多元社会里，为改善城乡关系做出了很多努力，但是，这些努力大部分没有抓住困难问题的关键。它们主要处理一些表面现象，而不是处理有害于这些关系的基本困难。

在转到引起紧张和招致问题的论点之前，应该说，从历史的观点来看，有一些非常有利的发展。我们的城市在地理位置上分布广泛，它们大多数关心它们各自地区的农业。在我们的农业中没有封建主义。我们的农民也不是地位低下的耕种者或粗野的庄稼人。除了南方的非常贫穷者之外，农民长期对民主有强烈的要求。公众不把农民看作是社会落后分子，也不把他们看作是政治文盲和经济传统主义者。在这些方面，我们公众对农民的印象比其他国家要好。

---

① 本文是提交给城市—农场委员会讨论会的，芝加哥，1964 年 8 月。

在这一点上，我们已从我们的杰弗逊遗产（主张中央政府的管制尽量减少，个人权利不可侵犯，以及农业经济与农村社会的优越性。——译者注）、由农学院提供的知识的尊严和我国人民的较大流动中获益匪浅。除了南方一些地区之外，农业体力劳动并不低人一等，农民已获得很多新的技能和科学知识。在这一方面，他们比大多数城里人有更好的基础。农业对经济的重要性和它的增长不像其他国家那样被低估了。我们长期有一批来自农民家庭的训练有素的农业专家，而在贫穷国家常常没有这个条件。除了他们在学校学的知识外，他们对农村生活和耕作方式也知道得很多。而且，参与努力改善城乡关系的很多商人、劳动者和专业人员是在农民家庭中长大的。虽然这份资产在未来会迅速减弱。

在政治上，虽然以土地为基础的自耕农、独立的家庭农民具有天生的保守性，但农民仍然拥护重要的进步的改革。我要提醒的是，南北战争之后不久爆发的农民反抗运动不断地向 19 世纪自由放任学说挑战。实际上，自由放任掩盖着各种各样的垄断，对很多农民来说也是如此，农民运动要求取缔这样的托拉斯。他们终于赢得了意义深远的《反托拉斯法》的颁布。他们还确信，以利润为目的的私人银行在决定货币供给和一般物价水平方面过于自由，而不顾作为债务人的农民的利益。布莱恩（Bryan）在一次题为"黄金的十字架"演讲中惹人注目地提出这个问题，使政治集会群情激动。结果虽然过了较长时间，联邦储备系统还是被建立起来了。[①] 值得注意的是，这些早期的农民领导人一直为一个目标而进行斗争——而自那时以来，这个目标已成为现代货币和财政政策的重要宗旨。他们还抗议那时个人收入和财富分配的巨大不平等。在威尔逊政府的第一任期内，当宪法修正案最后被批准时，这个反应也有了回答，累进税的颁布开始平衡现有的个人收入和财产方面的不平等。[②]

虽然有这些有利的历史发展，但仍存在着不利于我们城乡关系的压力和问题。它们几乎没有被列入我们的议程，虽然其中有些与基本问题有关。我将简短地考察四个问题。

---

①　在新政期间由奥尼尔（Ed O'Neal）领导的农业局继续支持这些目标。坎贝尔（Christiana McFayden Campbell）在他的出色的研究著作《农业局与新政》（1962 年）中指出："解散托拉斯和货币改革的旧土地改革备用方案……仍然顽强地留在农业局的决议中。"（第 48 页）"农业局对司法部的反托拉斯运动的支持不限于良好的意愿，而是将其运用到最重要的地方，即国会拨款。"（第 187 页）他在这个问题上的其他论述也是很有说服力的。

②　这一段来自 T. W. Schultz, "Our Welfare State and the Welfare of Farm People," *The Social Service Review*, vol. 38 (June, 1964), pp. 123-129。

但是，让我首先回到新闻报道上来，特别是农民和农业目前面临的坏的城市报道。不要认为这个坏报道是毫无根据的。城市公众可能对农业的很多方面还很不了解，但是，他们确信每年对农业几十亿美元的拨款没有明智地用于提高公共福利或农民的福利，则不完全是错误的。

然而，这还不是事情的全部。大多数农民和农业有关的专家团体强烈地感觉到他们受到了诬蔑，事实上也是如此。城市公众被剩余额、补贴和农业部巨额拨款遮住了眼睛，从而，他们看不到城市人从农业研究机构的科技贡献中和从主要增加消费者利益的农业生产率增进中所得到的好处。这种研究和促进更好的新农业投入的推广活动的收益是极高的。但是，农民一般不能利用这些利益，结果，很多农民的收入和福利陷入了困难。这种困难的基础没有被城市人民所理解。他们和农民对如何克服这个困难没有一个明确的看法。

在我考察这个困难的基础之前，我必须扩大我的研究范围。这个题目所提到的"坏报道"又是其他的和更重要的问题的一个表面现象。无疑，农民在城市里受到的坏报道被看作是维持良好的城乡关系的一个障碍。但是，不利于农业计划和其他农业问题的社论和新闻材料只是一个表面障碍。现象背后的真正障碍需要到如下因素中去寻找，这些因素是过时的联邦立法和行政体制、正在进行的政治代表制的巨大变化、城市职业岗位的缺乏、想要和必须离开农业的那些农民的贫困生活条件，以及最后，对农民公共社会服务的忽视。

（1）华盛顿政府的过时体制。我们专门用来服务于农业的政府结构现如今难以应付农业的实际经济问题。如果它要有效地满足农民和离开农业以求在其他经济部门寻找工作的那些人的需要，则必须建立新的政府结构。如要成功地做到这一点，这种重建就要求农村和城市人民以及他们的政治代表的共同努力。

（2）政治代表制的根本改变。由于美国迅速的城市化，由于各州在政治上适应人口变化的长期滞后，农村人口和住在小城镇上的居民在大多数政府立法部门中占有的代表席位过多了。最近最高法院关于这个失调所作的历史性的决定将会使政治代表制比现在更符合人口移动的巨大累积情况。当这些决定发生效力时，根本的变化有望发生。在最近，在联邦这一级，参议院通常比众议院更能代表日益上升的城市利益。现在看来在这一点上，随着时间的推移，众议院很有可能将比参议院发挥更好的作用。在各州的内部，更大的变化不久将会发生。城市人民将毫无疑问获得整修他们的住房所需的政府资助，而到目前为止，他们大多数人无力整修它们。

但是，这个转变中还有一些其他含义。城市人民不再有理由在政治上灰心丧气，从而处于守势。另一方面，农民不容易接受新的政治秩序，特别是如果忽视了他们的利益，或者甚至更坏，把他们作为一个少数派而加以剥削的政治秩序。城市—农场委员会能够做很多事情，为顺利地和认真负责地转移到这个新的政治秩序提出通达的意见。利害关系是较大的。在这个转移中为缩小农村和城市的孩子教育之间的质量差距，征税和提供资金的权力是关键问题。

（3）那些必须离开农业的农民的城市工作机会和城市生活。成百上千万的农民已经离开了我们的农业。成百上千万的人必须找到非农业工作。由于对农产品需求的基本属性和农业生产率的提高，他们没有任何别的选择。的确出现了人口过剩，增加了农业的负担。但是，我们为成百上千万必须离开农业的农民做了些什么呢？做得很少。在这一点上，真正的障碍不在我们的城乡关系议事日程上。这些障碍是无技能劳工的普遍失业和少量高竞争的工作机会。关于工作机会的信息对他们来说成本太大，必要的技能也很难获得。而且，实际上，没有一个人关心这些离乡背井的农民家庭在何处找到自己的位置，如何适应城市生活。显然，他们中的大多数人工作卑微、资历尚浅，这就使他们易遭失业，只能生活在城市贫民窟中。

（4）对农民社会服务的缺乏。我的四个问题的最后一个是关于政府提供的社会服务。的确，农民从特别适合他们需要的某些服务中获得好处，例如，乡村免费邮递；比城市道路还好的农村道路，至少在最近是如此；提供电力和电话服务的合作社；改善农民住房的一些信贷。赠地农学院和大学最初主要是作为一项农业事业开展的。最近，虽然许多代表农民利益的人颇有异议，但养老保险和生存保险已扩展到农民，它已成为福利津贴的重要来源，就福利来说，它比所谓的农业立法更重要。

但是，为非农业劳动者提供的失业和其他津贴不适合于受雇的农业劳动者，总的来说，人们忽视了对迁移的农业劳动者的社会权利的剥夺和流入城市的便宜农业劳动力的社会成本。除了农业职业培训和农学院指导之外，联邦对农村学校的援助太少了，尽管很多为农民家庭服务的小学质量极其低下。农民也没有从医疗保健和卫生设施的公共措施中获得好处。

为什么政府会忽视对农民的社会服务呢？这不是因为农民并不需要这些服务。农业中很多美国印第安人、墨西哥裔和黑人都不处在消费的主流位置上。有很多本地的白人农民家庭穷到担负不起良好的教育和健康服务。在一群群文盲人口大规模从农村涌入城市贫民窟之前，农业的贫困程度一直没有被城市居民所了解。

这种忽视的产生，部分是因为城市居民在政治上很方便地不承担任何不直接与城市居民有关的福利服务责任。例如，农民子女的教育不是城市居民关心的问题，尽管考虑到从农村到城市的持续人口流动，这是一个短视的观点。但是，农民也必须为这个忽视承担很大的责任。在这方面，农民的社会福利被忽视，是因为南方不民主的政治结构、在农业内部与这些问题有关的利益冲突、农民关于我国社会城市化（现代农业是它的一个组成部分）所固有的观念和社会价值的知识的缺乏，是因为美国农业部、国会农业委员会和农业组织把所有时间和思想实际上都花在价格和生产计划上。这些计划耗尽了农民的政治影响。但是，它们并没有改进农民子女的教育；它们没有减少个人收入和财产分配的不平等；它们没有消除或减轻农业的贫困。

我是从农业和农民面临的新闻报道说起的。但是，为改善城乡关系，我们目前必须克服的实际障碍不在新闻宣传方面而在基本的政治问题方面。为农民服务的联邦体制能够现代化，政治代议制的改变无需损害农民利益，可以为进城的农民创造城市工作机会并改善其生活条件，也能为农民提供与城市居民相当的公共社会福利。

第四篇

理论与研究组织

第 *11* 章 研究组织

11.1 农业经济政策的研究[①]

为改进与农业有关的政策决定而提供信息和经济情报的研究存在着许多困难。经济效率的目标在我们社会价值观中地位很高，问题是怎样达到这些目标并使它们不仅为消费者而且也为农民的福利做出贡献。减少个人收入分配不平等的目标也很重要，但实现这个目标甚至更困难。

但实际上在为这些目的从事研究时，主要的构成部分确实相当简单。它们是拥有合格的经济学家（"合格"并不是指人们是赞成还是不赞成他们的观点，这里所说的"合格"是指一个人恰当地和有效率地使用经济分析技术的才能）和发展一个生产性的、成功的研究单位，这两个部分必须相互结合在一起，并同经济学和社会相联系。这些合格的经济学家如何与这样的企业相联系呢？这个研究单位如何与国家或管理机构或公众相联系呢？

我对这些问题的观点能够很好地通过以下三个方面来论述：第一，中心问题的表述；第二，从美国经验中吸取的一些教训；第三，对第一流的研究中心的基本要求的概述。这些中心主要集中研究将农业与政策结合在一起的经济问题。

---

① *Canadian Journal of Agricultural Economics*，vol. 9（1961），pp. 97 - 106. 获准重印。本文曾提交给"农业政策研究全国讨论会"，1961 年 4 月 24 日。

11.1.1　中心问题

每个中心问题可以通过提问的形式来表述。

（1）怎样挑选和引导合格的经济学家进入这个研究单位？加拿大有很多经济学家可以胜任这项工作——的确非常幸运。但是必须对他们加以选择，而这不是一件容易的事。必须争取他们的服务，这甚至更加困难。

（2）为了把重要的实际问题列入研究议程而又不操纵研究或伤害它的理论正直性，应该如何组织这个研究单位呢？显然，加拿大面临着实际经济问题，它们要求一个或多个经济学家团队为此做出最好的智力努力。人们怎样才能确保这些问题能够引起从事研究的经济学家的重视呢？人们能做到这一点而又不影响其结果吗？世界上大多数国家还没有学会怎样做到这一点，甚至在具有长期研究自由传统的西方国家，也还有许多压力存在。后面我将指出，在这一点上，我们美国的记录是各式各样的，而加拿大人在他们探索经济政策研究的方法上可能已经开辟了新的、重要的领域。

（3）人们将首先要求能经得起最高科学标准检验的优良工作。为了合理地确保其经济学家能经常受到称职的同行们的专业批判而又不至于变成另一所大学，这个研究单位将如何组织呢？这个问题隐藏着许多未知的危险。

（4）人们需要这样的研究单位，它将有连续性、稳定性和从其错误中学习的能力。这个基本问题包含了其他一些问题。在晋升、薪水和其他奖励能够提供有效激励等问题上，如何确定实际问题、科学研究质量和经济学家的效率呢？

11.1.2　来自美国经验的启示

这样就有四个中心议题。每一个我都作为一个问题提出来。我并不回答这些问题，而是论述一些有关的经验。我想分三个方面来论述：（1）与大学没有联系的研究单位；（2）与大学有联系的研究单位；（3）公共基金直接投入农业经济学研究的地方。

（1）与大学没有联系的研究单位。这里我设想有一群合格的经济学家，他们正在从事研究和探讨重要的经济问题；他们所在的组织与以大学为基地的经济学家只有松散的联系。在这样的安排下，困难是：研究可能与政策联系太紧密了，从而致力于为政策辩护，或者，恰恰相反，完全避免政策问题。这种类型的研究单位依我之见在发展和管理高标准研究工作方面面临着特殊的困难。

我们可以从两个著名的全国性组织——布鲁金斯研究所和全国经济研究局（NBER）——的经验中吸取一些有益的启示。这两个组织多年来试图把它们的经济研究置于批判性评论之下。但是，这种组织如何能够从它们的经济学同行那里获得严厉的批判呢？在 1952 年罗伯特·D·卡尔金斯（Robert D. Calkins）任主席以前的几年里，布鲁金斯的经济学研究搞得不是很好。在卡尔金斯任职之前，它的几项主要课题过多陷于政策研究。在这些研究中有很多辩护性论调。实行高经济学标准的能力一度丧失了。幸运的是，卡尔金斯博士纠正了这个缺点，但是，这个组织是否能保留他已确立的高标准，人们还将拭目以待。如果这个组织与以大学为基地的经济学家保持松散的联系，想要保持高标准将是极为困难的。

另一方面，全国经济研究局与政策联系不密切。如果说这种研究存在错误的话，那么它与上一种情况刚好相反。在这个组织的研究中能够被识别和计量的经济变量占主要地位。由于某些"联合"任命这类研究经常遭到来自大学的诸多批评。这种研究的结果质量是很高的。但依我看来，这些结果与公共政策的主要问题联系不够紧密。全国经济研究局的确为其他经济学家所做的许多政策研究打下了基础。因此，亚瑟·F·伯恩斯（Arthur F. Burns）离开全国经济研究局去担任总统经济顾问委员会主席是很自然的。

经济发展委员会（CED）是一个有益的模式。虽然作为研究单位本身，人们也许对它的评价并不高，但是，在国民经济政策领域，尤其在货币和财政问题上，它已取得了良好的成绩。它着重依靠大学经济学家和他们的智力资本。虽然经济发展委员会基础狭窄，由企业家组成，但它已学会如何学习经济学，在它研究的大多数经济政策问题上，它已显示出相当大的能力。

在这里，我可以评论一下国民计划学会的长期经验和未来资源研究公司最近对政策研究的特别强调。但是，我想要人们注意的经验教训大部分在布鲁金斯研究所和全国经济研究局的经验中提出来了。但是，我要更进一步，从而超出上述的经验。这种一般形式的研究单位面临着过分接近政策，从而丧失其客观性及完成高技术和科学标准的研究的能力。在相反的方向上，它面临着远离基本政策问题的危险和满足于日常统计工作而不做出与重要政策选择有关的推论和解释的危险。

（2）与大学有联系的研究单位。这里存在三个主要困难：教学占支配地位；大学中的专门研究队伍在理论上自我封闭；相对于经济学的经验研究，过于专注于所谓形式上的或理论上的问题。

教学为什么占主导地位？原因有几个。存在一个强大的传统；教员是被雇用来教学的；经济学家带来了教材和能在黑板上画出来的图表和公式。大学资金是为教育服务的，很多掌管这些资金的人常常看不到研究与教学之间的联系。因此，并不奇怪，大学和学院的大多数经济系实际上都没有被组织去搞研究。

就资金来说，农学院和大学已有大量的资源用来支持社会科学研究，特别是关于农业经济学的研究。很早以前，联邦政府就通过《珀内尔法》为此目的开始向各州拨款。在艾奥瓦，甚至在 30 年代初，约1/3的经常性预算专门用于支持研究。大多数最有才华的经济学家一半时间从事研究，一半时间从事教学；或一半研究，一半推广。

不过在最近几年，甚至私立大学也较为重视研究，很多教师积极地卸掉繁重的课堂教学来从事研究。在这一点上，声望因素也起了作用。

显然，在高层次上，研究是研究生教学的一个必不可少的部分。可是，正式班级和传统的研讨班占有支配地位，而通过以研究为主的"讨论会"进行的基本教学太少了。在这一方面，自然和生物科学比经济学有更好的研究组织。

现在已经时兴在经济学系建立新的团体从事专门研究，它们被称为中心、研究所或委员会。多亏基金会的创造性推动，这些团体得以繁荣起来。这样做的根据是实际问题一般超出了以系为单位的界线。它也是在名牌大学经济学家的传统偏见周围的一种策略。但是，令人不安的是现在流行"政策导向的研究"。这种方法的困难是，这些专门团体在大学之内通常在理论上变得自我封闭。当这种情况发生时，它们就不受经济学基本原理确定的技术和科学标准的制约，从而，它们易于遭受上面所说的同样危险。

在较早阶段，在大学建立起来的一些专业团体从事特定的经验研究，或者也可以说，不总是依靠理论和经济分析工具而工作。斯坦福粮食研究所就是这样一个团体。它已提供了很多有用的研究。但是，这些研究没有对经济学的基本原理和经济政策的思考产生重大影响，虽然研究人员常常对政策问题发表意见。在我看来，经济学的研究与这个研究所的研究之间的联系太少了，以致在这些方面没有得到最优的结果。

麻省理工学院的国际研究中心已取得了优异的成绩。共同任命人员无疑发挥了作用。我引用了它们的记录，是因为它似乎是作为一个例外而存在的，它把其研究工作置于经济学的专业标准之下。无疑，很多东西可以从这个中心的运行方式中学到，这可能对想要创办这类专门研究单位的大学是有帮助的。

从 1956 年以来，通过国际合作署，芝加哥大学经济系与智利圣地亚哥天主教大学经济系之间建立了重要的大学间合作关系。从一开始，这个主要从事研究和研究生教学的单位已成为经济系的一个组成部分，因为它的有关人员任命和研究工作大纲的所有重要决定都要送经济系审查，正如相关正常教学和研究活动的类似决定那样。结果是令人鼓舞的，这个结果在很大程度上是由于智利的研究单位已完全与经济系结合在一起了。我相信，就怎样组织大学内这样一种研究活动而言，这是一个值得学习的典型。

我还提到了第三个特点，即以大学为基地的经济学家过分重视形式化的和理论的研究。从另一个角度阐述这个困难也许更好些，这就是，对经验或现实的研究做得太少了。这不是孰优孰劣的问题，而是一个最优组合问题。现实的研究不断地提出新的理论问题，反过来说，经济计量和统计技术的进步为现实研究打开了新的大门。我认为，在大多数大学里，对经济学的经验研究的重视不够主要是从事这种研究所需的财政资源不充分的结果。但即使有些财政资源，从事经验研究的大学院系的组织基本上也是不能令人满意的。

（3）支持农业经济学研究的公共资金。在这里，我将集中讨论农学院的经验和美国农业部针对农业经济学的相关措施。基本困难是：①损害研究正直性的公共影响；②地方主义；③政府的不稳定性和它对这种研究的不利影响。

我强烈推荐读者特别关注一下查尔斯·哈丁（Charles M. Hardin）的著作《农业教育的自由》。[①] 在这本书里有很多"政治事件"，在这里我只提到哈丁详细考察的两个事件。一个事件出现于肯塔基，关于低尼古丁烟草的研究。这个事件不是经济学研究的内容。它涉及生物学家和种植业者，他们企图生产低尼古丁的烟草植物。突然，他们发现自己陷入激烈的政治争论之中，立法机构甚至试图通过法案阻止肯塔基大学的这种研究。幸运的是，这个法案没有通过，但它鼓动了部分研究人员甚至州长出面阻止这种事情的发生。

---

① Charles M. Hardin，*Freedom in Agricultural Education*（Chicago：University of Chicago Press，1955）.

我隐约记得的另一个小事件，哈丁教授称它为"艾奥瓦人造黄油事件"。读了他对发生的事情的论述，我十分惊奇地看到这所有的一切是如何发生的。他从哈佛的优势地位写起，并把我们看作是与正式和非正式的政治力量进行斗争的小人物。我本想使用不同的形容词来描述这些特殊的力量。但是，这个事件对于我试图确立的有关研究的正直性是有针对性的。

哈丁教授说："对由政府支付工资的农业工作者来说不存在象牙塔。对于他们，学术自由不是一条护城河而是一个盾牌，他们必须不断革新和加以维护。同古代斯巴达人一样，他们的城墙就存在于他们自己防御和把防御变为攻击的意志和能力中。"①

我还着重指出了地方主义。我的意思是，州立学院或大学的农业经济学家集中研究他们自己州的问题。更大的和更重要的全国性政策问题很少会出现在他们的研究议程上。为了说明问题，我将把加利福尼亚大学吉亚尼尼基金会的有才华的研究人员作为例子。他们几乎都从事本州的问题的研究，几乎没人从事真正全国性的研究，但一个显著的例外是 M. R. 本尼迪克特（M. R. Benedict）。让我举一个更明确的例子来说明我的意思。由于财政和货币政策的失败导致了 1959 年和 1960 年初经济复苏的疲软。美国农业在 1956—1961 年期间深受其害。过多的失业阻碍了试图离开农业的农民的工业工作机会。农业受到这些货币和财政政策决策的不利影响，但据我所知，在农业经济学中，或在研究此问题的经济学中，在我们的农学院，没有一个人把他的分析工作集中在这个经济政策领域上，虽然它对农民的经济福利是有重要意义的。

在华盛顿特区，美国农业部的经济研究时起时落，按照它支持第一流研究的能力来衡量，而不是按照坚持雇用一群应声虫经济学家的标准来衡量，我们的联邦政府表现出严重的不稳定性。哈丁教授在他对农业经济学研究所遭受的攻击的研究中描述了这个不幸的历史片断。② 在 1953 年，旧的农业经济学研究所被当时的农业部长弄得支离破碎。③ 现任的农业部长又把这些碎片捏合起来了。但是，要花很长的时间才能建

---

① Charles M. Hardin, "The Bureau of Agricultural Economics under Fire: A Study in Valuation Conflicts," *Journal of Farm Economics*, vol. 28 (August, 1946), pp. 635 – 668.

② 同上。

③ "The Fragmentation of the BAE," *Journal of Farm Economics*, vol. 36 (February, 1954), pp. 1 – 21.

立起新的有效率的研究组织。从它损害农业部的经济研究这个方面说，政府不稳定性的代价的确是很高的。

11.1.3　对研究单位的要求

最后，我对第一流研究单位提出一些主要要求。

（1）规模。让这样的研究单位规模过大真是太容易了。作为下限，它应该最少由 5 位经济学家组成，每个人最少应该花一半时间在研究上（我要指出，他们要花一部分时间用于研究生教学）。在美国，研究人员人数经常是太多了。如果人员精简些，同事之间关系和谐，那么，我们许多重要的农业经济学系表现就能更好些。互补性是重要的。我认为理想的工作人员构成应该是三个农业经济学家和两个一般经济学家。我不想要他们都从事农业经济学的研究，因为很多与农业有关的经济问题超出了农业的范围。

（2）研究中心的数目。一开始最少要建立两个研究机构。一个是不够的（人们常说不要把所有鸡蛋放在一只篮子里）。这种要求有很大风险。我从自然科学家那里学到了这一点，如果在他们那里是适用的，那么，它对经济学就更适合。詹姆斯·科南特博士在几年前有力地指出，如果某个小组要承担一个重要项目来决定如何"最好"地讲授数学，那么，它简直是难以做到的。科南特博士坦率地说："在计划和资金允许你最少能进行两个，最好是三个项目来决定怎样'最好'地讲授数学之前，你不要接受任务。有许许多多的好方法，但没有一个十全十美的方法。"

（3）兼职制所固有的危险。经济学家应该把全部时间投入研究和有关的大学教学。这就是说，他们不应该兼做其他工作来赚取咨询费。通货膨胀和滞后的工资增长率，刺激一部分大学经济学家寻求外部收入。而其主要任务，即研究工作则受到危害，这种外界干扰的代价是很高的。但是，这个要求意味着应把薪水的标准定得使经济学家不需要去寻求外部收入。按照 1960 年的价格水平和有才能的经济学家的"市场价值"，这些薪水将在 25 000 美元和 30 000 美元之间。

（4）与大学的联系。前已指出，每个研究单位应该是与大学有联系的，因为这是把经济学家置于适当的技术和科学评论之下的最好办法，是一个维持高标准研究工作的必不可少的因素。资金的来源不能提供这个特殊的批判。提供或管理这些资金的人是不胜任这项工作的，如果负责基金管理的校长、系主任、行政人员和其他什么人自称有能力提出这种批判，那么，整个研究单位就只能失败，因为基金的供给者将会损害它的研究的公正性。

（5）董事会。另外，需要一个董事会把这些研究单位与社会联结起来。这样的董事会或叫理事会，在原则上应该负责决定研究项目，以便农业和政策连接起来的重大实际经济问题将获得主要的考虑。（再说一遍，这个董事会并不从事诸如因果关系、经济逻辑、理论、模型、判定、计量和统计推断之类的分析问题。）这个董事会应该主要作为提供资金的那些人和研究单位之间的调节者，它应该基本上像英国管理大学赠款的机构那样行事。在满足这个特殊要求时，我们能从美国的错误中学到很多东西，我们还能学会怎样使用供经济研究用的巨额公共基金，而又不伤害研究的公正性。

（6）制度。最后，应把董事会和研究单位组织好，使两者都具有连续性和从错误中吸取教训的能力。

11. 2　农业经济学实用性的变化[①]

古代的吟游诗人已经一去不复返了，代之而起的是当代的漫游型专家。只有几个新手还没有被洗脑，还在怀念旧时代的诗人，这些新手被称为"垮了的一代"，而世界是属于专家的。

我们专注于掌握一门学科，我们进行职业化训练以促进和确保我们的专业性。在以增进知识为目的的地方，两者的优点被充分地显示出来了。但是，还存在着严重的危险。来自某个专业化的利益可能减少和变得微不足道。某一特殊专业可能变得过时了。我们也会遭受这种危险。这样，不时地清除我们日常的眼障，查看一下我们研究议程上的问题、使用的工具和人员组织方式，应该是有用处的。然而，我感到吃惊的是我们常常这样做，却得不出有益的结论。"缺乏实用性"这一陈词像礼拜天布道时所用的"罪恶"一词一样。正如对罪恶一样，从现在的评论来判断是没有用处的。在 1963 年，唐·帕尔伯格的《方法论为了什么》和乔治·M·库兹涅茨（George M. Kuznets）的《理论与数量研究》

---

① 准重印自 *Journal of Farm Economics*，vol. 46（December，1964），pp. 1004－1014。我要感谢查尔斯·M·哈丁（Charles M. Hardin）、D·盖尔·约翰逊（D. Gale Johnson）和劳伦斯·W·威特（Lawrence W. Witt）有益的批评性评论。

使我们农业经济学家受到启发。① 在 1964 年 5 月，R. L. 科尔斯 (R. L. Kohls) 站在我们一边为更好地推广和大学教学而辩护。② 此外，《农业经济学杂志》的编辑就"某些必要的改革"向《科学》的编辑菲里普·艾贝尔森 (Philip H. Abelson) 约稿③，而且在 1963 年期间在这个问题上还至少发表了 6 篇文章④。另外还有威廉·H·尼科尔斯 (William H. Nicholls) 1960 年的探索性的主席演讲。⑤

我们用什么检验标准来确定农业经济学的实用性呢？是新的出版物？当然，我们扩版了的杂志并不缺少论文，公报和书籍也不缺。这个检验标准是新的博士数量吗？在这里，我们的博士队伍发展很快，从 1938—1939 年的 35 人增加到 1960—1961 年的 107 人。⑥ 如果有人说我们应该增加其他经济学科的相对数量，那就令人惊讶了。1955—1956 年，经济学其他学科的新博士为 232 人，而农业经济学为 61 人。在 1960—1961 年，这个数目分别是 266 人和 107 人。⑦ 而且，现在有更多的院系在培养农业经济学方面的博士。1938—1939 年间，只有 7 个农学院和大学培养农业经济学博士，到 1960—1961 年，已有 28 个院系在从事这项工作。适当的检验标准是对我们服务的需求吗？它也在不断扩大，以至于总是供不应求。可以肯定地说，根据这三个检验标准的任何

---

① *Journal of Farm Economics*, vol. 45 (December, 1963), pp. 1386 - 1407. Also see the discussions.

② "A Proposal for Improving Extension and Collegiate Teaching," *Journal of Farm Economics*, vol. 46 (May, 1964), pp. 341 - 348.

③ *Journal of Farm Economics*, vol. 45 (August, 1963), under "Viewpoints," pp. 663 - 664.

④ 参见 the *Journal of Farm Economics*, vol. 45 下述文章: Lee R. Martin, "Research Needed on the Contribution of Human, Social and Community Capital to Economic Growth" (February, 1963), pp. 73 - 94; Ross B. Talbot, "The USDA Embarks on Its Second Century of Service," pp. 497 - 516, and John Blackmore, "A Proposal-Research and Training in Foreign Agricultural Development," pp. 558 - 562, both (August, 1963); and Lowell S. Hardin, "Potential Growth Areas in Agricultural Economics," pp. 939 - 951, Philip M. Raup, "Rural Resource Development in an Urban Society: Some Research Priorities," pp. 1038 - 1048, and Willard Sparks, "Discussion: An Appraisal of the Strengths and Weaknesses of the Econometric Approach," pp. 1417 - 1419 (December, 1963).

⑤ "Higher Education and Agricultural Economics: An Appraisal," *Journal of Farm Economics*, vol. 42 (December, 1960), pp. 969 - 990.

⑥ 在这个学科中没有计算由私立学院授予的博士。

⑦ 农业经济学博士在经济学其他学科中所占比例从 21％增加到 29％。但是这里所说的 61 人和 107 人只限于赠地农学院，如果考虑经济学其他学科中的农业经济学博士论文，这个比例甚至更高。

一个，农业经济学的进展是很不错的。

那么，为什么会有担心呢？我们从来就没有这样庞大的人数和繁荣的农业研究。如上所述，我们的增长速度是显著的，我们正在积极地进入新的国内市场，国外对我们技术的需求也在飞速地扩大。通过一批外聘教授，我们现在可以组建一个院系！讨论会和旅行经费是充足的。我们有资金为优秀者发放奖金，我们赢得了国外发展和国内政策中心的基金支持。这些都是实际的成就，但我们仍然陷于忧虑之中。根源是什么呢？

无疑，忧虑的根源部分产生于农业和农民的迅速下降，部分产生于我们的国家农业政策的困境，以及我们经济基础的狭窄性。但是，这太简单了，以致不能把这些趋势和困难归因于计量经济学、经济理论或方法论。一个愤世嫉俗者也许会说：关于方法论的论述是掩盖一个人社会价值的一种巧妙方法；经济理论是一个把含有真正重要经济内容的社会和政治问题抽象掉了的分析体系；计量经济学是对统计资料的处理以便做出既明显而又价值不大的推断，其目的在于使它们看起来像是新颖的和重要的；农业经济学是一个熟练使用这三个方面以便获得地位、资金和职位的专业。但是，请这个愤世嫉俗者注意，他的挖苦是个枝节问题，以致没有被业界人士接受！

11.2.1 职权的范围

不需要通过炫耀农业经济学的逻辑基础或罗列数目众多的专业而自鸣得意。农业经济学是农业经济学家所从事的工作。明显地，"相关性"这个词意味着一个可考查的和有意义的联系。与什么联系呢？根据什么检验说它有重要联系？这些问题远不是那么容易回答的。我们似乎既擅长经济学又精通农学，这就好比同时拥有农学家的工作服和经济学家的帽子。我们总是在其他农学家面前摆弄我们经济学家的帽子；而在其他经济学家面前，我们又喜欢炫耀我们农学家的工作服。但是，时下趋势要求我们头戴经济学家的帽子，身着农学家的工作服，出现在历史的舞台上。讨论一下与理论的关系吧。我们很好地利用了探讨收入变化效应的需求理论的进步。但是，有些人被控制供给的垄断制度的低价格弹性引入歧途。一般地说，我们已忽视了与货币、收入和就业有关的理论上的进步。但是，计量经济学已兴盛起来了，虽然到现在为止它已缩小了我们的经济视野。虽然我们的研究忽视了经济理论，但对统计理论却很重视。环境的变化也改变了相关性。例如，我们现在不大重视农产品价格的不稳定性，这是可以理解的；对农业生产和农业库存的商品的存货周期问题我们也同样不大重视。30 年前，当对水土保持投资很少时，对水土保持的关注起到了好的效果。现在投资太多了，相关分析却少得出奇。① 巨大的收入转移到农业的生产和福利效应也基本上被忽视了。

11.2.2　制度上的困难

虽然有很多出版物、新的博士和职位，但是，还有值得忧虑的充足理由，比如，我们客户的减少、农业政策的困境以及我们经济基础的狭小。除此而外，我们还面临着一些制度上的困难。我们的价值观和思想是由制度形成的，我们的制度偏重于农业的物质表现形式。我们也如此习惯于让农业部和国会农业委员会处理与农业有关的国家事务，以致在谈到促进农民福利方面真正重要的经济问题时，我们看不到这些与农业有关的国家事务在政治上过时的程度。② 在下面我即将指出，这些困难完全不是我们造成的：我们也无法克服它们。

物质主义的偏见。这个偏见产生于农学院和美国农业部狭隘的世界观。之所以说是物质主义的偏见是因为它与植物、动物、土地有很强的联系，它与人的历史、价值观和社会行为只有很弱的联系。这个偏见是不以人文主义价值观和福利观念著称的理论环境的产物。它导致了一个实用主义的信念，即有利于植物、动物、土地的事物必然也有利于农民。③ 作为农业经济学家，由于对高估土地价值和低估人力的价值的政策视而不见，我们强化了这个偏见。我们忽视了要素市场的作用和这些市场如何受到财政和货币政策的影响。公共收入筹措的方式和公共支出的种类也是重要的。反托拉斯政策和它的实施，以及在调整资源配置以适应与经济增长相联系的需求变化中的时间滞后，也同样是重要的。此外，提供幸存者和退休者津贴，改善供农民使用的卫生设施，提高农民

---

① 在《未来的资源》一书中马里恩·克劳森（Marion Clawson）及其助手是一个明显的例外。

② 参见 T. W. Schultz, "Our Welfare State and the Welfare of Farm People," *The Social Service Review*, vol. 38 (June, 1964), pp. 123–129。

③ 这不是 C. P. 斯诺（C. P. Snow）式的二分法。我也不是想说农业科学对经济增长的贡献是不重要的。在这个问题上，参见 T. W. Schultz, *Transforming Traditonal Agriculture* (New Haven, Conn.：Yale University Press, 1964)。还可参见 the report of the President's Science Advisory Committee, *Science and Agriculture*, Washington, January 29, 1962。这个报告是由农业小组委员会起草的，我是该委员会成员。还可参见 Zvi Griliches, "Research Costs and Social Returns：Hybrid Corn and Related Innovations," *Journal of Political Economy*, vol. 66 (October, 1958), pp. 419–431。

子女获得的教育的数量和质量，扩大与那些想要离开农业的人的工作机会有关的选择等，这些公共计划的福利意义很少在我们的考虑之列。

即使我们所做的只是在确认我们的价值观并使它们更为明确，这也有很大的帮助。认为社会分析已使得经济学家能够绕开价值判断的这种想法只是一个神话。如果说在分析和讨论经济政策时，需要做的一切就是列出所有的方案但回避任何价值判断，那么，这种信念就是一个神话。我不想贬低"价值和信仰"的研究，但是，这常常是纯粹的诡辩。如果我们使用直接的声明性方法（declaratory approach），简明地阐述我们的价值判断，这将是有帮助的。这可能使我们摆脱我们的惰性。然而，根据我们的所作所为做出判断，我们大部分的价值声明可以表述如下：农业中农场雇用的工人和黑人的福利是不重要的；只要农业价格和生产受到适当的控制，农业中仍然存在的贫困是不重要的；与土地相联系的联邦补贴实际上是对经济长期有利的；改善农民子女教育的联邦支出只是将注意力和资金从商业农场主那里转移出去。

华盛顿对农业的荒废。另一个制度困难产生于国家政策正在发生的变化。这些政策旨在达到经济稳定、获得充分就业和经济增长、提供重要的福利服务，它们与美国迅速城市化和最高法院使政治代议制与我们人口的巨大的累积性变化相一致的决定紧密结合在一起。由于那些被选为或被任命为制定农业政策和管理其计划的人政治上的挫折，这儿的困难对我们的研究工作产生了不利影响。显而易见，农业部长（无论他的政治劝说是什么）和国会农业委员会都会遭受挫折。我们的农业组织领导人也未能幸免。这种挫折感的原因是很明显的，它产生于以下政治基础：美国农业部和国会农业委员会不能制定和实施关乎我们农业问题核心的经济政策。总统经济顾问委员会更能够左右重要的相关经济政策。把目前供大多数非农业人口使用的福利服务扩展到农民的政府计划也不在农业部管辖范围之内。国会农业委员会似乎也不可能拓宽它们的经济和福利范围来充分地处理这些重要问题。值得提及的是，最高法院至今尚未危及对农业政策的供给—垄断方式。在 1962 年和 1964 年，它在几个州做出了一些关于政治权力分配的历史性决定。当这些决定生效时，它们将会加剧这里所说的政治挫折。我们的资本主义领域的法律基础正在发生动摇，我们需要才智卓越的约翰·R·康芒斯（John R. Commons）给我们指出其经济含义。我们还需要超越经济范围而进入农业政治学，再次寻求查尔斯·M·哈丁和他的同事们的智力援助。

总之，这些制度上的困难是可以变化的，我们可以做出努力促使它们向好的方向转变。我们价值观的片面性能够被纠正过来。改进经济体的经济效率和增进人民的福利的国家政策无需把农业和农民排除在外。

11.2.3 出版物、工具和研究计划

我现在开始讨论四个最显著的专业问题。作为农业经济学家，它们是我们行为的组成部分。第一个问题是我们作品的短暂寿命；其次是我们农场—企业（farm - firm）研究的薄弱性；第三个是宏观研究的不充分性；最后是国际贸易和国外农业。

寿命短暂的作品。 少有例外地，我们的报刊论文、公报和著作发表后不久就无人问津。几乎没有人回过头来研究过去出版的东西。这种高速的过时性应该引起我们的警觉。当然，这不是一个有意识的内在的废弃。它可能是因为人们对已经发表的东西缺乏认识。也可能是，由于知识的迅速增长、新的发现如此之快，以致任何发现均迅速过时。我们了解到，在物理和生物科学中这是常发生的事。但是肯定地说，农业经济学并非如此。事实是，大多数出版物既不是新的也不是昙花一现。模型实际上是对几个专门分析技巧的重复，从与现实世界的联系来看，建立在这些模型基础上的经验推断寿命短暂。值得一提的是：多年来我们的杂志发表了一些寿命达 10 年或更长时间的"基础"论文。但是，即使这样，当偶然收到一篇具有创见性的论文时，审查编辑倾向于以偏颇的目光看待它，建议不予发表以示稳妥！结果是，没有几篇论文和学术著作有较长的预期寿命。

微观研究的薄弱。 农场—企业研究很合我们的口味，我们对农业部门并没多大兴趣，因为它过于庞大、复杂。我们差不多忘记了几十年前农场管理创始人和农业经济学倡导者之间的对话。这个对话当年的确行之有效。现在我们需要有一个类似的对话重新引起农业部门的关注并使我们对农场—企业的研究更具有意义。

早期的争论为农场—企业的新的研究方法打开了大门。工作简化是一种方法，农场预算是另一种方法，另外还有更为有力的工具——生产函数，可以与现代统计推断结合在一起。这是一个重要的进步。由于它在理论上富有吸引力，很快成为一种时兴的形式，而经济学的其他部分、其他的经济工具和方法则被忽视了。此外，这种工具的有用性受到了其使用方式的限制。通常的规则是避免做一些能够根据实际经验检验的预测，而我们却有大量的未经检验的预测。困难不在于这样的预测是空洞的，而是在做经济决策时它们的可靠性是未知的。深受其害的推广

工作者被这些预测弄得迷惑不解，在劝说农民使用它们时常常遭受挫折。他们渴望旧的、简单的预算方法，尽管它有局限性，但他们直观地、常常是正确地相信它仍然是两种方法中更值得信赖的方法。

我并不想说，例如在定量配给、混合饲料和化肥施用上各种作物营养综合方面的贡献是不大的。这些贡献对于那些从事实验工作的人和饲料供给商是特别有用的。但是，由于知识的进步而面临要素价格和投入的变化的农民显然没有得到益处。一般说来，如同我的同事兹维·格里奇斯指出的那样，由于不能指明和识别农业投入质量的改进和各种不均衡的影响，这个工具的使用受到很大的限制。毋庸置疑，对物质投入的质量变化和农民后天获得的能力的忽视是一个严重的疏漏。

宏观研究的不充分。我们说的宏观是指在某些总量水平上探讨经济行为的概念和分析。这儿所讨论的农业是作为经济的一个组成部分。非农民的经济行为如何影响农民呢？这里所说的非农民行为是指消费者、投资者和企业家的行为以及与农业无关的政府计划的行为。再者，农民作为消费者、投资者、生产者和劳动供给者的行为和联邦农业计划的行为如何影响非农业人口呢？知识的增长显然决不只限于农业，它也是经济增长的重要源泉。

对食物包括农业生产的食物的需求我们已很了解。在生产者（农民）对农产品相对价格变化的反应方面，我们也有相当好的记录，部分基于像"玉米—生猪循环"这样的早期研究，部分基于对供给反应的最新研究。关于离农的人口流动的经济基础和农业劳动供给的反应，也有几项有益的研究。但是除此而外，其他研究几乎是空白。由于上述原因，大多数总量农业生产函数主要提供想象的预测，在制定经济政策和决策时，它们的可靠性是未知的。

我们还没有承担这个分析任务，即决定货币供给增加率的变化、投资的税收优惠或联邦收入和公司税的全面下降对农业和农民的影响。失业率和失业者的地理分布以及按职业和技术的分布对农民的劳动和管理贡献所获得的收入的影响，我认为是极为重要的，然而，我们的分析研究还几乎没有涉及这些问题。

但是，尽管缺乏实用性，尽管有些重要问题不属于我们的研究范围，农业部工作人员撰写的定期的当前观察报告对这些问题的看法要比我批判性的看法乐观得多。原因似乎是与农业管理工作者在他们劝说和指导农民的推广活动中的长期的良好表现有关。他们把自己的经济思想运用在行动中，从而不完全依赖假定与农场—企业有关的新的预测，或被其引入歧途。同样，撰写这些观察报告的经济学家利用了大量的综合信息，他们运用自己的经济思想对它们尽可能好地做出解释。

上文已经提到过，这些宏观研究不充分的原因，我们曾多次强调，不是由于农业经济学家没有充分地考虑农民的利益。这个观点是错误的，令人误解的。它没有区分不同的农民在经济活动中利益的差别。有些人是迁移的农场工人，有些是受教育很少并且技能水平很低，往往被我们的制度和行为忽略或歧视的黑人，有些是受雇的当地农场工人，很多是佃农，有些则是地主。很多农民的产品互相进行交换。许多农民拥有非农业工作，另外一些人在其他经济部门寻求全日制工作。如果我们能够仅仅关注状况较好的商业农场主，他们中间只有几种商品，其目的是以牺牲别人的利益为代价而维持由他们获得的和拥有的既得利益，那么，这一切都是简单方便的。如果我们犯错的话，那情况就会刚好相反，我们所做的事情将不仅是维持而且是进一步增加这些既得利益，例如，有些研究强调高估农地估值的农业计划的必要性。

与国外农业的相关性。这里有些新东西在尝试，有些正在实施中，也有过理论上的兴奋。农业发展委员会正在制定一种新方法；尼日利亚的经济发展研究所也正在这样做，这一点应归功于密歇根州立大学；威斯康星的流传广泛的土地改革计划是另一种方法；国际水稻研究所在农业经济学上的研究也是一种新方法。还有其他一些成就值得提及，例如，康奈尔大学在菲律宾的计划，在巴西的普渡大学计划，在秘鲁的北卡罗来纳州立大学和艾奥瓦州立大学的计划。人员过多的范德比尔特计划支援了日本的安东尼·M·唐（Anthony M. Tang）、泰国的米勒德·朗（Millard Long）和巴西的威廉·H·尼科尔斯，明显地取得了良好的结果。在为了应对兴起的国际研究工作而进行的校内改革方面，密歇根州立大学在格伦·塔格特（Glen Taggart）领导下制定的方法开辟了新的领域。福特基金会、洛克菲勒基金会和美国农业部对外经济研究所的新的研究方向也做出了同样重要的贡献。

新的出版物方面也有些印象深刻的贡献。在我们的《农业经济学杂志》上发表的论文中大约有 1/5 是关于外国农业与经济发展的。[①] 较为有用的论文主要是描述性的，但是，它们为开启对贫穷国家的研究提供了必要的基础资料。除了少数例外，这些分析上更为"有力"的经济计量的尝试仍然是空洞的或完全不合理的。

---

① 参见 "From the Editorial Staff," *Journal of Farm Economics*，vol. 46（May, 1964），p. iv.

但是还有一些明显的缺点。除非这些缺点被纠正了，否则它们将会伤害农业经济学的实用性以及它在这个领域里所起的作用。例如，在新的高收益农业投入被开发出来和提供给贫穷国家的农民之前，传统农场管理不可能做出较大的贡献。实际上，这些农民一代又一代地处于一种"静止"均衡状态，这是因为通常他们在使用现有的农业资源的过程中是相当有效率的，他们用尽了他们所依赖的技术状态中存在的经济机会，从而，投资的边际收益率相当低。[1] 一个仍然很流行的观点是：新的高收益投入或安排能够产生于"最好"的农民的作为，产生于有关国家的农业研究并且直接产生于美国。这个信念完全违背了基本事实。

另一个缺点是对 480 号公法进口品给受援国农业带来的影响的不加批评的论述。美国农业部的大量出版物都在赞美我们 480 号公法出口的所有方面，这是特别有害的。为避免国外竞争性农产品的发展而对美国农业部的立法进行约束是一个严重的限制。我们不公开地表明我们的国内农业计划和欧洲国家的农业计划对依靠农业赚取必需外汇的欠发达国家的不利影响是难以理解的。[2]

最后，在我们研究生教学上存在两个严重缺陷。我们的私立大学目前提供的农业经济学教学课程比一二十年前提供得更少，虽然来自主要依赖农业部门促进经济增长的贫穷国家的研究生迅速增加。美国新成立的经济发展学院的教学主要是针对来自这些贫穷国家的大学毕业生的，但是，其中没有一个教师专门从事把经济学运用于农业的研究。这就不怪这些学生回到自己的国家后几乎无法从事任何农业研究。很多农学院和大学农业经济学专业研究生教学的缺陷是忽视或不充分地重视一般经济学的教学。货币、收入和就业的高级理论不是少有涉及就是被完全删掉了。国际贸易被忽视了。同时，大多数贫穷国家因经济政策设计不当从而阻碍了农业部门的发展。由于外汇管制，实行进口农业投入品的配给并对厂商和价格的国内控制，造成了农产品和要素价格严重不协调。国际发展署现在敏锐地意识到由接受美国援助的国家提交给它的很多经济计划阻碍了农业的发展。作为对这个认识的反应，它正在到处寻找农业经济学家帮助纠正这些考虑不周的计划。但是，没有几个对一般经济学很精通的农业经济学家能承担这个重要任务。

此外，在这之前我应该特别提及几篇论文，它们很有启发性地探讨

---

① 参见 Schultz，*Transforming Traditional Agriculture*。

② 参见 D. Gale Johnson，"Agriculture and Foreign Economic Policy," *Journal of Farm Economics*，vol. 46（December，1964），pp. 915 - 929。

了密切相关的问题。1963 年有三篇论文：马里恩·克劳森（Marion Clawson）和 R·伯内尔·赫尔德（R. Burnell Held）、菲利普·M·劳普（Philip M. Raup）和小克利夫顿·R·沃顿（Clifton R. Wharton, Jr.）的论文，以及李·R·马丁（Lee R. Martin）的评论。[①] 克劳森的《大平原的长期展望》[②] 及 G. S. 托利（G. S. Tolley）和 B. M. 法默（B. M. Farmer）的《农业的要素市场效率》[③] 也深有启发意义。最有说服力的论文是 C. E. 毕晓普（C. E. Bishop）写的《关于农业经济学研究的几点看法》[④]。

　　综上所述，虽然农场和农民数目下降，农业政策面临困难，我们的经济基础狭窄，但是，我们的专业既不是可有可无的，也没有过时。然而，由于过分强调农业的物质方面以及忽视人力的价值生产率和农民福利，我们的未来依然布满了乌云。处理农业事务的政府制度在政治上日益陈旧也使我们的未来变得前景暗淡。在专业上，我们的出版物按照它们的寿命来衡量，价值很小。我们对农场—企业的分析研究还不多，在宏观方面，存在着严重的研究不充分。幸运的是，它们还没有损害美国农业部工作的短期展望。关于我们宏观研究的不充分并不是由于对农民的利益关心不够。关于国外农业，重要的新领域正在开辟，但还存在一些问题。新的高收益农业投入是必需的这个事实还没有完全被理解。我们一贯忽视富裕国家的农业政策对贫穷国家的不利影响。此外，我们的私立大学低估了农业经济学，而农学院的农业经济学低估了经济学。

　　① Marion Clawson and R. Burnell Held, "Demand for Rural Resources in the Context of Long-Range National Needs," Philip M. Raup, "Rural Resource Development in an Urban Society: Some Research Priorities," Lee R. Martin, "Discussion," 和 Clifton R. Wharton, Jr., "Research on Agricultural Development in Southeast Asia," *Journal of Farm Economics*, vol. 45 (December, 1963), pp. 1027 – 1036, 1038 – 1048, 1048 – 1050, and 1161 – 1174.

　　② Marion Clawson, "A Long Term Outlook for the Great Plains," *Proceedings of the Great Plains Agricultural Council*, Lincoln, Nebr., July-August, 1963.

　　③ G. S. Tolley and B. M. Farmer, "Factor Market Efficiency for Agriculture," *American Economic Review*, Papers and Proceedings issue, vol. 54 (May, 1964), pp. 107 – 119.

　　④ C. E. Bishop, "Some Views on Agricultural Economics Research," Atlanta, Ga., March 16, 1964.

第 *12* 章　对理论的需要

12.1　梅勒对理论的探索[①]

"农业发展"这个术语具有完美的含义，这无疑说明了它之所以能得到普及的原因，虽然它在分析上是难以捉摸的。它是一个掩蔽各种活动和多种知识包括某些经济学在内的大帐篷。梅勒（Mellor）教授的研究是对属于这个帐篷之内的经济学实际和有关部分的一种探索，因此，他明智地把他的分析限于农业发展的经济部分。他借助于经济理论去寻找蓝图是正确的。但是，他却求助于一个用处不大的增长理论，虽然他认为没有错。这样，就要求他系统阐述必要的增长理论，这个任务太大了，不是一篇研究文章所能胜任的。依我看来，遗憾的是，他感受到这个任务的束缚，因为它阻挠了他把他的权威和渊博的经验知识运用于贫穷国家，尤其是印度的农业经济学之中。

梅勒教授对现代经济增长理论不存在幻想。他引用了弗农·拉坦（Vernon Ruttan）的观点：增长阶段理论是没有出路的。他忽略了哈罗德-多马最好的经济增长模型，它们不包括促使人力资本和人

---

① 对约翰·梅勒（John W. Mellor）的《农业发展理论导论》（*Toward a Theory of Agricultural Development*）一文的"评论"，两者均编入赫尔曼·M·索思沃思（Herman M. Southworth）和布鲁斯·F·约翰逊（Bruce F. Johnston）编的《农业发展与经济增长》（*Agricultural Development and Economic Growth*）一书中（Ithaca, N. Y.；Cornell University Press，1967），pp. 61 – 65。梅勒的论文在 21～60 页；由康奈尔大学出版社准许重印。

力资本形成的相对价格和获利性，它们也完全排除了土地。费-拉尼斯（Fei-Ranis）和乔根森（Jorgenson）的二元经济模型被认为是不能令人满意的。按照梅勒的观点，经验证据支持了乔根森的基本假定，但是，他放弃了乔根森模型，因为它"强调所有的农业人口生活在最低生存水平上这一状况"。在这里，梅勒忽略了乔根森理论的主要观点。乔根森关心的是现有资源的有效配置，而不是来自土地的地租的占有和超过农场家庭最低生存水平的农业收入的其他来源的占有。梅勒理论中一个令人迷惑的问题是，他显然支持把农民家庭收入降到最低生活水平。

如果增长理论被认为是不能令人满意的，那么必要的理论来自何处呢？我认为首先应该考察经济理论的标准部分。但是用途何在呢？梅勒指出，问题不是"若不减少农业生产，劳动力能否从技术停滞的农业中撤出"。这一点当然是对的。因此他要使人明白，他不是费-拉尼斯学说的俘虏。梅勒教授论述的主要问题是："何种水平的税收或其他资本转移手段能够适用于农业部门？"

我尤其强调这句引文，是因为提出这个问题表明梅勒教授在阐述农业发展经济因素的努力中已误入歧途。

贫穷国家面临的经济问题是很多的，但它们大多不是新问题，正统的经济理论在分析上能起很大的作用。甚至现有的贫乏资源也多半不是由于下述原因而造成的配置不当。这些原因包括：（1）无效率的价格体系，特别是当涉及农产品价格、农业投入价格和农民购买的消费品和服务价格的时候；（2）通货膨胀和这些国家企图掩盖它的方式；（3）以控制外贸和汇率为特征的进口替代。当国内储蓄、外援和投资贷款扩大了经济的生产能力时，获利性和有吸引力的赚钱机会，尤其对农民来说，被经济政策严重地损害了。

当人们开始论述这些及相关的经济问题，然后论述经济理论的标准部分时，对适当理论的探索是更加有意义的。这种方法主要涉及下述问题：

（1）价格。因为除了价格体系之外，还未找到一种方式能把人数众多的农民各自的生产活动组织、结合起来，并把这些活动和其他经济部门结合起来。所以，效率价格体系应该放在研究议程的最重要位置上。此外，在坚定地推行迅速工业化政策的国家里，人们发现，无论在智利还是在印度，农产品价格和农业投入品价格均被严重扭曲了，前者过高而后者过低，而且虽然农民购买的消费品和服务质量在下降，但其价格相对于他们销售的产品而言却上升了。在效率价格这个问题上，流行的价格理论核心是适用的。但是，我应该补充指出，问题不应是怎样使用农业价格体系来攫取农民家庭高于最低生存水平的任何或一切收入，或者怎样使用它们占有李嘉图式的纯地租，或者怎样从农业中征收各种资本税为加速工业化提供资金。

（2）国际贸易。在推进工业化的运动中，自从第二次世界大战以来很多贫穷国家非常流行下面一种思潮：否定比较优势原理对它们状况的适用性，从而证明采取种种防止外国竞争的保护措施是正确的，以便为进口替代提供刺激（完成幼稚工业阶段），并利用那些不这样就会闲置的农业劳动力。但是，阻挠国际贸易的代价变得如此地高，以致现在有了许多再思考，并重新发现了国际贸易理论的有益教训。贫穷国家贸易问题对于农业是特别重要的，因为农业为进口替代政策、出口税和外汇控制背负着相当重的负担。

（3）通货膨胀。通货膨胀对现有的农业资本存量、土地和农业劳动力的配置的影响是什么？对农民的储蓄和他们的农业投资的影响如何？压低消费者价格指数中个别食品价格对农产品价格有何影响？在外汇市场上对一国货币定值过高会对农业投入价格产生什么影响？有哪些适当的财政或货币政策可以抑制长期存在的慢性通货膨胀而又不引起严重萧条？对于所有这些问题，标准理论都有很多可说的。

（4）农民的新的高收益机会。关于开发新的高收益农业机会及其供给者包含的问题都在梅勒教授的研究范围内。虽然在回答这些问题时，标准理论远没有像处理上面论述的头三个问题时那样得心应手，但梅勒的论述实际上是相当正确的。

让我转到梅勒教授论文的一些特殊论点上。

"农业与其他部门的资本配置"这一节是建立在投资相对收益率基础上的，这是一个可靠的基础。它也似乎符合随着人均收入的上升而发生的历史变化。这一节不是对先前考虑的主要问题所确定的主题的详细阐述，它也不容易遭受关于使用税收抵消农业所有有利的经济刺激的批评。

梅勒教授关于"传统农业的生产过程"的看法依赖于"土地和劳动是两种主要投入"而资本在数量上是很不重要的这样一个命题。梅勒的资本概念包括可再生的建筑、设备、工具和作为使役和食物用的牲畜等一切形式。灌溉结构和其他土地改良都包括在内，但人力资本被假定不包括在内。每种要素的数量重要性是由每种要素提供的生产服务的量决定的。我还认为，梅勒的传统农业观点不排除印度。在印度农业中使用了很多可再生的物质资本。灌溉结构，包括水井和水泵，是很大的资本存量。役牛也是这样。很多印度农业明显是资本密集型的。塔拉·舒克拉（Tara Shukla）的研究《印度农业的资本形成》应该能驱散这个问题上所有的疑虑。作为投入，按照它们对农业的贡献来衡量，我们有如下数字：土地为 0.27，劳动是 0.30，而资本达 0.43。[①] 在印度旁遮普的灌溉地区，1947—1948 年的农业收入表明，当土地结构做出调整时，资本的生产贡献略高于全部要素贡献的一半。[②] 很多国家的传统农业不是一个简单的土地—劳动活动，或者一个只有很少的或没有可再生物质资本存量的前资本主义部门。

尽管可以求助于效用曲线分析劳动行为，但工作和闲暇的显性偏好很难获得，虽然它们是真实的和相关的。但是，"劳动在闲暇和工作之间的主观分配是经济产出水平的主要决定因素"这个主张远远偏离了现实。闲暇不是导致贫穷国家农业生产率低下的罪犯，它也不是农业现代化过程表现不佳的首要原因。

我对梅勒教授的特殊税收体系深感不安。他似乎赞同限制农民家庭个人收入上升，而不管收入是劳动所得还是非劳动所得，还赞同把农业中的个人收入调整到最低生存水平。而且，这是对税收的单方面使用，因为当食品价格下降和非农民家庭个人收入上升时，他没有把他的税收逻辑运用到非农业消费者身上。同样，当谈到个人收入分配不平等时，他甚至连提都未提一下非农民家庭。

令人困惑的是，为什么税收是农业发展的主要源泉？这种偏见的线索似乎可以在梅勒教授的论述中找到：获得发展的关键问题是"何种水平的税收或其他的资本转移手段能够适用于农业部门？"税收的各种错误使用和这种税收的单方面性将会随之而产生。但梅勒教授看来仍然偏好于一种使农业中一切有利的价格和收入刺激变得无效的税收制度，而不管它们对于诱导农民储蓄和投资于农业现代化是多么的必要。这样的一种税收制度实际上将是"农业发展"的毁灭。

---

① For all India, from table Ⅴ-9, p. 124, of the study by Tara Shukla, *Capital Formation in Indian Agriculture* (Bombay: Vora and Co. Publishers Private, Ltd., 1965).

② 引自 T. W. Schultz, *Transforming Traditional Agriculture* (New Haven, Conn.: Yale University Press, 1964), pp. 100-101.

12.2 增长理论中遗漏的环节[①]

最近几年很多空洞的题目在经济学中时髦起来了，例如，农民的经济反常行为，后向倾斜的供给曲线，完全由文化决定的资源配置等。但是，事实上，农民对经济刺激是有反应的，处在零边际成本上的劳动是不存在的。如果人们不把注意力放在这些空洞的研究上，就能掌握食品消费中所显示的那种消费者行为，掌握劳动力的供给价格、农业中的储蓄和资本形成以及掌握包括产品和要素相对价格变化在内的长期变化条件下的农业经济动态过程。这些都是重要的、现实的和适当的题目。

谈到经济增长中的农业增长以及这部分增长如何能达到最优，尤其是在以亚洲为背景的条件下，我必须承认一个长期存在的观点，即在这一点上，日本成功的经验（还有韩国）教给我们的比我们能从美国经济史中学到的东西还要多。我仍然持这种观点，虽然日本经济学家的论文使我相信日本和美国基本的和至今未能解决的分析性问题完全相同。农业无疑是有差异的，但这种差异并不是经济学方面的。在我们的经济增长研究中，我们面临着同样的难题。

能够对著名的大川一司（Kazushi Ohkawa）教授的出色论文进行评论，我深感荣幸。他的论文给我们一个长期的观点，时间长达一个世纪。据我所知，还没有关于美国南北战争以来的农业的分析能与之相比。从方法上来看，这篇论文类似于西蒙·库兹涅茨的研究，从他那里我们学到了关于我国经济的很多东西。但是，如此长期以来，还没有任何人用类似大川教授的方法对来自我们农业的经济增长进行过深入的分析。

根据所得数据，大川教授划分了三个不同的小时期。根据何益民（Yhi-Min Ho）最近的研究[②]来判断，它们还描述了台湾农业经济史。大川教授分析了投入和生产率的长期变化。对农业内部的投入和从非农业部门获得的投入之间的差别分析是一个显著的进步。把可再生的和成

---

① 对大川一司（Kazushi Ohkawa）教授的《农业发展阶段与经济增长》（Phases of Agricultural Development and Economic Growth）的评论。这是关于日本的农业与经济发展的经验讨论会的论文，东京，1967 年 7 月 3—7 日。

② Yhi-Min Ho, *Agricultural Development of Taiwan* 1903‑1960（Nashville, Tenn.: Vanderbilt University Press，1966）.

为农业资源一部分的投入转化为资本存量是他的分析的另一个步骤。几十年来没有明显变化的农场—企业规模大大地简化了分析上的问题。大川教授关于变化的投入形式之间的互补性和替代性概念似乎是贴切的。更不用说，很多推论产生于他的研究。

我无力评价基本资料的适当性。大川教授在他的通篇论文中始终密切关注各种疏漏和其他资料的局限性。我将假定农业产出的估计是相当正确的，但投入的估计必然是不能令人满意的。即使土地和劳动的产出也是难以确定的。对于其他投入物，无论是农民历年购买的、当时使用的还是转移到可再生的农业资本存量上的，在衡量上都存在着很多困难。因此，在我看来，这些困难是确定农业对经济增长的贡献和发现如何有效地获得这种增长的这些悬而未决的分析问题的要害。

虽然有这些困难，从这些研究中还是可以得出很多政策教训。但是，我论述这些分析困难，并不是因为我有解决的办法，而是为了帮助阐明有待解决的问题。

（1）生产率指数的经济意义是什么？这里撇开任何特殊要素如劳动或土地的生产率指数不谈，而只考虑由整个经济或某一部门使用的全部投入的生产指数。假设这样的部门指数表明两个时期之间农业生产率有所提高，即测得的产出增加高于测得的总投入的增加，那么，从这个测量值中能得出什么样的经济推论吗？它似乎暗含着在这个时期中，产出的经济价值的增长要高于投入的经济价值的增长。如果这样，那么可以推测，相对于第一个时期的农业获利性而言，第二个时期的农业企业家将会获得一个意外的收益。但是假设农业部门在这两个时期的每一时期产出的经济价值将等于投入的生产服务的价值加上每一时期的正常利润。在这种意义上，这样一个总要素（投入）生产率指数就是反常的，它与经济逻辑是矛盾的。

因此，我们不能从这样一个指数所表明的生产率的提高中推得：农业变得更加有利可图了；产出的价值超过了投入的生产服务的价值；由生产率提高带来的产出增加是不需要成本或成本很低的；或者，获得额外产出的投资是与相对收益率确定的优先次序相一致的。我想表明，这样一个生产率指数是一个经济未知变量的代用品。如果产出的测量是正确的，这个难以解决的未知数可能隐藏在投入之中。

（2）这个问题能够通过引入技术变化的调整来解决吗？使用罗伯特·M·索洛（Robert M. Solow）1957 年的方法，生产率指数能够转化为生产函数的位移。但是，问题并未解决，它仅仅只为隐藏在投入之中的难以解决的未知变量提供了另一个名称。被我们不严格地称为"技术变化"的这种特殊投入是非常难以捉摸的。如何对它们加以识别呢？目前还没有公认的答案。技术变化究竟是一个定义还是一个证据？按定义解决问题与按证据解决问题之间的差别在我看来非常重要。① 谈到体验假设（embodiment hypothesis）时，戴尔·W·乔根森（Dale W. Jorgenson）曾在他的论述中提出并且阐明了这个差别。他说："一个人绝无可能在事实证据的基础上把体现技术变化的模型与未体现技术变化的模型区分开来。"② 在这里，我们处在经济增长理论的前沿，这个学科还在不断地发展中。在宏观基础上探讨经济增长的源泉时，我不认为技术变化的成果或体验概念能被证明是有意义的。应该指出，在微观基础上，正如许多农业经济学的学者表明的那样，一项新的投入物，例如拖拉机，能够直接地加以操作，它的经济效果是可以分析的。

（3）为什么不把总要素生产率指数作为任何其他要素生产率来研究？我们对土地能做到这一点，对劳动也是这样。这样的指数是有些用途的，我们不会错误地从这样一个指数所表明的生产率提高中得出无根据的推论。这种方法的优点在于这个事实：我们一开始就告诫自己不要考虑所有的投入。它提醒我们注意继续探讨投入的各个具体项目的重要性。

（4）解决生产率指数问题是为了设计一个更完善的投入和资本核算方法吗？兹维·格里奇斯教授在美国农业中使用这种方法分解这个未知数所获得的进展是令人瞩目的。③ 它需要在一个能从中得出可辩驳的假设（refutable hypothesis）的核算框架中详细说明来自不同形式的物质

---

① 在这里我引用了我的论文 "The Rate of Return in Allocating Investment Resources to Education," *Journal of Human Resources*, vol. 2（Summer, 1967），pp. 293 - 309。

② Dale W. Jorgenson, "The Embodiment Hypothesis," *Journal of Political Economy*, vol. 74（February, 1966），pp. 1 - 12。特别是第 2 页，我要感谢乔根森所做的这个区分。如果说体现方法完全由定义来解决问题，那么，这个区分有点太强烈了。但是它以某种方式，并在似乎有理的假定（例如，技术进步率与投资率之间有一个不变的关系）的条件下，实现了对数据的求助。

③ Zvi Griliches, "Estimates of Aggregate Agricultural Production Functions from Cross-Sectional Data," *Journal of Farm Economics*, vol. 45（May, 1963），pp. 419 - 428; his "The Sources of Measured Productivity Growth: United States Agriculture, 1940 - 1960," *Journal of Political Economy*, vol. 71（August, 1963），pp. 331 - 346; and his "Research Expenditures, Education and the Aggregate Agricultural Production Function," *American Economic Review*, vol. 54（December, 1964），pp. 967 - 968。

和人力资本的增加的可识别的生产服务。① 这些假设能够用资料进行检验。正是这种方法需要额外的信息。

虽然从观察的产出增加超过观察的投入增加——把生产率指数归因于总投入的余值，一个麻烦的未知数——产生的挑战，导致了很多错误的发生，但却打开了新的分析大门。我认为一个总括的资本概念似乎是最有希望的。我在一篇题为《对人的投资的思考》的论文中论述了这个概念。② 这个概念是格里奇斯和乔根森研究美国制造业增长源泉的方法的一个组成部分。他们把教育看作是对制造业部门人力质量的一个改善，对人力资本和非人力资本的质量进行了详细说明和测量，不需要求助于技术变化成功地解释了宏观生产的增加。③ 哈里·G·约翰逊教授在《经济发展的一般化资本积累方法》中对其做了系统的阐述。④

在我们努力为改进经济决策而提供知识时，"资本理论的中心概念应该是投资收益率"⑤，投资资源应该是按照各种可供选择的投资机会的相对收益率确定的优先次序来配置。这个总括的资本概念方法所包含的一些尚待完成的研究工作是：（1）把有组织的农业研究作为生产活动看待，并确定这种活动的投资收益率；（2）把人的能力作为资本看待，并确定教育的各种类型和各个层级的投资收益率；（3）努力分析与农业推广活动有联系的成本和收益；（4）用同样的方法探讨新的农业物质投入。

---

① 虽然我强烈地偏向于依赖"可辩驳的假设"，但我了解索洛能够指出不是所有的可观察的总要素生产率都可能是这种形式的。一部分生产率可能仍然证明是"余值"，不管它被称为"规模收益"还是别的什么。这样，有可能一部分生产率不能归于任何资源成本，或者是完成这种余值的技术变化的人不能获得这种收益。虽然资本核算方法是识别和测量新的资本形式的方法，但它在经验上不可能说明所有的一切，关于解决测算问题的一劳永逸的可辩驳的假设的概念太强有力了，像兹维·格里奇斯告诉我的那样，他的投入和资本核算方法成功地分解了未解释的部分。

② T. W. Schultz, "Reflections on Investment in Man," *Journal of Political Economy*, Supplement, vol. 70 (October, 1962), pp. 1 - 8; also his *Transforming Traditional Agriculture* (New Haven, Conn.: Yale University Press, 1964).

③ Zvi Griliches and Dale W. Jorgenson, "Sources of Measured Productivity Change: Capital Input," *American Economic Review*, vol. 61 (May, 1966), pp. 50 - 61.

④ 参见 Harry G. Johnson's comment on this approach in *The Residual Factor and Economic Growth* (Paris: OECD, 1964), pp. 219 - 227。

⑤ Robert M. Solow, *Capital Theory and the Rate of Return* (Amsterdam: North Holland Publishing Co., 1963), p. 16.

图书在版编目（CIP）数据

经济增长与农业/（美）舒尔茨著；郭熙保译. —北京：中国人民大学出版社，2015.1

（诺贝尔经济学奖获得者丛书）

书名原文：Economic growth and agriculture

ISBN 978-7-300-20419-2

Ⅰ.①经… Ⅱ.①舒… ②郭… Ⅲ.①经济增长-关系-农业经济-研究 Ⅳ.①F061.2 ②F3

中国版本图书馆 CIP 数据核字（2014）第 297741 号

诺贝尔经济学奖获得者丛书

经济增长与农业

西奥多·舒尔茨　著

郭熙保　译

Jingji Zengzhang yu Nongye

出版发行	中国人民大学出版社	
社　　址	北京中关村大街 31 号	**邮政编码**　100080
电　　话	010 - 62511242（总编室）	010 - 62511770（质管部）
	010 - 82501766（邮购部）	010 - 62514148（门市部）
	010 - 62515195（发行公司）	010 - 62515275（盗版举报）
网　　址	http://www.crup.com.cn	
经　　销	新华书店	
印　　刷	唐山玺诚印务有限公司	
规　　格	160 mm×235 mm　16 开本	**版　　次**　2015 年 1 月第 1 版
印　　张	15.75 插页 1	**印　　次**　2021 年 12 月第 4 次印刷
字　　数	251 000	**定　　价**　45.00 元